U0924952

上海大学高水平大学建设项目资助

找回草根：
上海居委会自治家园研究

汤艳文 刘春荣 著

Bring Grassroots Back In: A Study of Residents Committee Self-governance in Shanghai

上海人民出版社

目　录

导　论

飘移在社会生活的中观层面的小群体，常常被那些在宏观层面埋论阶级、文化和社会运动的社会学家们所忽略，也往往被那些在个体层面进行理论工作的学者所漠视。①

——迈克尔·法雷尔(Michael P. Farrell)

第一节　重返草根

观察中国基层社会与政治的学者，常常会对生活政治的常规和琐碎感到困顿，却也总在不经意间遭遇某种刺激理论反思的社会事实。2010 年，在上海市中心的老式里弄小区承兴里的一次田野调研中，社区老年人自己的"读书会"的故事令我们印象深刻：

承兴居委会的市民读书会，前身是 1975 年由 24 名退休老教师自发组建的"居民读报小组"。1999 年，正式命名为"市民读书会"，主要成员为社区退休老年人。每月组织二次常规性活动，包

① Michael P. Farrell, "Comment on Neil McLaughlin: Types of Creativity and Types of Collaborative Circles: New Directions for Research," *Sociologica*, 2 (2), 2008, p.3.

> 括读书读报，讨论的内容大至国家大事，小至居民事务，也会组织成员参观、旅游、聚餐等活动。市民读书会的成员自己选举负责人，自己安排活动时间和内容，而居委会给予场地、部分经费等支持。每次活动，读书会成员聚会在承兴居委会活动室，先是共同分享对一本书的读书心得；再是对这个星期中的国内外大事进行交流讨论，发表各自见解；最后是对这个星期中承兴里发生的社区事件进行评议，商讨社区问题的解决方案，并将意见和建议反馈给居委会相关负责人。同时，读书会中有7名成员是社区道德观察员，每月他们都会在听取征集群众意见和调研分析基础上提出评议结果，在小区内的“道德评议台”以文字的形式向居民公示。①

读书会这样的基层组织生活并不罕见，然而它作为“道德观察员”的角色却非同寻常，要为这种行动进行定性并不容易。关于中国各类社会组织和基层行动，已经开展了大量的学术研究。这类草根力量是如何组织起来的？它究竟是社会成员自发形成的社群组织，还是许多研究威权社会控制体制的学者所说的国家统合工具呢？就社群的行动规范和组织方式而言，田野的经验提供了多样性的图像。和承兴里的“读书会”有所不同，在另外一项对上海市静安区B志愿者群体的研究中，我们看到了另一种动态：自娱自乐的草根社群生长出一种新的品质，实现了从“自益”到“公益”的跳跃。一个在城市公园的晨练队伍，在草根领导者的带领下自发地形成了“护园队”，并且主动联系街道办事处有关部门，对晨练的公共空间的进行协调和自我管制：

① 承兴里田野调研记录，2010年9月20日。

> 公园中的诸多不文明行为没有得到有效解决。有乱扔垃圾、破坏绿化、聚众赌博、随地大小便的“垃圾角”，有无事说三道四的“闲话角”，有把公园当作情感宣泄地的“牢骚角”……B第一反应就是由晨练队伍成立一支“七不规范”宣传队，以维护公园环境、共同创建文明公园。他们当即就找到公园负责人谈了想法。公园早就有这个打算，自然求之不得。双方很快达成共识，准备组建护园队。对护园队的活动安排、内容、要求、人员组织进行了合理分工，即：街道负责人员组织、活动安排，公园负责提供场所、提供设备、活动记录、考核与日常事务的处理，并指定一名干部专门负责，双方签订了共建协议，使创建文明公园的活动规范有序地开展起来。B还召集当时公园内的拳操队、关节操队、腰鼓队等十几个晨练队伍的队长，整合园内的各支晨练队和街道“嘻嘻哈哈”歌唱队、春申旅游中专学校等，共同成立一支静安公园护园志愿者队伍，各晨练队对护园队的活动安排、活动内容、活动要求、人员组织进行协商，并就此项活动，明确了各自的责任。根据公园游人的实际情况，分成若干小组，保证每天有一支4—8人的队伍宣传“七不”规范，劝阻不文明的行为。①

这些富有戏剧性的自主行动，即便谈不上是某种“人民的力量”或者“志愿革命”，也可以称得上是一种正在呈现的自下而上的社会调控。在地方治理实践中，一些具有专业性的社会草根力量还加入了政府扶植的社会组织的孵化体系，甚至通过招投标项目，进入社区公共服务的

① 参见徐中振、杨雄、刘春荣著：《柏万青现象：黄浦江边的中国社会》，上海人民出版社2016年版，第135—136页。

场域，呈现出某种公共性。①不管怎样，草根力量的成长，构成了中国社会转型的一个重要方面，同时也形成了基层社会生活中的某种张力。在此前一项对志愿者群体的田野调查中，我们还发现：

> B志愿者工作室的一些社会行动和组织方式往往会使管理机构和成员为难。在它的支持下，“静安寺街道老年协会”跨地域地接纳了遍布全市乃至苏浙两省的老人。它组织的超大规模老年旅游、老年相亲活动往往会有安全隐患和各种风险，而我们的“体制性规范”通常是希望它“少出花头”。②

草根群体具有丰富的多面性。在某些情境下，它们具有封闭性和排斥性的倾向，在严重的情况下，这些组织执迷于“人以群分”和以邻为壑，固化群体边界，从而导致社会群体的分裂和“巴尔干化”。对此，专攻正义和社会差异的本质研究的美国政治理论家艾丽斯·M.杨(Iris Marion Young)不无深刻地指出：我们的社会不幸地被各种具有特殊性规范的、以科层化方式组织起来的社会群体所充斥，“其社会关系的基本特征是支配和压迫”。由这样的群体所构成的社会，陷入了永不停歇的道德争端之中。③

---

① 从2009年开始，上海市对社会组织培育扶持机制进行了调整。在市、区、街镇相继探索建立孵化基地，筛选一批具有创新性、发展潜力又切合社会需要的社会组织入园孵化。2009年12月，浦东新区推动成立了浦东公益服务园，这里是国内首家旨在扶持公益性社会组织的公益服务园区。自2009年12月正式运营以来，这里集聚了一批专业化、枢纽型、示范性的社会组织，成为当地公益组织的大本营和指挥部。园区由公益孵化的专业社会组织NPI进行项目驱动。

② B志愿者工作室调研记录，2013年7月5日。

③ Iris Young, *Justice and the Politics of Difference*. Princeton, New Jersey: Princeton University Press, 1990, pp.32—33.

那么，究竟应该如何来阅读中国城市社会中读报小组、B志愿者工作室的社会参与和“出花头”的行动以及诸如此类的现象呢？[①]什么力量在驱动着草根的行动呢？令人遗憾的是，过去的相关研究对此有一种简化的理论倾向：它们或者着迷于公共领域、市民社会和自由民主的想象，或强调国家通过制度环境对社会力量的策略性统合和控制。就经验研究对象而言，已有的研究似乎热衷于关注制度化的组织，包括像业主委员会这样的利益代表和倡导组织，以及各种术业有专攻的社会组织和有组织的草根行动，乃至按照某种市场逻辑来运营的社会组织。关注草根力量的讨论也大多导向于制度化的志愿力量，或者说作为行政体系辅助系统的积极分子网络。比如，在对北京居委会的社区巡逻志愿者的研究中，一位学者看到，志愿者群体和积极分子网络得到持续发展壮大，其驱动力在于个体在这个过程中获得了秩序和治理归属感，“这种责任感和附属于国家的体验，是积极分子的身份所独有的”。[②]然而，关于这种国家主导的志愿行动的驱动力及其与其他行动者之间的交互作用，我们依然知之甚少。

无论如何，这些小规模的、具有草根性和自发性的群体在现代社会生活中都是不可小觑的存在。社会学家迈克尔·法雷尔(Michael P.Farrell)通过对艺术家群体的经典案例研究，剖析“协作圈子”(collaborative circles)的群体动力，揭示了这些群体内部的互动和团结是如何催生个体

---

① 本书关注的主要是社区或邻里社会生活中的草根群体，它们和互联网上各种自发性的集体行动力量(比如粉丝团)或虚拟社区有着不一样的行动逻辑，但是我们可以提出类似的问题，比如群体的社会动员和公共性等。关于网络粉丝群体和新社会形式的一个晚近研究，可以参见 Weiyu Zhang, *The Internet and New Social Formation in China: Fandom Publics in the Making*, Routledge, 2016。

② Benjamin L. Read, *Roots of the State: Neighborhood Organization and Social Networks in Beijing*, Stanford: Stanford University Press, 2012, pp.168—207.

的创意的。①在组织管理中，正如"霍桑实验"所业已证明的那样，组织内部存在着自然形成的非正式组织（群体），它能够对内控制其成员的行为，对外保护其成员免于来自管理阶层的任意干预，非正式团体有其特殊情感和倾向，对生产效率的提高有举足轻重的作用。一如组织管理中的非正式群体，草根社群是地方治理的重要构成。

从理论上说，这类"星星之火"般的草根群体，不管是旧体制的遗存，还是社会转型中的新生，它们既有工具性的功能，也具有规范意义上的价值。首先，它们可能是某种替代性的服务供应者，因此，新公共管理理论对这类组织的发展和功能青睐有加。在一些面临诸如老龄化这样的复杂问题的情境中，这类组织在提供社会服务方面的独特功能更是不言而喻。其次，正如那些托克维尔的信徒们所看到的，草根社群意味着某种公民空间和民主参与的力量。它是社会信任形成和推动公共参与的基础，甚至是社会影响国家力量的希望所在。因此，对基层社群开展研究所具有的理论意义和政策含义是不言而喻的。

宛如星星之火的自发性的自治形式有可能成为燎原之势、可能自生自灭、可能迁移并进入公共领域，也可能过分专注于对特殊性和差异性的表达而带来社会撕裂，总之，决定群体命运的因素十分复杂。从广义上说，草根社群面临着集体行动的经典难题，其自有的行动规范和决策机制也对群体的消长产生了这样或那样的影响。此外，这些主体还面临着各种外部的威胁和挑战，包括横向的资源竞逐以及纵向的行政吸纳和控制等。值得强调的是，政府的政策选择和

---

① Michael P. Farrell, *Collaborative Circles: Friendship Dynamics and Creative Work*. Chicago: University of Chicago Press, 2001.

治理方式既有可能创造出某种依附关系，也有可能为这些力量的自主发展提供某种自由余地和激励机制。罗伯特·佩坎讷（Robert Pekkane）在对日本市民社会的观察中就发现，和其他 OCED 国家相比，日本市民社会具有鲜明的二元性：一方面志愿性的社区群体不计其数；另一方面，大型的、基于议题的、专业性的政策倡导组织并不多见。这种局面是日本百年治理传统所带来的。换言之，这是国家官僚组织在财政资助、税收政策等方面行使各种自由裁量权的结果。[①]国家为基层治理提供了场所和规则，在一个单中心的行政体制中，国家政策导向对于基层社会力量的影响是显而易见的。

2010 年，为了展示上海“原生态”的基层社会创新和居民自治生活，提升居委会参与世博、服务世博的能力和水平，市民政局组织跨学科的专家团队，挖掘、研究、塑造了 21 个“居委会自治家园”（下称“自治家园”），意在多方面地展现社区真实精彩的社群和自治生活：在这些示范点，中外游客可以参加居委会听证会，观摩社区居民如何协商解决问题；可以到社区居民家里参观，与他们探讨日常生活中的话题；可以在社区会所品茶听戏，参加慈善义卖活动；还可以参观上海社区的老年日托所、老年活动室、社区文化中心等场所，与上海的老阿婆、老大爷聊聊弄堂生活。[②]在这些被展示的自治生活中，草根社群纷纷粉墨登场，成为亮点。作为一项推动基层民主自治的重要政策，“自治家园”被誉为是“社区民主自治的鲜活反映，是上海社会建设的新成果，是对中国特

① Robert Pekkanen, *Japan's Dual Civil Society*: *Members Without Advocates*, Stanford: Stanford University Press, 2006.

② 新华社：“世博会期间上海将开放 21 个‘居委会自治家园’”，http://www.gov.cn/jrzg/2010-03/27/content_1566537.htm。

色民主政治建设的重大创新。”①

自治家园项目的独特之处在于，各种各样的互动群体，通过不同的方式被发现或创造出来，新的社会互动方式不断呈现，成为居民自治的生动体现和工作基础。这是一个典型的政策实验——经过试点之后，如今已经得到广泛推行，成为上海基层群众自治的品牌内容和主要政策话语。在自治家园的实践过程中，政府一方面积极发现、培育各类草根社会的自组织力量，同时也积极整合各种自治力量进入居委会的行动框架。基层治理中所增生的群体多样性，激励着我们重返基层、重新去阅读基层变动中的社会生活和互动秩序。

第二节 理论想象

随着20世纪90年代中期以来城市社会建设的推行和社区自治的广泛实践，基层社会及政治的发展已经成为一个热门的话题。就草根群体而言，既有的研究工作大多着迷于“国家—社会关系”的理论思维：在一个中央集权体制下，草根组织的行动空间是如何出现和发展的？社会力量与国家权力之间存在着怎样的强弱和消长关系？根据芮杰明(Benjamin L. Read)的归纳，存在着四种运用于中国基层政治研究的国家与社会的关系的理论图式：一是预设公民组织相对于国家或政府的独立性的市民社会理论；二是社会主义体制下的大众组织理论，通过这种组织模式，国家建立起与个体的直接联系；三是施密特意义上的统

① 民政部：《上海：创新居民自治新机制——居委会自治家园》，http://mzzt.mca.gov.cn/article/nzfxh2010/mzgzlsp/jczq/201007/20100700086123.shtml。

合主义理论，在这种利益表达和动员结构中，社会组织被国家承认与许可，在其各自的领域内被国家赋予唯一代表权，但同时接受国家的有组织的控制；最后是国家与社会的协同(synergy)理论，在协同框架内，国家与社会形成了一种互惠的关系。①

基于对中央集权体制下社会生活的特点的考虑，安子杰(Anthony J. Spires)看到，中国的草根社会组织既不按照现托克维尔式的理论预期来行动，即以某种独立和积极的姿态去提出民主政治改革的诉求，也不像国家统合理论所看到的，成为进行社会控制的工具。在中国的政治环境下，草根组织体现的是一种"权变共生"(contingent symbiosis)的逻辑：草根组织和地方政府在碎片化的治理结构中实现了模糊的、权变性的合作。这种关系意味着：其一，国家控制与政策实施呈现碎片化的态势，致使法律和行政规定无法从中央到地方得到一致的贯彻执行；其二，政府与草根组织之间呈现相互利用和相互怀疑的关系，既非水火不容，也非和谐共存。草根组织致力于提供社会服务、解决社会问题；另一方面，地方政府官员也希望打造政绩，避免地方问题引起上级注意从而成为政治压力。这样就形成了一种脆弱的"且怀疑且合作"的关系。草根组织必须策略性地限制自身规模和活动范围，避免提出改革和民主诉求，也不能过度行动，以免挑战地方政府的管治权威。②

描述国家与社会关系的概念形形色色，不一而足。比起"强—弱"或者"控制—反抗"这样的二分法，诸如权变合作这样的概念无疑有助

① 转引自刘春荣：《社区治理与中国政治的边际革新》，上海人民出版社 2018 年版，第 10 页。

② Anthony J. Spires, "Contingent Symbiosis and Civil Society in an Authoritarian State: Understanding the Survival of China's Grassroots NGO." *American Journal of Sociology* 117 (1), 2011.

于丰富我们的对基层政治性质的认识。[①]然而，这种理论努力也有不少盲点以及有待深化之处。在笔者看来，基层政治的核心问题就是社会互动秩序的变化。需要提问的是：作为具有自发性的行动者，草根群体是如何发展的？在什么条件下，草根社群会进入社会公共领域和行政体系？它们如何可能成为（或不成为）公民空间的主体或成为行政体系的"根须"？要理解这些问题，就必须把社会互动秩序摆上研究议程。在基层组织生活形式趋于多样化的条件下，我们所要回答的依然是霍布斯的经典问题：在各自逐利的行动者面前，秩序是如何可能的？具有强制性的"利维坦"的权力诉求是否不可避免？如果"利维坦"缺席，某种替代性的横向互动秩序如何可能形成？这个问题意识把我们的理论视角导向了对小群体、规范动力以及互动秩序的分析。

第三节　小群体及其规范动力

小群体(small group)可以被定义为："一定数量的人通过互动所产生的集合，每一个成员互相产生印象和认知，这种印象和认知是如此的独特，以至于个体足以能够进行一对一的回应。[②]"作为一个分析对象，小群体在当代社会科学中具有重要的意义。文化社会学家加里·法恩(Gary A. Fine)指出，我们迫切需要正视小群体，因为它正是公共

① 对基层的国家与社会关系的中文研究文献回顾，可以参见马卫红、桂勇、骆天珏：《城市社区研究中的国家社会视角：局限、经验与发展可能》，载《学术研究》2008年第11期，亦见刘安：《当代中国城市基层的国家与社会关系研究及其学理反思——基于政治社会学视角的分析》，载《社会学评论》2015年第5期。

② Robert F. Bales, *Interaction Process Analysis: A method for the Study of Small Groups*, Cambridge, MA: Addison-Wesley, 1950, p.33.

领域的微观基础之所在："如果说市民社会仰赖社会关系的自我组织，那么社会性的小群体的形成就是至关重要的，不管这种小群体具有政治上的自觉性与否。"①实际上，社会行为都是在互动中习得并完成的，它们都仰赖一些业已广为流传的观念和规范，私人的行动也离不开地方性的和群体的价值：

> 特定的环境提供了机会结构，使得意义和结构的生产成为可能，而且它们能够在群界之外产生回响。这种思路的基础在于，对群体及其地方文化的皈依产生了行动的若干准则，这些准则塑造了群体并且向外扩散。我把这里所说的地方文化理解为一套意义系统，它维系于某种可识别的互动场景及其常规参与者之中。在显著的情况下，群体的联系塑造了行动者的身份并提供了行为的动机，不管这种行为是改革的还是保守的。在不那么显著的情境中，这种联系也创造了一种服从默会规则的动机。无论如何，个体都不需要在每次互动开始时重启讨价还价，他们依赖的是在过往互动关系发展中所形成的期待。②

通过塑造个体的行为，小群体也为社会秩序的发展提供了动力。托克维尔主义者们已经看到，小群体是市民社会的载体或者"教养场所"，是社会信任和社会资本的培养皿，因而是市民社会的"因果结构"

---

① Gary Alan Fine and Brooke Harrington, "Tiny Publics: Small Groups and Civil Society," *Sociological Theory* 22 (3), September 2004.

② Gary Alan Fine, "The Sociology of the Local: Action and Its Publics," *Sociological Theory* 28 (4) December 2010, p.356.

或孵化力量。在群体生活中，小群体的参与者能够定义一些值得采取集体行动的社会问题，群体因此具有框架整合以及资源动员的功能，而在这个过程中，小群体作为一种“小公众”（tiny publics）孕育出了现代公民的品性：

> 社会关系是通过群体的网络来组织的，而这些小公众提供了社会和社区赖以建构的行动空间，它们也是不平等以及社会分化的基础。个体的小众聚合带来了工业商品、艺术产品、政治争斗个体纽带以及满意度。作为一种整合和联系的力量，小公众所催生的社会形式与孤立无缘的个体、大型制度以及大众社会形成了鲜明的对比。①

小群体既是某种社会规范的携带者，也是社会规范的制造者和传播者。尽管群体或组织可以通过强制以及操作信息来产生影响，小群体对社会互动的影响主要是通过内在与其中的规范来起作用的。②罗伯特·埃里克森（Robert C. Ellickson）已经令人信服地指出，小社群的各种非正式的规范在解决社区冲突中发挥了比法律更为重要的作用。大量的纠纷处理的案例表明，规范和法律都是社会控制的机制，它们能以不同方式帮助解决集体行动的难题。而且，有效的规范更容易在紧

---

① Gary Alan Fine, *Tiny Publics: A Theory of Group Action and Culture*, New York: Russell Sage, 2012, p.2.

② 关于信息影响（Informational influence）和规范影响（normative influence）的区分，参见 Deutsch and Gerard(1955) 的经典论文：Morton Deutsch and Harold B. Gerard. 1955. “A study of normative and informational influences upon individual judgment,” *Journal of Abnormal and Social Psychology* 51 (3), 1955.

密的群体内部形成，它为群体成员提供了控制权。[①]在对中国乡村的“乡规民约”的观察中，学者们看到了这种非合约性的行动规范或社会建制的社会调控功能，它解释了“为什么基层权威在利益分离结构出现的条件下依然能够得以延续”这一问题。[②]

规范可以表现为一种社会期待或者帕森斯意义上的“行动参照系”(action frame of reference)，也可以表达为一种道德义务。在一般意义上，社会规范通常是自发性的而非有意创制的，是默会的甚至具有模糊性，并且通过非正式的方式得以实施——尽管其后果可能是十分严重的。[③]学者们已经区分了可以自我实施的协作规范(coordination norms)和需要一定的实施机制的合作规范(cooperation norms)。协作规范往往表现为人行道靠右行走以及乡规民约这样的约定俗成的力量，而合作规范的形成则是一种面临着“囚徒困境”的公共物品的供给过程：合作是亟须的，但从私利到公益却不是自然而然的。[④]

就规范与个体关系而言，一方面，如上所述，小群体拥有被成员所共享的规范或行动参照系，群体内的规范能够塑造个体的服从和参与行为，当然，这种影响力常常会因规范的性质以及个体在群体中的角色

---

① Robert C. Ellickson, *Order without Law: How Neighbors Settle Disputes*, Cambridge, MA: Harvard University Press, 1999.关于规范和集体行动难题的讨论，还可以参见，Jon Elster, *Nuts and Bolts for the Social Sciences*. Cambridge: Cambridge University Press, 1989. Russell Hardin, *Collective Action. Baltimore*, MD: Johns Hopkins University Press, 1982。

② 张静：《乡规民约体现的村庄治权》，《北大法律评论》，1999年第2卷第1期：第4—48页。

③ Michael Hechter and Karl-Dieter Opp, *Social Norms*, New York: Russell Sage, 2001.

④ 这方面的区分，参见 Edna Ullmann-Margalit, *The Emergence of Norms*, Oxford: Clarendon, 1977. H. Peyton Young, "The Economics of Conventions," *Journal of Economic Perspectives* 10(2), 1993。

和地位之不同而不同。①另一方面,规范自身不能发挥作用,它需要激励和约束机制。某些特定的群体规范能够和个体的利益产生实质性的勾连,因此具有强大的诱发服从和进行社会动员能力。这是因为,社会个体的行动既包含"经济人"的面向,也包含着"社会人"的纬度。就经济人面向而言,人们的行动建立在对相关信息和因果知识的清晰掌握的基础上,而且行动者对各种选项能够作出自觉的成本收益分析;就社会人的纬度来说,行动者的行动遵从一定的组织、社会或者文化格式的约定,在这种情况下,知识的获取镶嵌于一定的社会关系之中,甚至仰赖于某种信仰。值得强调的是,小群体通常都有一些特殊主义的规范,它们能够将其群体成员与他们置身于其中的更大的共同体区分开来,这是一种能够产生强大团结和内聚力、能够不借助外力而自我实施的排他性规范。按照拉塞尔·哈丁的分析,这种规范能够带来两种好处:

> 首先,资源有限而引发利益冲突,这种利益冲突驱使一个群体代表其成员去控制资源……至少从短期来看,通过排斥他人对有限资源的占有,某些亚群体或联盟可以令其成员迅速获益。在这里,群体成为获得好处的手段。差别的第二个明显的好处是让人在其群体内感到舒适、熟悉、乐享交往。我们可以称之为认识论的好处(epistemological benefits)。之所以有此好处,盖因人们不必从其所属的共同体之外去获得知识。②

---

① J. Richard Hackman, "Group Influences on Individuals and Organizations," In M. D. Dunnette and L. M. Hough(Eds.), *Handbook of industrial and organizational psychology*, Vol.3, pp.199—267. Palo Alto, CA: Consulting Psychologists Press, 1992.

② 拉塞尔·哈丁:《群体冲突的逻辑》,刘春荣、汤艳文译,上海人民出版社 2013 年版,第 82 页。

哈丁进一步指出，差别或者排他规范的这两种好处总能共同发挥作用。比如，通过共同体的信息与援助网络，群体中的成员可能会更加容易找到工作，群体成员与群外之人交往，总是要比与自己人打交道更具挑战性。而且，社群常常会把它们的惯例升级为道德权利。如此一来，亚群体的规范，由于更加契合成员的利益，从而比普世规范具有更强大的自我执行能力，也更具有持续性。对此，迈克尔·赫克特(Michael Hechter)也坚持认为："为自己的利益或为群体的利益，在这两种不同的行动路向面前，我倾向于假定，个体都会为自己的利益考虑。"①

因此，群体内部以及外部行为都受到群体所自有的规范的影响。就其外部关系而言，秉持差别和排斥性规范的群体可能带来两个不利的后果，首先是产生封闭性：如果群体的规范能够满足成员的各方面需求，成员将不必与群体外产生接触，长远来说就会削弱群体对外部的回应性和资源汲取能力。其次，这种封闭性有可能导致社会关系的碎片化，甚至带来某种社会与政治的对抗性。从公共治理的角度看，除非它发展出勾连外部关系的、具有普适性的和公共性的规范，否则这种割裂的社会群体有可能构成对政治权威的挑战，而群体的这种外部环境的损坏终将威胁到群体自身的发展。从这个意义上说，群体的差别规范处于一个互动的环境之中，面临着竞争和调适。群体在什么条件下可能吸收其他群体的规范，并在互动过程中产生一定的公共性或普遍性

① Michael Hechter, *Principles of Group Solidarity*. Berkeley, CA: University of California Press 1987. p.37.亦见：Michael Hechter, "The Emergence of Cooperative Social Institutions," In *Social Institutions: Their Emergence, Maintenance and Effects*, Michael Hechter, Karl-Dieter Opp and Thomas Voss (eds.). New York: Aldine de Gruyter, 1991, pp.13—33。

规范，这是我们观察地方秩序的变化的焦点所在。

第四节 地方秩序的生产

厄尔文·戈夫曼（Erving Goffman）深刻地指出，社会生活中的互动秩序乃是理解社会体系的基础。1983 年，在其题为《互动秩序》的美国社会学会主席演讲中，戈夫曼强调，秩序意味着“一种行动的领域”，“互动生活的核心是一种个体之间的认知性关系，舍去这种关系，我们的行为，不管是行动或言辞，都难以有意义地组织起来。”①他看到，只有关注互动体制（interaction regime），才能找到解决从地方到国家乃至全球性层面的组织问题的工具。

为了理解群体间社会互动与文化扩展的关系，加里·法恩进一步勾勒出一个“地方社会学”（local sociology）的研究议程：

> 在中观层面，地方既是一个舞台也是一个视角。作为舞台，地方是一个物理的或历史的联系场所，提供了行动所需的意义。参与者在行动中创造了行动的线索，而对这种线索的调适生发出了新的行动。即便在冲突关系中，这种线索也能呈现出来，指引着那些改变旧实践的变化，或者激发着对社群边界的重构。但是，地方并不仅仅是一种行动舞台的隐喻，它也是一种视角，通过这种视角，我们可以看到社会行动者何以致使群体、聚会以及公共生活发生类型化（typification）、如何创造边界和部门。透过群体，我们可

① Erving Goffman, “The Interaction Order: American Sociological Association 1982 Presidential Address,” *American Sociological Review* 48(1), 1983, p.4.

> 以看到社会,观感到和阶级、性别、年龄或宗教有关的亚社会,或者说地方舞台的景象。我们所看见的不是一般性,而是特殊性。

换言之,"地方"是社会秩序的策源之处,它可以帮助我们理解特定的行动形式是如何被选择的。这里的所说的"地方",以及戈夫曼的"互动体制"与集体行动研究中的"策略行动场域"(strategic action field)都属于中观层面的社会秩序(meso-level social order)。尼尔·弗雷格斯坦(Niel Fligstein)和道格·麦克亚当(Doug McAdam)把策略行动场域视为社会中一个基础性的集体行动单位,"在其中的个体或集体行动者在对场域的共同认知的基础上,利用彼此的知识进行互动"。[①]由此观之,所有的集体行动者(包括组织、大型家庭、社会运动乃至政府系统)都是由策略行动场域(或者帕森斯意义上的社会子系统)构成的。在策略行动场域中,行动者之间以各种不同的方式互相联系,使得场域成为一个被主体能动性所塑造的地方互动秩序。地方秩序因此可以理解为一种塑造社会互动的、群体间或行动者间的关系模式。

作为策略行动场域的行动者,小群体能够借助其特定的规范来参与并塑造地方互动秩序。自由主义的理论家已经令人信服地指出了"自发秩序"(spontaneous order)的本质。自发性的思想可以追溯到伯纳德·孟德维尔、大卫·休谟、亚当·斯密等自由主义的理论家那里。亚当·斯密提出了经典的命题:自由市场中"看不见的手"能够调控千差万别的具有不同利益的人的行为,自然而然地达成一种秩序井然的资源分配关系。弗里德里希·哈耶克是这一观念在当代的集大成者,

---

① Neil Fligstein and Doug McAdam, "Toward a General Theory of Strategic Action Fields," *Sociological Theory* 29 (1), 2011, p.3.

他通过“自发秩序”和“建构秩序”的概念，对经济发展和历史进化进行了新的阐释。“自发秩序”指涉市民社会中调节和规范人们行为的规则、习惯、风俗等，也包括传统，它们是“人类行动的结果，而不是人类设计的产物”。“自发秩序”是社会自然演化中最可能幸存下来的“秩序”，如果有人自命为领导者或先知，宣称凭借其理性的认识能力能够制定社会发展的规划，把社会作为一项工程来进行建构，这势必带来某种灾难性的结果。①在对公共事务自主治理的杰出研究中，埃莉诺·奥斯特罗姆(Elinor Ostrom)从另外一个角度论证了自发秩序的力量：公共事务的治理有可能成功地摆脱“囚徒困境”，由被使用者进行自主管理，而非被政府或私有企业所宰制。②

自发性内存于一定的社会秩序之中，也会在群体行动的过程之中呈现。研究集体行动的学者已经关注到社会行动中自发性的动力。大卫·斯诺(David Snow)和丹纳·莫斯(Dana Moss)批评指出，对社会运动和集体行为的理论似乎有一种过于组织化的倾向，人们需要认真对待集体行动中的自发性，亦即那些“某些规划之外、并非有意为之或经过预演的事件或行为”。这种自发性和组织性并不排斥，甚至会在组织和计划的内部出现，并极大地影响社会运动的轨迹，包括暴力化的走势。根据他们的田野观察，集体行动中的自发性行动在如下结构条件下更容易形成：(1)非科层化的运动和具有协商性质的决策过程；(2)不确定性的情势或增大了的即兴空间，这意味着行动者没有既定的剧本

---

① Friedrich A. Hayek, *Law, Legislation and Liberty: A new Statement of the Liberal Principles of Justice and Political Economy. Volume 1. Rules and Order*. Chicago: University of Chicago Press, 1973.

② Elinor Ostrom, *Governing the Commons: The Evolution of Institutions for Collective Action*. New York: Cambridge University Press, 1990.

可以遵行;(3)行动者受到促动(priming)效应的影响——亦即当下的行动遭受之前某一刺激的影响;(4)社会运动和抗议行动发生的社会生态。①

我们或许可以这样假定:群体,尤其是小群体具有天然的自发性,犹如市场经济中的自发性的行动者,它们能够在没有外力介入的条件下实现自我均衡,导致一种自发秩序。从理论上说,自主性是公共性的前提,但是这种自发秩序及其扩展可能表现为一种外在于国家的公民自治领域,一种自治的制度形式,也可能表达为冲突性的社会运动。在实际中,自发秩序作为一种"无需命令的协作"的制度安排是脆弱的,社会的异质性和暴力都会限定这种秩序的运作范围。②无论如何,不同尺度、不同类型的自发性秩序均存在着演化和变异的可能性。正如本章开头所提及的晨练群体去建立公园的"护园志愿者队伍"那样,在一个开放的社会系统中,小群体不免和其他群体发生互动,或者与行政体系及其子系统产生接触,产生规范的变异,从而重塑地方性的互动秩序。根据帕森斯的社会体系和社会整合的理论,社会子系统的互动关系,准确来说是一种子系统的互相渗透(interpenetration),这种互动关系维持了整个体系的结构和功能上的稳定。③

群体间关系以及群体和社会生活的关系是互相渗透和相互嵌入

---

① David A. Snow and Dana Moss, "Protest on the Fly: Toward a Theory of Spontaneity in the Dynamics of Protest and Social Movements," *American Sociological Review* 79(6), 2014.

② Peter T. Leeson, "Coordination without Command: Stretching the Scope of Spontaneous Order," *Public Choice* 135(1—2), April 2008.

③ Talcott Parsons, *The Structure of Social Action: A Study in Social Theory with Special Reference to a Group of Recent European Writers*. New York: Free Press, 1968, p.473.

的。社会自发秩序的扩展、收缩和变异也绝非一个绝缘于非自发性秩序的过程。在经济领域,要保证作为自发秩序的市场的有效性,政府对财产权的保护是不可或缺的。在社会领域,政府对秩序的管理也总是无处不在。举例而言,2008 年中国的汶川大地震爆发当天及至之后数月,中国的普通民众、企业和社会组织自发地从全国各地星夜兼程携带救援物资奔赴前线。据不完全统计,累计超过 491.4 万位志愿者深入灾区以各种形式参加抗震救灾和灾后重建,而在后方参与抗震救灾的志愿者更在 1 000 万人以上,其经济贡献约为 185 亿元。这场志愿行动参与者规模之大、范围之广,且真正出于个人意愿,确实在中国历史上是空前的,有些观察者甚至把 2008 年称为“志愿者元年”。①随着这种自发性的发展,对这些志愿行动的管理和吸纳行为随即出现。无独有偶,日本的神户大地震之后,独立的志愿行动也迅速成长,但是这些代表社会自主性的志愿社群也受到国家政策的管制,这体现为国家对社会自发性的选择性促进:“政府的资助款项导向于福利和教育,国家的话语鼓励一种社群主义的、服务导向的、财政上可持续的发展愿景。合乎这些愿景的群体兴旺发达,与此相违逆的则没有生机。”②

无论归宿如何,在地方秩序中,小群体的社会规范、组织结构、边界以及互动方式都将发生转变,我们或许可以称之为一种规范渗透的过程。规范渗透基于物质性的资源动员或所有权占据,它表现为话语性的“框架整合”(frame alignment)。框架整合是一个观念动员、汇聚共

① 杨团:《中国志愿服务的成长——纪念汶川地震》,《中国日报》(英文版)2011 年 5 月 11 日,亦见:http://www.chinadaily.com.cn/zgrbjx/2011-05/11/content_12484949.htm。

② Simon A. Avenell, “Facilitating Spontaneity: The State and Independent Volunteering in Contemporary Japan,” *Social Science Japan Journal* 13(1):2010.

识的过程——它意味着群体作为行动者需要通过框架的策略性互动，尤其是框架整合来连接与公众以及其他潜在参与者的信念或价值观，以产生共鸣并激发行动上的支持。连结点和共鸣越多，参与者就越能认同其诉求、追随其行动。①在更为根本的意义上，规范竞争意味着一个行动者（个体、组织或社群）采取行动去争取其他行动者的承认、满足其他的行动者的积极期待，这种交织和互动的结果是一种作为“共享现实”的地方互动秩序。②

综上分析，考察中观层面的互动秩序的起源和性质，是解答霍布斯关于秩序问题的切入点。本书试图通过分析上海居委会自治家园的案例，来认识基层治理中的规范渗透过程，进而理解草根组织的发展以及地方行动空间的生产逻辑。笔者认为，调控基层社会的群体行动的主要是一种规范竞争和转化的机制，不同的规范互动生产出了不同的公共性。对于治理基层的国家代理人（居委会）而言，它需要确认自己的服务对象和相应的微观的公共行动空间，以便获取行动的合法性，这种行政性的规范渗透倾向于将基层社会的自发秩序予以体系性的整合，使之成为社会治理体制的构成。然而，作为一种社会互动，规范渗透过

---

① 参见：David A. Snow, et al., “Frame Alignment Processes, Micromobilization, and Movement Participation,” *American Sociological Review* 51(4), 1986. Robert D. Benford and David A. Snow, “Framing Processes and Social Movements: An Overview and Assessment,” *Annual Review of Sociology* 26(1), 2000。

② “规范竞争”作为地方互动秩序的动力机制，也在一定程度上呼应了当代的组织社会学以及制度主义的组织理论对组织变迁的推论：制度结构具有管制（regulative）、规范（normative）和文化认知（cultural-cognitive）的纬度。在“组织场域”中，当社会的法律制度、社会规范、文化观念或某种特定的组织形式成为“广为接受”的社会事实之后，就成为规范人的行为的观念力量，能够诱使或迫使组织采纳与这种共享观念相符的组织结构和制度。William Richard Scott, *Institutions and Organizations: Ideas, Interests, and Identities* (4th edition), Thousand Oaks, CA: Sage Publications, 2014.

程并不是线性发展的过程，而是具有可观的策略性和权变性。在社区田野调查中去感受这种脉动，发现其变化之奥妙，这正是我们的研究旨趣所在。

本书反映了对基层政治与社会研究的一种理论尝试：通过对群体的行动规范的分析，来重新认识国家与社会的变化。这项研究议程呼唤我们去关注社区政治秩序中行动者，它们如何在蕴涵各种政治、社会因素的特定制度背景中采取行动。我们已经看到，在20世纪90年代中后期以来的城市基层社会，出现了一个有组织的国家重建其基层权力结构的过程，尽管不存在基于选举的、有组织的政治竞争力量，但是，既有的城市行政体系中自上而下的委托代理关系与快速的社会经济变迁，共同在城市基层社会产生出了一种独特的交叉压力，从而系统地塑造了三个基本治理部门（街道办事处、社区党组织和居委会）的组织环境和行动规范，提供了它们进行策略行动和互动的资源与机会。社区互动以及自下而上的社会压力和自上而下的行政压力交织作用，使得为了控制和吸纳基层社会而创设的既有制度，有可能演化和拓展为促进社会成长的基础设施，这也意味着中国政治具有“边际革新”的可能性。①

随着各种草根自发力量被鼓励、发现并吸纳进基层自治，2010年以来上海居委会自治家园的实践，为我们提供了一个重新认识基层社会秩序的机会。在这个研究项目中，我们把观察的重心置于各种多少具有自发性的草根组织，分析它们的成长和演化。在田野调查中，我们

---

① 刘春荣：《社区治理与中国政治的边际革新》，上海人民出版社2018年版。

看到这些自发性的秩序正在被有计划地体制化为社会治理的要素，或者说被转化为行政体系的根须，同时我们也感受到草根群体所具有的渗透力，这种力量形成了一种“创造性的混乱”的互动秩序。

概而言之，本书力图在描述居民自治家园发展的背景、由来以及实践过程的同时，也对其中所涉及的理论问题进行新的思考。导论对既有的理论路径做了反思，从规范竞争的角度阐述了一个政治社会学的思考路径。第一章描述了研究的背景，展现了大转型中的社区和社会以及社区治理话语的兴起；第二章记录了居委会自治家园项目的由来和政策过程，侧重讲述作为时代机遇的世博会、作为发展瓶颈的社区行政化，以及知识介入和新自治的探索；第三、四章重点考察了草根群体与行政体系的纵向互动以及它们自身的横向互动，分析这种互动的过程及其所可能产生的公共性。最后是对这些研究的总结和进一步的讨论。

第一章
基层大时代

基层既是产生利益冲突和社会矛盾的"源头",也是协调利益关系和疏导社会矛盾的茬口。①

——习近平

这是上海一个十分普通的社区,有人戏称这一带及其往北地区是所在 H 区发展的"西伯利亚",因为这一地区不像其他地块有可观的可开发潜力。这是一个半新不旧的成熟社区,于 20 世纪 80—90 年代陆陆续续建成,它的周边已布满各式便民生活小店。尽管如此,开发商和政府还是共同努力,在这个已经十分局促的社区盖了商务楼,建了大型超市,以及图书馆、文化馆等公共服务设施。图书馆和文化馆的建立为社区带来了丰富的活动,首先带动的教育文化产业的发展。

20 世纪 80 年代起,闲暇时间与概念的增生,在基层社会催生了更多的社会关系。每一个工作日,老人们早早地等候在了还未开门的图

① 习近平,《加强基层基础工作,夯实社会和谐之基》,《求是》2006 年第 21 期。

书馆和文化馆门口，越来越多的老人愿意在这里度过他们充实的一天：读书看报，学习摄影、美术、电脑，听听讲座，看部电影。实际上，除了图书馆，社区可供老人们消遣的地方日益增多，除了市民驿站，老年活动中心，社区学校等社区公共场所，一些空地上也总是聚满了各种形式的锻炼人群，包括各种广场舞，他们有自己的小群体，而且已经很好地分配了各自使用空地的时间。社区的每条街道上都有菜场，买菜的大多是老人，年轻人则已经开始通过网络或手机 APP 买菜。菜场也是一个社会，卖菜的也形成了他们各自的小群体，有的成为治理菜场的骨干，有的则成为飞地的“帮派”。夹杂在社区小店间的，有每天早上在街边做各种广播操的理发店，还有各种服务老人的养生馆、理财厅，这些新兴事物令老人应接不暇，其中也存在着许多风险。而居民区宣传栏里，社区基金会、垃圾分类、老人出国旅游、英文培训等信息的发布则告诉我们，这个普通而传统的社区已不再“传统”，它拥有了新的价值规范，已经深深地融进了全球化的进程中。

周末的图书馆及其周边变得异常热闹，爸爸妈妈、爷爷奶奶带着孩子穿梭于包括图书馆在内的各种社区培训班，在社区十分有限的空地上，还可以看见中学生的身影。午饭时间，周边的小饭馆生意十分兴隆，被爷爷奶奶或者爸爸妈妈陪着的孩子咿咿呀呀说个不停，他们徜徉于培训班中，个个天真烂漫活泼可爱。家长以极大的耐心放任孩子说着各种不着边际的话。图书馆里则很安静，偶尔会有家长或老人外放了手机的音乐，马上会有保安上前打个招呼。社区里也不乏各种保安或者志愿者，他们负责社区的环境卫生和治安管理，也规范着社区居民日常行为。

以上所描述的只是一个普通社区极为平常的生活图景：社会大转

型的各种遗存力量和新生元素不断渗透进这样的普通社区，并沉淀下来。社区正在变成认识社会的又一个切面(cutting)，教育、养老等生活议程把人们的社会关系在社区中聚合(assemblage)起来：与过去相比，它的内容更加丰富；与发达社会相比，它沉淀的更多，甚至进一步结构化了。与改革开放之前的基层社会秩序相比，今天我们所面对的是一种新的社会生活，它是一种类似于组织环境分析所谓的"VUCA"状态：不稳定(Volatile)、不确定(Uncertain)，复杂(Complex)且模糊化(Ambiguous)。

切面(cutting)是认识社会的一种方法，是要把社区与它所处的大时代结合在一起观察。相反，对社区研究上的割裂会让社区治理成为社会变革的被动追随者。那么，这一场大的社会变革是如何传达到社区的，而社区又将怎样与社会统一起来？社区是社会的漏斗(剧变的社会如沙漏慢慢渗透到社区)或稳定结构吗？本章的任务就在于揭示社区中被隐藏、被忽略的社会大时代之下的复杂性和变动性。

第一节　扩充与结构化中的社区

社区作为一种政策话语和生活实践，是中国城市社会去单位化之后逐渐出现的。社区在社会关系的重建中不断生长，复杂性不断加深，它在被市场力量所渗透的同时，也被国家力量所结构化。这种大幅度的社会变迁为草根群体的发展构筑了一个大时代和大舞台。

一、社区治理的呈现

言及社区，首先被注意到的肯定是社区建设。改革开放以后，社区建设与社会转型几乎同步发生。上海的社区建设起步于 20 世纪 80 年代，展开于 20 世纪 90 年代，进入 21 世纪后，上海的社区建设进一步模式化了。

在新时期社区工作帷幕拉开之前的 1978 年，上海撤销了街道革命委员会，恢复街道办事处建制，工作重心从阶级斗争转移到经济建设和为人民生活服务上来。这时，与全国其他城市一样，街道办事处作为基层政府的派出机构，接受来自上级政府包括粮管所、房管所、派出所、卫生所等部门的指令，管理那些未被纳入单位体制的老弱病残、家庭妇女，以及不能被单位录用的社会闲散人员。

1984 年后，城市改革全面启动。同时，大量知识青年返城，加上 20 世纪 60 年代中期的婴儿潮进入就业年龄，巨大的就业压力为街道组织的发展提供了一个重要的驱动力：街道和居委会开始积极举办生产、生活服务事业以安置就业，“里弄经济”、“街道经济”自此得到显著的发展。

1986 年，民政部首次把“社区”概念引入城市管理中。1989 年，《中华人民共和国城市居民委员会组织法》终于获得通过，这一《组织法》第一次提到“居民委员会应当开展便民利民的社区服务活动”，同时，《组织法》还在有关居民会议、居委会同居民的关系、工作原则和方法、居民公约、居委会性质、成员组成、选举等方面都做了许多增补，其精神核心是“群众自治”，即“自我管理、自我教育、自我服务”。《组织法》进一步增强了城市居委会的民主自治性质。

20 世纪 90 年代中期以后，与社区有关的体制变革开始出现。上海开始将社区服务拓展到社区管理体制创新，逐渐形成了“两级政府、三级管理、四级网络”的城区管理体制。1999 年，上海开始探索在部分居委会进行居委会干部的直接选举，以此作为完善居委会选举和健全居民区管理体制的试点。到 2012 年，上海完成了第十次居(村)委会换届选举工作，共有 3 678 个居委会参加了此次换届选举，占总数的 96.6%，其中，直选比例是 94.8%。时至今日，以居委会选举为标志的上海基层民主与自治建设日趋制度化与规范化，选举使得居民区的治理结构和主体更替实现了程序正义，通过选聘结合，一批有精力、有能力的居委会干部成为社区治理的主导力量。

这一时期，市场和社会组织的发展也为社区变革注入了新的活力。业主委员会是一支备受关注的力量，它兴起于 20 世纪 90 年代的中国城市房产改革。很快，居委会、物业公司与业主委员会成为上海社区治理结构中的“三驾马车”。新的社区治理结构中的另一股力量是活跃于社区的“两新”组织(新经济组织和新社会组织的简称)与蓬勃发展的社区文体团队。

随着社会的快速发展，一个新机构——社区工作站也出现在社区治理框架内。“社工站”承担政府下移到社区的管理服务职能，面向社区居民提供“一门式”服务，上为政府分忧，下为居民群众办事。不同于一般社会组织，“社工站”的定位还在不断摸索中，一方面，“社工站”在社区往往有被再行政化科层化的倾向，另一方面，政府希望“社工站”和其他社会组织一样是政府实施购买服务的对象。近年来，上海每年要培训社会工作人员上万次，大力开拓医务社会工作、青少年事务社会工作、社会救助社会工作、残疾人社会工作、灾害社会工作等服务领域。

2009 年，上海市率先开始在国内实施大规模的社区公益服务竞争性购买。项目由上海市民政局组织实施，从福利彩票公益金中划出 3 500 万元用于社区公益服务的招投标。“购买服务”是一个外来概念，它将传统的政府职责视为公共服务的提供者，而且，政府不再是单一服务递送者，社会组织或营利机构都可以承担公共服务。因此，购买服务的过程是“公私合营”——公共目的与非公共手段甚至营利动机相结合的过程。①在社区引入“购买服务”概念，使更多组织，包括外来社会组织可以参与到社区公共服务供给中，社区治理结构进一步多元化。

从时间上看，上海社区这一日益多主体、多中心化的权力转移和基层组织再造可以分为三个阶段：制度积累（1995 年前）、体制突破（1996—2004 年）和增量提升阶段（2004—2014 年），这是一个渐进的、增量的体制代谢过程，其中的每一个阶段都伴随着大量多面向的、多层次的组织和制度创新。②2014 年，上海市委市政府将“创新社会治理，加强基层建设”列为市委 1 号重点课题开展调研，并形成了“1＋6”文件成果。其中，“1”是《关于进一步创新社会治理加强基层建设的意见》，“6”是涉及深化街道体制改革、创新居民区治理体系加强基层建设、引导社会力量参与社区治理、深化拓展网格化管理提升城市综合管理效能、完善村级治理体系加强基层建设、社区工作者管理办法 6 个配套文件。

在“1 号课题”成功的基础上，上海市的基层治理出现了新一轮的探索实践：上海的社区（街道）党工委全部更名为街道党工委，所有街道全部取消招商引资职能。在郊区城市化地区，新建了 5 个街道，首批确定了 67 个基本管理单元，加强公共管理服务资源和力量配置。居（村）委会实行“两份清单、一本台账、一项机制”，建立居（村）委会依法依规协助行政事务清单和居委会印章使用清单，协助的行政事务将从 140 多项减少到 40 多项，居委会印章使用事项有望从 120 多项减少到 20

---

① 敬乂嘉，《政府与社会组织公共服务合作机制研究——以上海市的实践为例》，《江西社会科学》2013 年第 4 期。

② 参见刘春荣，《社区治理与中国政治的边际革新》，上海人民出版社 2018 年版，第 49 页。

多项。

上海作为中国经济社会发展变迁的排头兵，为缓解 20 世纪 90 年代中期以来的超常规发展所带来的巨大社会紧张，在加强行政管理与培育社区民主自治的同时，各种新的政治、行政和社会资源也被引入到城市社区，探索和建构新的组织和治理体制。相应地，党政体系在基层的组织结构与职能也发生了前所未有的变化：四十年来，上海的社区治理结构由过去“单中心”模式演化为兼有多主体的“多中心”模式，经历了“去行政化”与“再科层化”的交替叠置式发展，以及由“生产管理”向“福利供给”的角色转变。

当然，社区的建设与发展无法改变社区的行政主导性。同时，上述治理结构的变化也表明，在中国行政体系的边际地带，权力将不再表现为过去那种相对简化的单中心的控制性或者行政权力的扩张，社区治理出现某种程度的制度韧性以及“边际革命”。社区既是基层政治秩序重建的场域，也是新时期的个体与组织重建权力关系的载体。如果说，发现社区作为行动共同体对于市民社会育成的重要性与可行性一直是学者们希望发现、论证和倡导的，那么，伴随着社区治理结构变化，基层生活的社区又发生了怎样的变化呢？

二、 社区的组织与空间演化

改革开放以来，上海快速的城市化改造伴随着大规模的动拆迁，这不仅令曾经的棚户区和工业厂房在市区迅速减少，也让曾经的农田变成了一个个的新型社区。现在，除了市中心还有少许棚户房之外，大批的商品房迅速由市中心向外扩张，直至远郊，与邻省连成一片。（图 1.1 描述了城市空间的变化。）城市空间的变化，也极大地改变了社区的形态，这种物理形态的变化对于社会关系的发展产生了深远的影响。

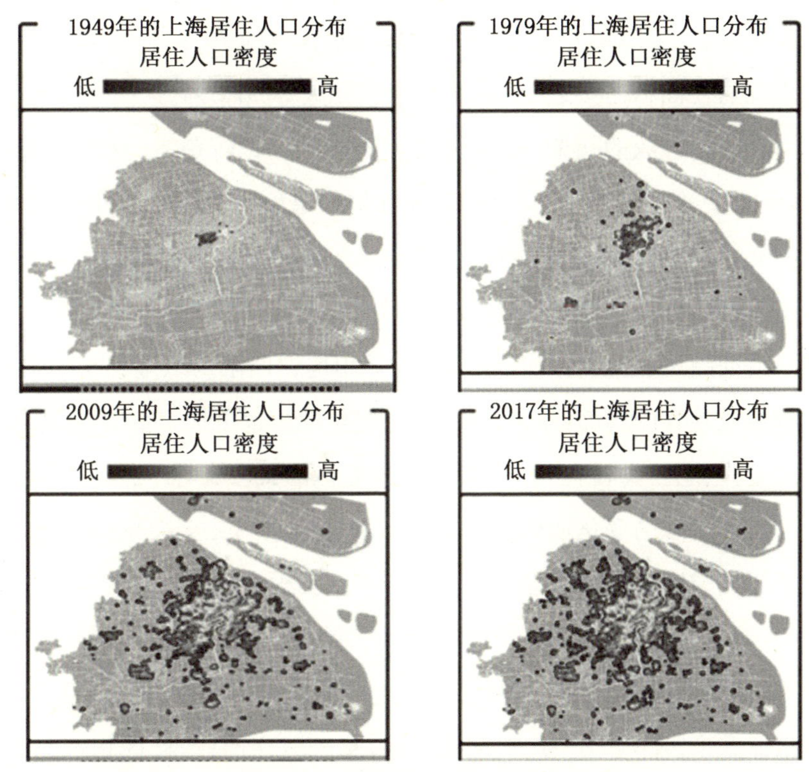

图 1.1 上海城市的空间拓展①

1978 年以前，上海城镇居民的人均居住面积仅 4.5 平方米，住房成套率(有独立厨房和卫生间)为 30%左右。当时，大量知青返沪，使得原本紧张的住房矛盾更加激化。此后，随着市场与城市建设的发展，城

① 沈从乐:《这些年，上海是如何一点一点变大的?》，新一线城市研究室，http://www.linkshop.com.cn/web/archives/2018/400010.shtml，数据来源：链家网。

市居民居住条件不断改善。2000年，已有高达95%以上的居民住房是单独成套的居室，其中，16.5%为商品房，57.2%为售后产权，拥有住房产权的居民户比例已达73.7%。①根据2018年国家统计局上海调查总队发布的《上海改革开放40年民生成就报告》，到2017年，上海城镇居民人均居住面积已接近19平方米，住房成套率97.3%。②

在改革开放的初期，城市住宅的产权形式比较单一，除少量私房外，绝大多数住宅都属公有财产：或者是归单位所有，或者是归地方政府所有，相应地，房屋的修缮和改造也由工作单位或地方政府设立的专门房管部门负责。从20世纪80年代末、90年代初开始，城市住宅渐渐形成商品房、老公房、房改房、经济适用房、“两限房”、廉租房等多种产权性质共存的局面，城市居住形态/居住性质也更加丰富，有老洋房、新式里弄、老公寓、新公寓、别墅、老公房、酒店式公寓等。

居住形态的变化使得城市空间出现了一系列社会关系的变革，它包括居民与国家/单位、居民与市场、居民与居民之间的关系等。与此同时，业主委员会、物业公司等与社区相关的新兴组织形态不断出现，随着与物业相关的争端不断增多，业主委员会这一新兴组织在社区逐渐活跃起来。20世纪90年代中后期，基于居住产权、社区物业、居住环境、公共空间使用、包括环境保护（邻避运动）等引发的维权、社区冲

① 徐中振、李友梅等著：《生活家园与社会共同体——“康乐工程”与上海社区实践模式个案研究》，上海大学出版社2003年版，第3页。

② 从20世纪80年代中期到2010年，这不到30年的时间里，上海在人口急速增加的同时实现了人均住宅面积的成倍增长，这一巨大成就背后，是上海整个产业结构的变迁，大量厂房消失与迁移，大量人口迁移，大量人口实现工作的变化，以及大量人口的以住房为主的消费理念与形式的变迁，等等。这是一幅巨大的波澜壮阔的时代变迁图。这一数据来自腾讯网，《人均居住面积从4.5平到近19平，上海居民生活质量不断提升》，https://new.qq.com/omn/20180720/20180720A0V7GP.html。

突不断增多，有些因为涉及社区之外，维权过程中涉及的公共问题日趋复杂。有一些业主为了更有效地维权，进一步走出社区，通过成立如业主维权小组、业主委员会联合会、业主咨询服务有限公司等，形成跨地域的草根组织网络，联合起来集体维权。①

基于权益保护的社区抗争活动被理解为基层社区治理中的一种新兴力量，预示着社会基础关系结构的根本转型，它甚至极大地激发了学者们对市民社会发育的期待。②但也有研究指出，即便这些草根运动与居民自身利益密切相关，但仍然存在着参与不足，业主行动的原子化程度比较高，有时也存在业主组织的寡头化、准派系化等问题。③

不同于维权型组织，社区治理中的另一种力量——社区志愿者与社区草根群团——常常被理解为国家行政权力渗透基层的体现——地

---

① 关于跨小区的业主组织联盟，相关研究可见盛智明：《组织动员、行动策略与机会结构——业主集体行动结果的影响因素分析》，《社会》2016 年第 3 期；黄荣贵、桂勇：《为什么跨小区的业主组织联盟存在差异——一项基于治理结构与政治机会（威胁）的城市比较分析》，《社会》2013 年第 5 期；张紧跟、庄文嘉：《非正式政治：一个草根 NGO 的行动策略——以广州业主委员会联谊会筹备委员会为例》，《社会学研究》2008 年第 2 期；Yousun Chung, *Property-Owning Socialism in a New State-Society Relationship: Housing Reform in Urban China*," Ph. D. Thesis, University of Wisconsin-Madison. 2008; Ngai-ming Yip and Yihong Jiang. "Homeowners United: The Attempt to Create Lateral Networks of Homeowners Associations in Urban China," *Journal of Contemporary China*, 20(72), 2011.

② 相关研究参见张静：《发展中的公共空间的社会基础》，载于《社区理论与社区发展》，上海社会科学联合会编，2001 年；夏建中：《中国公民社会的先声：以业主委员会为例》，《文史哲》，2003 年第 3 期；桂勇：《略论城市基层民主发展的可能及其实现途径——以上海市为例》，《华中科技大学学报》（社会科学版），2001 年第 1 期。

③ 相关研究参见孟伟：《建构公民政治：业主集体行动策略及其逻辑——以深圳市宝安区滢水山庄业主维权行动为例》，《华中师范大学学报（人文社会科学版）》2005 年 3 期；石发勇：《业主委员会、准派系政治与基层治理——以一个上海街区为例》，《社会学研究》2010 年第 3 期；黄荣贵、桂勇：《为什么跨小区的业主组织联盟存在差异——一项基于治理结构与政治机会（威胁）的城市比较分析》，《社会》2013 年第 5 期。

方政府越来越以城市基层为基础来进行社会服务供给。在 1978 年前，上海大多数的居民都被纳入在单位体系之中，另有少部分的老弱病残者则由街道负责提供救济性服务。沿袭居民邻里守望相助的传统，一些社区孤老的邻里自发组织起来为老人们提供一些力所能及的帮助，20 世纪 80 年代初，这种被称为“包户组”的社区非正式支持网络在街道的支持下很快被推广。同时，一些在校学生和单位员工开始被组织起来到社区敬老院为老人提供志愿服务。

1994 年，民政部和中国社会工作协会发出《关于进一步开展社区服务志愿者活动的通知》，要求各地政府切实加强领导，把社区服务志愿者活动推向一个新阶段。此后，许多城市的区、街道、居委会都成立了如社区志愿服务指导委员会、社区服务志愿者协会、社区服务志愿者分会、社区志愿者楼组等组织。在民政部的系统领导下，社区志愿者组织得到快速发展，并形成了纵深到底、覆盖广泛的组织网络，并出台了相应的章程和管理办法。譬如比较早成立的上海市南京东路街道办事处社区志愿者队伍及服务项目的管理制度规定：为社区居民提供生活服务，帮助解决突发性问题，做到一般问题及时解决，疑难问题一般不超过三天答复。

政策驱动同时带来了社区事务中新的参与者。在上海，公园绿地、街边空地、十字路口、地铁公交站点、学校、活动中心等地方都可以看到社区志愿者的身影，而这些社区志愿者中，老年人居多，老年人是社区志愿者活动的主要力量。但现在，社区志愿者队伍，以及活动以及组织管理都出现了新的气象。首先，越来越多的外来社会组织以及职业人士、学生进入社区，为社区提供各种新的、更为专业化的志愿者服务。其次，志愿者活动内容更加丰富。以上海陆家嘴社区志愿者服务为例，进入21世纪后，社区志愿者服务将都市职业人群纳入其中，出现了“交通文明路口示范岗”、“微笑天使”白领地铁服务、“阳光课堂”、“知心大嫂”、“999应急服务”、“法律服务进社区”等志愿服务品牌项目。社区组织还进一步推行志愿者注册管理、“时间银行”等制度，结合智能科技发展，推出“志愿者家园网”，制作了一张“智慧炫卡”，又建立了一个“志愿者数据管理系统”，以此整合社会资源，激励社区群众以及社区单位积极参与、支持社区志愿者事业。

社区志愿者的发展当然也离不开国家对社区服务的大力推动，以及服务业发展带来的生活观念的转变。20世纪70年代末80年代初的上海，高度的计划经济将生产与消费割裂开来，导致了城市的消费资源与消费品极度缺乏，买菜、理发等基本生活服务也非常缺乏；与此同时，大批知青返城需要就业、需要生活；由于提前进入老年社会(60岁以上老人占比以达到10%)，大批老人需要照顾……由此，发展社区服务既是社会发展的内在动力，也是党政工作的新着力点。可以说，社区服务萌芽于20世纪80年代，发展于90年代。

1992年，上海开始将社区服务列入政府实事项目予以积极推动。从1992年到1995年，上海很快形成了老年人、残疾人、优抚对象、便民利民等多种服务系列，社区服务设施也得到实质性进展，社区服务内容也不断丰富，在此过程中，也不断完善社区服务管理的各项规范和社区服务的工作机制。为了加强社区服务，上海还形成了一套特有的社区队伍建设模式：一是以专业人员为骨干，二是以志愿者为基础，三是与解决下岗职工再就业相结合。①

---

① 马伊里：《民政30年：上海卷(1978—2008)》，中国社会出版社2008年版，第61页。

表 1.1　上海社区服务主要内容

序号	大类	项 目 名 称
1	社区养老	居家养老、日托站、社区食堂、家庭护理服务社、助老服务社
2	社区扶弱	阳光之家、阳光工场、精神卫生心理咨询、残疾人康复站、戒毒工作站、矫正社工站、法律援助服务点
3	社区家政	钟点工、保姆、月嫂、家教、家庭保洁、有线电视服务站、中小学暑托班、晚托班
4	社区慈善	慈善超市、慈善捐赠服务点、社区志愿者服务站
5	社区交融	老年活动室、图书室、阅览室、老年茶室、社区书场、老年舞厅、戏曲沙龙、乒乓室、桌球室、棋牌室、影视片租赁、二手货调剂
6	社区治安	社区公共意外险、小区巡逻、小区安保服务、司法信访服务、外来人口服务
7	社区就业	技能培训、社区理发店、社区缝纫店、社区绿化、保洁、代收公用事业费、殡葬服务、家庭维修服务、小区自行车棚管理
8	社区教育	社区学校、电脑活动室、党员活动中心
9	社区卫生	社区卫生医疗服务点、计划生育服务点、家庭病床、家庭医生
10	社区文化	社区文化活动中心、东方信息苑、青少年活动中心、图书室
11	社区体育	社区健身苑、体质健康检测中心
12	团体综合	社区服务热线、社区信息平台、志愿者管理站、民间团体管理、社区服务网点管理、公共服务设施管理
13	农村服务	农业技术服务站、卫生室

从传统的“民政对象服务”起步，上海的社区服务现已得到蓬勃发展，在不断产业化、专业化和社会化的同时，社区的公共服务与福利保障体系也日益完善和丰富。20 世纪 80 年代以前，上海作为大都市其实已拥有很多城市基础公共服务设施，如公园、文化站等，那时的上海，98%的街道乡镇都建有文化站，只是一来年久破旧，二来运行乏力，社区功能几近瘫痪。进入 21 世纪后，为满足居民新兴的基本文化需求，

上海开始通过新建、改扩建、置换等方式建设全新的社区文化活动中心。现在的文化中心更突出多功能：社区学校、社区信息苑、社区图书馆、健身活动室、娱乐活动室、团队活动室、展览陈列室，甚至具备放映数码电影、举办文艺表演、开展联谊活动等条件的多功能厅。管理体制上也开始不断尝试和突破，探索新机制，如委托社会组织管理、市场招聘专业人才管理等，有些社区还建立了居民作为志愿者参与管理的机制。

从 1997 年起，上海开始逐步将地段医院和乡镇卫生院改造成社区卫生服务中心。2000 年以来，上海还大力推进社区事务受理中心标准化建设，以承接政府职能部门的延伸在街镇层面的政务类服务。上海还全面引入现代信息建设，建设信息化服务网络，开通 24 小时求助热线。

此外，市场的力量也开始深入到社区，社区服务日益社会化、产业化，社区服务的业态链不断延伸，从便民利民的社区生活小店到家政服务、维修、婚姻法律等中介介绍，到养生健康、休闲娱乐业。在各类服务中，家政服务发展尤为突出，据称，上海有 8 000 余家家政服务机构 50 万从业人员，服务的家庭数量超过 100 万户，覆盖上海 1/6 家庭。①这种社区服务的高度发展，方便了人民生活的同时，也使得整个社会生活型式更具服务性特征。

虽然上海的公共性社区服务正在努力实现均等化，市场性的和社会化的社区服务需求的差异性却愈益突出。有的街区，转角即可见到服务于老人的健康养生小站，有的居住区却贴出古琴欣赏与培训、老人

① 陈群民、李显波、王瑞杰：《加快上海家政服务业发展研究》，《上海经济研究》2011 年第 6 期。

出国英语培训的广告;有的街区基本是服务老人的健身器材,有的街区却有更多适宜儿童的活动广场。一些比较成熟的高收入人群社区,更具专业性强、社会导向明确的公民个人服务或者说社会化的私人服务,如心理治疗、职业咨询、家务服务、身心保健、金融保险等。

尽管政府在不断加大均等化的公共服务投入,上海居住空间的阶层分异趋向依然日趋显著。当前上海社区中,分为境外人士国际社区、豪宅区、高收入阶层聚居区、中产阶层/普通工薪阶层聚居区、低收入群体聚居区等。其中,外来常住人口主要集中在市郊城乡接合部、商业中心闹市地段和工厂密集地区。有研究指出,上海居住空间的阶层分化呈现出同心圆、扇形与次中心三个模式的叠加。①

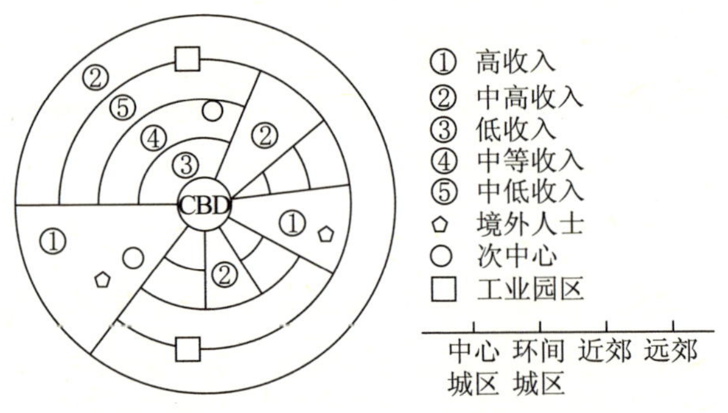

图 1.2　上海城市社会空间结构模型

社区的空间分化,除了形成社区服务供给内容的差异,也形成了社区居民行为的类型化。一些老公房社区,或者新型动拆迁小区的居民更愿意在遇到问题时求助居委会这样的组织,而其他高收入小区的居

① 本部分以及下图均转引自:杨上广、王春兰《上海城市居住空间分异的社会学研究》,《社会》2006 第 6 期。

民通常更愿意通过自身的力量解决问题。前者的居民更倾向于参与一些传统公益或娱乐健身项目,后者则更乐意投身于一些更具普适性的公益项目,比如环保、教育等。志愿者与草根社团的发展为社区治理带来了新的力量,不过,当志愿者的服务性较强时,如同这个社会中家庭对保姆的依赖,在某种意义上,社区治理对志愿者的依赖可能会减弱社区居民对自身公共事务的自助与互助性的发展。

与此同时,大量的外来人口,带着资源、带着价值观与认知来到上海,他们也同时与以不同方式或程度变化着的本地居民一起,随着居住区域的扩张汇成了一股股涌动的泉流。在他们身上,上海的文化与外来的文化,现代与传统交会在一起,又渐渐分化开来。我们看到,上海社区发展呈现出一定程度的中观或微观分类聚居——不同职业、不同收入水平和不同社会地位的居民会选择同一社区不同档次的居民区,这可以看作是空间分化中的大分化与小聚居,但显然不能将社区居民行为类型划分简单化、线性化和绝对化,我们甚至不能简单地认为这是一场被急剧压缩的现代化,因为其中包含了太多非线性因素,如德勒兹和加塔利所说的,生活的各个层面中,有的被摧毁,有的意外地沿着主干侧面蓬勃生长起来,因为材质、速度等不同而打破了预想的线性生长。①

如同在根茎之中存在着树形之结点,在根之中也存在着根茎的衍生的推动力。在社区中,一方面我们会看到不断体制化、科层化的令人忧心的趋势;但另一方面,呈现多样发展的新个体、新社区不断发展呈现出来,无论政治的、组织的还是服务的边际都存在着不断的融合与突破的案例。

---

① [法]德勒兹、加塔利著:《资本主义与精神分裂(卷2):千高原》,姜宇辉译,上海书店出版社2010年版,第8页。

第二节　分化与流变的社会

社区生活是各种结构性力量交织牵引、塑造的结果。在地方政府的政策驱动下，一个以家政服务—社区服务—公共服务供给为主线的服务型社会被建构出来，这种生活形态和托克维尔式的市民结社相去甚远。①然而，更大范围的社会分化与变迁趋势，为社区社会秩序的演变注入了新的动力，提供了新的可能性。正是社会的分化与演变，尤其是消费社会的兴起和阶层结构的变化，埋藏了社区生活变迁的种子。

一、由生产社会到消费社会

1978 年前的中国经济发展和社会管理与政治体系高度重叠、高度一元化，国家将所有可集中的资源都用于经济生产，而生活需求被认为是次要的和可忽视的，"重生产，轻消费"是这个计划经济社会的整体性意识形态与道德标签。1980 年后，党和国家确定了"以经济建设为中心"的发展道路，商品意识对社会的影响不断扩大，市场经济体制一步

① 这似乎与我们讨论的托克维尔式结社主义出现分歧。在结社主义社会，自治的基础是市民经济生活的自立与社会生活的自理——自己解决自己的问题。在欧美发达社会，现代化的发展，通过更多的电器技术以及社会化服务将家庭主妇从家务劳动中解放出来，但这些并没有打破自理社会的基本原则，社会经由自理—互助再到自治与民主。然而，市场力量对社会的渗透却正在摧毁托克维尔式结社主义。帕特南的《独自打保龄》与《我们的孩子》可以看成是讨论结社主义衰败这一问题的姊妹篇。详见[美]罗伯特·帕特南著:《独自打保龄——美国社区的衰落与复兴》，刘波等译，北京大学出版社，2011 年版；[美]罗伯特·帕特南著:《我们的孩子》，田雷、宋昕译，中国政法大学出版社，2017 年版。关于社区自治离不开自立与自理作为支持条件，参见:费孝通《对上海社区建设的一点思考——在"组织与体制:上海社区发展理论研讨会"上的讲话》，《社会学研究》，2002 年第 4 期。

步在中国确立起来，并迅速得到发展。上海四十年前还是物质极大匮乏，生活问题普遍很难——“挤亭子间”“买东西难”“吃饭难”“做衣难”“修理难”等，四十年后，上海已经不只是物质极大丰富，还是一个超级国际大都市。数据显示，当前上海国际零售商集聚度达54.4%，国际高端知名品牌集聚度超过90%，上海口岸的服装、化妆品、汽车进口额分别占到全国的70%、53%和37%。2018年4月，上海更是推出了《国际消费城市建设三年行动计划》，根据这一计划，到2020年，上海消费对经济增长贡献率将保持在60%以上，外来消费占社会消费品零售总额比重30%以上，新兴消费规模持续扩大。①

在中国的其他地方，也呈现了高速的消费增长。国家统计资料显示，我国社会消费品零售总额从1992年的1.1万亿元增长到2017年的36.6万亿元，增长了32倍，连续十四年保持两位数的增速。

消费的转型开始于20世纪90年代，经过十多年的积累与繁荣，90年代中期开始，消费主义作为一种价值取向和日常实践开始蔓延，许多在以前看来是奢侈消费的住房、耐用品、旅行、消遣和娱乐也不再仅限于少数人，广大群众都参与到享受这些物品和服务的行列中，包括如何提供更干净的水、更健康的食品、更安全的汽车，以及更值得信赖的医药等。此后，公园、体育、文化等公共设施加大了建设步伐，集体消费等概念在社会上扩展开来。2010年以后，社会消费进一步转型升级，不仅休闲消费的内涵进一步扩大深化，文化消费、海外消费、道德消费等新消费不断产生新的需求，新的需求不断产生新的产业/职业，如电竞业、网络直播等。消费使得这个社会不仅着力于生产物质产品，而且开

---

① 以上数据摘录自《上海：释放消费潜力，创造高品质生活》，《解放日报》，http://www.gov.cn/xinwen/2018-04/29/content_5286848.htm。

始了大量的符号生产。如同西方国家曾经发生的情景一样，过去是“生产偶像”风光的时代，如今则是各类“消费偶像”“消费流量”——歌星、影星以及各类消费的弄潮儿大行其道的时代。

消费推动着社会更深地加入全球化进程中，而全球化的深入又反过来使中国广大疆域的各部分与整个世界直接连接起来，每个连接点都会产生新的需求。消费升级受到政策与市场的推崇，通过消费拉动内需，进而拉动经济，成为经济政策中很重要的一种新说法。①但消费升级之路并不顺畅，②与其说消费对经济的拉动效率需要深入研究，不如说消费作为社会行为其背后的阶级分化与社会行动逻辑需要深入研究。

在短短四十年的时间里，上海迅速转型成为一个消费主导的社会。还在改革开放之初，恢复工作再次前往江村调查的费孝通发现，那里外出打工回村的小姑娘开始烫头发，开始有了可以自己开销的收入，他提请人们注意这一变化。事实上，这一变化远超出了预想。当被发现在消费中“工人和他的老板享受同样的电视节目并漫游同样的游乐胜地，打字员同她的雇主的女儿打扮得一样漂亮，黑人也拥有凯迪拉克牌高

① “消费拉动经济增长”成为近年来较为热门的政策议题。有报道指出，在过去很长一段时间里，中国经济增长主要依靠投资和出口拉动，消费对中国经济增长的贡献率较小。直到2008年，我国最终消费支出对GDP增长的贡献率仅为45.7%，远低于大多数发达国家水平，从2014年起，消费对经济增长的贡献开始超越投资的贡献。有文章因此提出，在当前特定国际形势下，尤其在投资与出口受阻的形势下，消费应该在拉动经济中发挥更重要作用。诸多提议，参见人民网文章：孙耀武《增强消费对经济发展的基础性作用》，《学习时报》，来源：http://theory.people.com.cn/n1/2017/1229/c40531-29735591.html；侯云春：《经济发展转向消费升级拉动和供给侧改革》，http://www.xinhuanet.com/fortune/2017-11/29/c_129752147.htm。

② 有研究认为，“新兴消费对经济增长的拉动作用还没有完全启动，没有能够扮演更加重要的角色，这也在一定程度上限制了消费作用的发挥，限制了消费能力的提升”。“消费拉动型经济结构和发展模式正在形成”。参见：http://www.chinareform.org.cn/Economy/consume/Practice/201702/t20170217_261507.htm。

级轿车”时，[①]消费欲望被刺激、被鼓励、被以不同的速度与力度迅速蔓延至城市到乡村的各个角落，人们进一步挣脱了身体、社会关系、经济、政治的约束，投入于消费社会的丰盛和舒适之中。

20世纪80年代后，曾掀起过一场思想解放，这场思想解放既有对物质消费自由的追求，也有其他基于公共的与政治的个人自由的反思，1990年代以后，消费革命所带来的个人解放和财富增加的效应，使消费成为一种社会意识形态，消费强化着人们的欲望与权利意识，也同时增强着人们的平等与特权意识。消费作为个体权利，获得了一种绝对正当性。

基于消费的同权和一致性诉求，一般性消费急速地演变出炫耀性消费、时尚性消费，以及山寨消费。在乡村，人们希望通过各种“山寨”版的消费，以获得与大城市的形式上的消费平等。在城市，购房、旅游、海外购、教育培训、海外教育等大额消费迅速崛起，城市希望在消费上与西方发达社会看齐。

被理解为自由的权利意识使消费越来越被当作是一件具有私人性质的事情。消费的私人性挤压了消费者公共性的一面。为了满足消费者对于便捷的生活需求，一次性筷子、杯子、纸巾和塑料购物袋等物品的泛滥使用，时尚消费品的大量制造导致大量浪费的同时，更对环境保护造成了严重的伤害；私人汽车的急速增长，给城市环境和公共交通带来了极大的挑战；餐饮业的空前丰富发展伴随着食物的惊人浪费以及地沟油等食品安全事件频发。消费的私人性使人们更愿意沉浸在消费社会的丰盛和舒适之中，而不愿去关心消费背后的不平等和阶级矛盾

---

① [美]赫伯特·马尔库塞：《单向度的人：发达工业社会意识形态研究》，上海译文出版社，2006年，第9页。

等政治问题，但随着消费权利意识的增强，“低廉”消费品引发的群体性事件、网络抗争不断出现，越来越多的争议矛头指向了中国社会的收入差距与阶层分化。

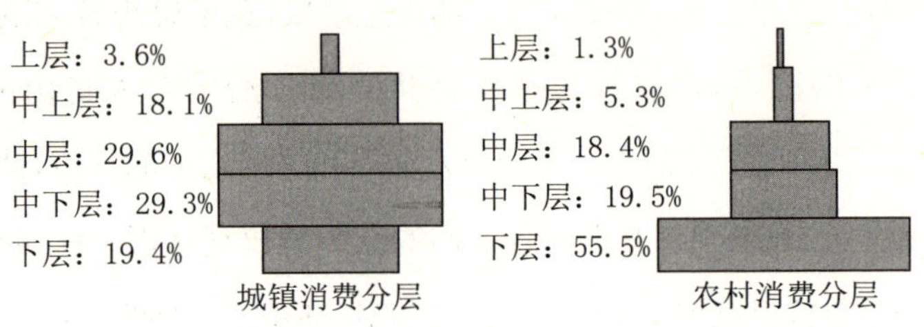

图 1.3 当代中国社会的城乡消费分层①

社会消费在进一步阶层化，但有研究认为，“中产阶层”是在用一种比较廉价的方法模仿起了富裕阶层的生活方式，例如消费奢侈品牌、出国度假、各种讲求生活格调以及追求所谓的精神生活。另一个相关且值得注意的现象是，在购物欲望被无限放大的同时，“廉价”与“假货”不断充斥中国市场，与消费安全有关的社会热点事件频频发生。

消费作为一种总体性力量，加深了社会的不平等。有报告说，预计到 2020 年，中国城镇消费增量的 81%将来自上层中产及以上阶层。②但大多数的中产阶层心中都非常缺乏安全感。在消费产品组合与消费结构上，有关数据显示，城市家庭平均每年在子女教育方面的支出占家庭子女总支出的 76.1%，占家庭总支出的 35.1%，占家庭总收入的 30.1%，③子女

① 李春玲：当代中国社会的消费分层，《中山大学学报：社科版》，2007 年第 4 期。

② 高红冰等：《中国消费趋势报告：三大新兴力量引领消费新经济》，《阿里研究院 & 波士顿咨询公司(BGG)》出品，转引自，http://socialone.com.cn/bcg-and-ali-research-house-report-2015/。

③ 王庆环：《调查显示子女教育费用占城市家庭总收入 30%》，《光明日报》，http://edu.qq.com/a/20120315/000084.htm。

教育费用已成为中国家庭的负担。资产配置结构的不平衡，比如社会保险与转移支付在家庭资产配置中的结构，与社会不安全和焦虑感加剧有关。同时，较低的社会保障水准和较高的社保缴费率加重了城镇中低收入居民的负担。这种消费紧张与不平衡对集体性消费形成挤压，社会期待更多的集体性消费，然而，集体性消费却不断被寻租。当然，与中产消费相关的另一个变化是，中产阶层正成为环保主义运动和道德消费的引领者。

二、阶级阶层结构变化

2018 年 7 月，一家主要面向生活在一、二线城市以外的低收入消费者，称拥有 3 亿用户的融合电子商务和社交媒体元素的公司——拼多多在美国上市，引起广泛争议，上市首日股价一度上涨 40%，随后几日，股价一路暴跌 16%，直至跌破 19 美元的发行价。拼多多一直被指责助长假冒伪劣商品的销售，另有文章则指出，这一假货泛滥与中国社会结构变化有关：2018 年的数据显示，中国社会 80%的人的人均月收入不超过 3 000 元，其中，约有 20%人的人均月收入不到 500 元。“拼多多事件”背后是基于消费的层化与极化关系，一端是金字塔底端的消费者，他们无力消费，他们在为满足基本需求而挣扎；另一端则是看透了中产以下的消费大数据，力图用新的规则创新来获取高额利润的善于战略谋划的投资者们，他们被称为“新兴资本群体”。

无独有偶，几年前革了出租车的命的滴滴公司在 2018 年多次被推上舆论的风口浪尖，它背后的资本逻辑与消费逻辑也再次引发热议，同样，它的一端是上亿的享受便宜与便利的中下层消费者，另一端则是包括互联网、高科技、保险等行业巨头计一百多投资人参与的金融资本群体。

从1978年到2018年，这四十年间，中国的社会阶层结构发生了巨大变化。随着城乡结构、职业结构的改变，原来的“两个阶级，一个阶层”（工人阶级、农民阶级和知识分子阶层）的社会结构分化了，一些新兴阶层诸如私营企业主阶层、专业技术人员（新社会阶层）、经理阶层和农民工群体等不断形成，近几年来，“新兴资本群体”成为又一个备受关注的社会阶层群体。

进入21世纪后，中国经济金融化趋势日益加快，在经济金融化过程中，经济重心开始逐渐从产业部门转移到金融部门，金融部门的GDP贡献率、利润比重、资产比重等指标值大幅上升，经济在某些领域呈现过度金融化现象。

当中产阶层在为寻求更美好生活而打拼、焦虑时，另有一大批小商户、个体劳动者、工人、进城务工人员，以及处于贫困状态、缺乏就业保障的工人、农民在为基本生存而奋斗。数据显示，2016年，全国13.7亿人口中，有6亿多农村居民，其中，农业从业人员为2.2亿。到2017年，共有农民工约2.9亿，其中，新生代务工人员为50.5%。这些农民工中，外出进城务工的约有1.4亿，留在本地的约有1.1亿。这些进城农民工中，约有60%奋战在基础设施建设、生产流水线、一般建筑业和日常服务业。这些外出务工农民，他们大多初中毕业（初中以下占到82%），专业培训不足（接受过农业或非农职业技能培训的农民工占32.9%）。与新社会阶层丰富多彩的娱乐休闲内容相比，新生代农民工的主要娱乐是上网、看电视。①

① 以上数据摘录自李培林《我国阶级阶层结构的深刻变化》，《北京日报》，http://www.bjd.com.cn/sy/llzk/201801/29/t20180129_11079520.html；以及国家统计局发布的《2017年农民工监测调查报告》，http://www.stats.gov.cn/tjsj/zxfb/201804/t20180427_1596389.html。

在早年关于《禄村农田》的研究中，费孝通发现，对于那些脱离了农田劳动的人，尽管不亲自劳动可能会使生活程度降低，可他们却宁愿少花钱，也不愿多费力。他们“在农作中省下来的劳力，并没有在别的生产事业中加以利用，很可说大部分是浪费在烟榻上，赌桌边，街头巷尾的闲谈中，城里的茶馆里。”①这是前现代农民关于休闲与业余的观念，这一观念背后是他们的生计经济学。多年以后，在后现代的大都市，那些进入城里的新工人阶级，生计与教育等使他们依然沿袭着传统社会对于休闲与业余的理解和安排。

而那些城市一代代熏陶的工资劳动者（工人）等则开始注意将工作时间之外的部分理解为自己的业余与闲暇，休闲与业余生活变成了麻将、上网、聚餐、广场舞等。但对于专业人员而言，为了保住自己的竞争优势，他们会利用更多的业余时间增加自身专业优势，并把这一努力看成是业余生活的一部分。对于新兴专业技术的专业人才群体而言，充电与增值是业余与休闲的重要部分。②当代中国社会的各个阶层，由于不对称的智识、资源、权力等关系，他们之间的鸿沟被不断拉大，并呈现出种种规则、关系的不对称、不平衡。

---

① 费孝通：《禄村农田》，《费孝通文集》（第四卷），群言出版社，1990 年，第 115—116 页。

② 张海东等进行的一项关于北上广新社会阶层的大型调查显示，从北京、上海和广州三地新社会阶层的日常时间分配来看，工作日当中新社会阶层用于工作或学习的时间达到了 7.76 小时，远高于社会的平均值 5.90 小时，非工作日用于工作或学习的时间也略高于社会的平均状况；而在家务方面，新社会阶层工作日用于家务的时间为 64.26 分钟，低于社会的均值 82.37 分钟，非工作日的家务时间为 88.74 分钟，同样远低于社会的均值 102.51 分钟。参见张海东、杨城晨、赖思琦：《我国特大城市新社会阶层调查》，《北京日报》，2017 年 1 月 16 日。

第三节　社会组织及其社区性

社会组织进入社区，无疑是基层社会的另一个显著发展趋势。近年来，在各种力量助推下，我国的社会组织快速发展。同时也出现了对于社会组织快速发展的种种隐忧，公益行业面临诚信的拷问，公益该不该向右、向市场靠拢？公益应如何处理与市场的关系？而十多年前，对社会组织的种种疑虑还主要来自政府。社会组织发展既是社会结构演变的一个方面，它所呈现的也是这个大时代的特质。那么，正加大迈向社区步伐的社会组织将会怎样把这些特质带进社区？

一、 社会组织的历史演变

1978 年以后，随着社会的改革开放以及市场经济发展和工业化的推进，社会流动性不断加快。与此同时，政治生活的发展与政府职能转变也推动着各种资源向社会释放。中国社会组织突破过去的高度一元化结构，从无到有在曲折中发展起来。

改革开放前，除了国家和企业单位之外，我国只有少数被称为人民团体或群众团体的组织。改革开放让一些新的社团组织陆续出现，到 20 世纪 80 年代中期，出现了一次社团发展的小高潮。首先是各类学会、研究会和分科学会迅速发展起来，到 1987 年底，中国科协下属的全国性学会达 146 家，分科学会 1 555 家，乡镇科普协会近五万家，形成了遍布全国的学术性社团及群众性科普网络。①此外，在广大农村地区，

① 王名：《中国民间组织 30 年》，中国社会科学文献出版社，2008 年，第 2—13 页。

群众性的农村专业技术研究会和农民合作基金会迅速发展，到 1992 年分别达十二万家和两万家。其他各类社会组织的发展势头也很快。

1998 年，民政部原社会团体管理司改名为“民间组织管理局”，“民间组织”一词首次出现在政府机构的名录中，社会团体是民间组织的一部分，民间组织还包括“民办非企业单位”。“民办非企业单位”作为新概念登场，它表明了社会团体的发展与分化。2002 年以后，基金会从社会团体里分离出来，官方定义的民间组织也因此变为包括社会团体、民办非企业单位和基金会三部分。截至 2018 年第一季度末，我国登记注册的社会组织已达 808 479 家，其中社会团体 376 236 家(占比 46.5%)，民办非企业单位 425 850 家(占比 51.4%)，基金会 6 393 家(占比 0.8%)。

表 1.2　1988—2017 社会组织发展状况①

年　份	社会组织（万个）	社会团体（万个）	民办非企业（万个）	基金会
1988	0.444 6	—	—	—
1992	15.3	—	—	—
1994	17.5	—	—	—
1995	18.1	—	—	—
1996	18.5	—	—	—
1997	18.1	—	—	—
1998	16.6	16.6	—	—
1999	14.3	13.7	0.6	—
2000	15.3	13.1	2.3	—
2001	21.1	12.9	8.2	—

① 社会组织＝社会团体＋民办非企业＋基金会。资料来源：根据历年《民政事业发展统计报告》和民政部社会服务统计公报数据整理。

续表

年　份	社会组织（万个）	社会团体（万个）	民办非企业（万个）	基金会
2002	24.4	13.3	11.1	—
2003	26.6	14.2	12.4	954
2004	28.8	15.3	13.5	892
2005	32	17.1	14.8	975
2006	35.4	19.2	16.1	1 144
2007	38.7	21.2	17.4	1 340
2008	41.4	23	18.2	1 597
2009	43.8	23.9	19	1 843
2010	44.6	24.5	19.8	2 200
2011	46.2	25.5	20.4	2 614
2012	49.9	27.1	22.5	3 029
2013	54.7	28.9	25.5	3 547
2014	60.6	31	29.2	4 117
2015	66.2	32.9	32.9	4 784
2016	70.2	33.6	36.1	5 559
2017	80.3	37.3	42.2	6 322

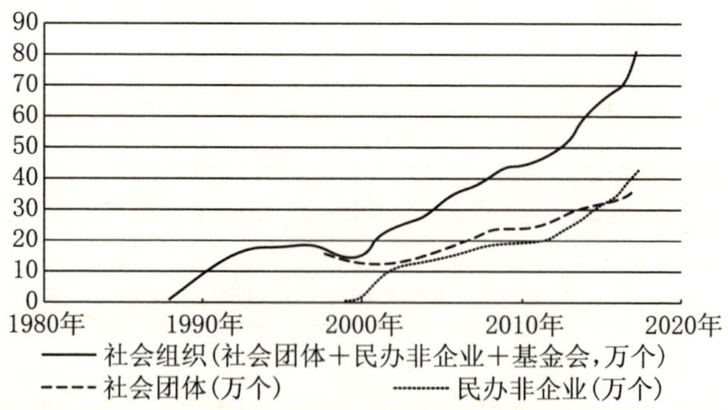

图 1.4　30 年来社会团体、社会组织和民办非企业发展

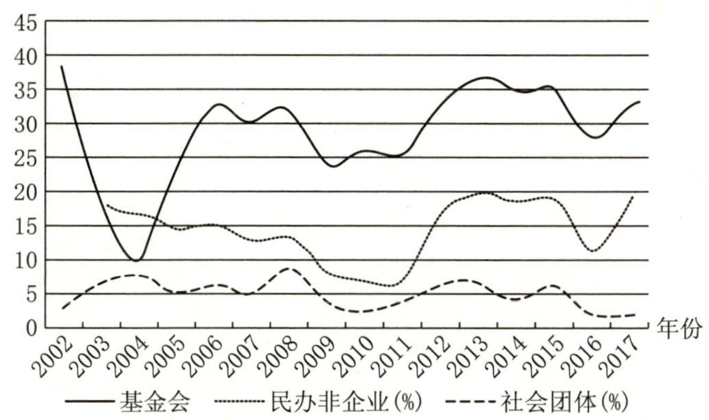

图 1.5　2002—2017 年中国社会团体、民办非企业单位和基金会增长率

以上三类是需要登记注册的社会组织，还有另一大类是需要备案的社会组织——社区社会组织。以上海为例，2016 年，上海共有社会组织 14 178 家，其中，社会团体 3 999 家，民办非企业单位 10 506 家，基金会 426 家，还有备案的社区群众活动团队 2.76 万家，基本是社会组织的两倍。在登记注册体制之外，在城乡社区还存在大量未经注册的各种公益性、互益性和自治性的社会组织，各种俱乐部、联合会等新型社会组织也层出不穷，他们正渗透并活跃于社会生活的方方面面。

社会组织，尤其服务性社会组织的快速发展得到了政府前所未有的支持与推动。党的十七大把“社会组织”概念作为一个无争议概念使用，明确提出要“重视社会组织建设和管理”。党的十八大进一步提出“加快形成政社分开、权责明确、依法自治的现代社会组织体制，引导社会组织健康有序发展”，并随后开始逐步取消社会组织双重管理体制。在这期间，《中华人民共和国慈善法》通过，把公益概念包容进来，形成了一个大慈善的概念，也让现代慈善概念成为法律的一部分。党和政府关于社会组织发展的一个更实质性举措便是加大了政府向社会购买服务的力度。2013 年，从中央及各部委到地方政府纷纷出台购买服务政策，同时，中央财政还拿出专门资金，用于支持社会组织参与社会服务项目。

政府的支持为企业和社会力量投入社会组织打开了机会和窗口。2004 年以来，基金会一直都是我国三类民间组织中增长速度最快的，它每年的增长率几乎都在 16%以上（2004 年下降 6.5%，2005 年增长率为 9.5%，2009 年为 15.4%，2012 年为 15.9%）。基金会中，非公募基金会一直保持着持续快速增长，在 2011 年超过公募基金会后，总占比不断扩大，2016 年底，非公募基金会已占全国注册基金会总数的 72%。①

2015 年 9 月 7 日，腾讯公益联合全球数十家知名企业、上百个公益组织、中国最顶尖的创意机构、名人明星以及数亿网友一起，发起一年一度的全民公益活动——“99 公益日”。中国首个互联网公益日诞生。数据显示，2017 年，“99 公益日”共动员 1 268 万人次为 6 466 个公益项目主动捐出 8.299 亿元善款，相比 2016 年同期的 677 万人次捐赠，2017 年网友捐款金额达到前一年的 2.72 倍，参与人次达到去年的 1.87 倍。加上腾讯公益慈善基金会（以下简称“腾讯基金会”）的 2.999 9 亿元配捐额和爱心企业伙伴成功配捐出的 1.77 亿元，2017 年“99 公益日”总计善款金额超过 13 亿元，再度刷新了国内互联网募捐记录。②

现在，在“技术＋公益”模式下，各大网络公司纷纷创立公益平台，比如蚂蚁金服公益平台、淘宝公益平台、京东公益平台、百度公益平台、新浪公益平台、轻松筹、公益宝等等，国家官网也推出了自己的公益平

① 数据来源，根据 2011—2016 年《社会服务发展统计公报》数据整理。

② 新华网，“99 公益日 3 天 1 268 万人次参与捐赠”，http://www.xinhuanet.com/gongyi/2017-09/11/c_129701313.htm。

台，新华网公益平台。这些平台通过创新手段，用轻松互动的形式，发动全国数亿热爱公益的网民通过小额现金捐赠、步数捐赠、声音捐赠等行为，这为社会组织发展提供了更多元化的资金来源渠道，社会组织发展的机会更多了。

二、 社会组织的内涵发展

四十年来，社会组织从少而单一的社会团体不断衍生发展：在扩大数量规模的同时，也变得更加规范化、专业化和多样化，甚至在朝着更加均衡的方向发展。从趋势上看，社会组织介入社会活动的领域不断扩展，业务范围涉及科技研究、教育、文化、卫生、体育、生态环境、法律、宗教、工商服务业、社会服务、农业及农村发展、职业及从业服务等诸多领域。

不断涌现的社会组织在加强了行业竞争的同时，也推动了更多的公益慈善的实践创新。一些组织开始以更为清晰的策略，采取商业化的经营理念和运作方法，加强对组织自身的培训、产品开发与营销，提升组织能力。社会组织越来越重视将现代化的、先进有效的管理和发展理念运用到社会组织的日常管理与运营中。

社会组织的组织形式变得更加多样化，业态变得更加复杂广泛：从基金会到支持型、枢纽型、示范型社会组织再到丰富多彩的社区操作型、实务型社会组织，一条条渐趋多样与关联的组织生态链逐渐呈现出来。

2018年9月，在腾讯推出“99公益日”之际，上海全市社区基金会集体出动，他们希望通过这一新的多元互动方式让市民认识身边的社区基金会。越来越多像社区基金会这样的新兴社会组织出现，比如，2016年出台的《慈善法》在放宽公募权的同时，首次从立法层面提出可以设立慈善信托。另外，“公益股权捐赠”“社会企业”“公共企业”等新的慈善形式与组织概念也不断更新着人们关于社会组织的认知。数据显示,《慈善法》2016 年 9 月 1 日正式实施,到 2017 年 10 月底,共有 45 家备案,涉信托公司 25 家,占全国信托公司总数的 37%。①

《慈善法》的出台引发了如个税实施等政策与制度的改进,这些社会组织链迅速升级表明社会组织正试图跟上复杂的市场结构的发展步伐。组织理论告诉我们,每个复杂的经济组织的诞生本质上都意味着新的市场秩序与规范的发展,以及相应的政治与法律方面的政策反应,这里面有市场社会与国家的作用。与此同时,历史地看,西方意义上社会组织的发展在某种程度上也是对市场秩序发展的补救。而这一切对于中国而言都发展得太快,以至于社会组织在发展的同时也在经历种种的秩序与价值困惑。

首先,社会组织的概念本身就经历了不凡的发展历程。1978 年以后,我国最初的部分社会组织多数是从政府中剥离出来的。因此,其发展最初的催化剂是政府机构改革。此后,社会组织发展不断与政府职能改革交织前进,所以,从四十年前"人民团体"概念开始,社会组织历经了民间组织、非政府组织(NGO)、非营利部门(NPO)、第三部门、草根组织、社会组织等概念的发展以及交错使用。多年来,人们试图从概念上厘清社会组织与政府的关系,但实际上,社会组织在努力获得自身独立与自主性的同时,与政府和市场间的关系也更加错综复杂。②

---

① 张明敏:《起步阶段的慈善信托期待税收优惠》,《公益时报》2018 年 1 月 3 日,http://www.gongyishibao.com/html/yaowen/13162.html。

② 过去有大量研究关注政府(或国家)与社会组织间的关系,现在,市场与社会组织的关系成为新的关注点。一些组织在具有公益或社会性的同时,也具有商业性的属性,社会组织同时具有市场导向和社会导向,这使得社会组织具有了多重身份。相关研究文献可见岑杰等:《混合社会组织多重身份的生成机理研究——基于社会烙印动态性视角》,《管理案例研究与评论》2018 年第 2 期。

其次是关于社会组织的性质与功能。近年来，一方面，社会组织迅速发展，公益创新不断。2008 年以后，一批聚焦于社会创新的青年组织建立起来，这批青年人利用互联网络，收集、整理国外的公益创新案例，传播公益创新的新资讯，举办各种线下沙龙，构建互助公益网络；另一方面，关于公益市场化的争议愈益激烈。2017 年，徐永光出版新书《公益向右　企业向左》，希望公益组织能够引进商业模式，更加注重效率，并希望企业更关注社会责任。学者康晓光强烈反对徐永光提出的"公益铺路，商业跟进，产业化扩张，可持续发展，有效解决社会问题"之公益创新模式，因为它会助长"化公为私"。引发社会焦虑的还有诸多价值疑惑，比如，如何理解社会公益组织从业人员的薪资获得？如何看待中国社会企业的发展？

社会组织的发展历程也是一个概念不断厘清的过程。2016 年，《慈善法》颁布实施，它使现代公益慈善的相关条款被写进法律，它表明社会组织和公益慈善发展进一步走向规范化。《慈善法》将"民办非企业单位"修改为"社会服务机构"，按照《慈善法》规定，社会服务机构等以专业服务为宗旨的慈善组织向受益对象提供的无偿专业服务。比如慈善医院为交不起医疗费的病人提供的无偿手术治疗，非营利性教育机构为贫困学生提供的免费教育培训，非营利性养老机构为交不起护理费的老年人无偿提供食宿和护理，残疾人服务机构为残疾人提供的康复服务，法律援助机构向交不起律师费的困难人员提供法律援助，等等。

大量关于社会组织的研究非常关注政府与社会组织的关系和政府对社会组织发展的影响。相对而言，人们在市场、资本、企业与社会组织的关系与对社会组织的影响等方面的研究与认知要少许多。在一些公益人士看来，公益市场化已经是大的趋势，因为公益组织的发展太需要来自市场的资源了。在资源总量不足的条件下，社会问题的解决使得社会更需要大量专业人员的参与付出，它构成了一般性社会认知：公益组织需要如企业般的运营模式，哪怕是在社区。这方面似乎与国际趋势相一致。

三、社会组织的公众参与

社会组织的迅速发展得到了两个方面的激励：一是资金来源渠道增加；二是认同组织理念的志愿者也在增加。首先，从志愿者看，很多社会组织是环保类草根组织，抑或支教类组织或者其他组织，他们都有了自己的专职人员、骨干志愿者和一般志愿者，以负责人为核心，这样的组织实际上形成了由强渐弱的波纹圈，因为不同于一般的正规化的行政或商业组织，这些组织负责人普遍感受到了志愿者加入的烦恼。

> 今年有位体制内人士辞职来到我们这里，实际上也给我了很大压力，这意味着我得向他/她负责，如果我这个组织不能长期坚持，我会对他/她的加入很内疚的。①
>
> 我现在最大的一个问题是如何管理志愿者。我们对志愿者的需求与要求其实是越来越高，但同时，我们开始面临如何管理这些志愿者的问题。这些志愿者都是凭着一腔热血参与近来，但他们因为不拿薪水，我无法用薪酬或行政命令的方式要求他们，假如他们临时放我鸽子，我也没有办法。所以，我们现在也在想各种办

① C环保组织田野调研记录，2018年4月22日。

法，既要留住他们，同时，还要让他们能提供更为专业的服务。①

公众参与社会组织的热情与实践增加。据《2016 年中国志愿服务发展报告》显示，2016 年我国正式注册志愿者与未注册志愿者合计 13 480 万人，占人口的 9.75％，在全国志愿服务信息系统登记的志愿服务团体数量达到 287 516 个。②根据全国志愿服务信息系统提供的数据，到 2018 年 7 月，注册志愿者达 9 219 万人，比 2016 年底增长 1.8 倍（2016 年注册志愿者 3 278 万人），志愿者团体总数已达 473 946 个，增长率达 65％。③这巨大的增幅中，可能有部分原因是更多过去不(愿)注册的志愿者或志愿者团体现在注册了。无论如何，近年来参与志愿者服务的人数在年年攀升，全国不到十人之中便有一人参加过志愿者服务活动，这意味着志愿服务已成为部分人群的生活方式之一。

但进一步的分析会发现，志愿者大多依然是“被组织”参与志愿服务活动，主动寻找志愿服务机会的比例还比较低，志愿服务还是有组织的自上而下推动的模式，我国有组织的志愿服务离不开体制内组织的推动。

2010 年一份调查显示，我国志愿服务呈现一定程度的“被志愿”现象，调查中，因为“单位领导要求”“单位统一安排”“社区组织劝说”而“被动”参与的占 40.9％，因为受家人、熟人、朋友、同事等非正式关系影响而“比较主动地”参加的占 23.8％，反映志愿服务已经成为我国基本

---

① 上海 H 组织 X 社区负责人 W 访谈。2016 年 9 月 17 日。

② 许雯：《我国志愿者人数达 1.3 亿北京地区最为密集》，《新京报》，2017-11-09，http://www.bjnews.com.cn/news/2017/11/09/463539.html。

③ 中国志愿服务网提供实时全国志愿服务数据统计，网址为：http://www.chinavolunteer.cn/。

社会交往中的重要内容之一，虽然比例不高，但说明了某种程度的进步。因为媒体广告、街头劝说等公开招募而“较被动地”参与的只有5.5%。[①]在一次访谈中，某公益组织负责人谈到，他们之所以选择紧紧依靠社区，看中的主要就是社区的资源动员能力以及丰富的志愿者资源。

2010年的这份调查还显示，在志愿者服务过的组织类型中，政府部门是最多的，依次还有事业单位、志愿者协会、人民团体、社区组织，超过10%的还有同学会/同乡会/联谊会。若将政府部门、政协机构、人民团体划为政府/准政府一类，这一类组织在总选择次数中的比例高达31.9%，接近三分之一；将国有企业、事业单位、基金会、志愿者协会、福利机构、社区组织、应急服务机构、行业协会等列为准民间组织，这一类组织在总选择次数中的比例高达45.9%；将民间公益组织、同学会/同乡会/联谊会、宗教组织、网络组织、兴趣团体列为民间组织，这一类组织在总选择次数中的比例15.3%。[②]

《2016年中国志愿服务发展报告》表明，2016年我国农村地区的志愿服务组织数量只占全国志愿服务组织总量的5.53%。同时，志愿服务发展区域也不平衡。根据全国志愿服务信息系统2016年底的统计，东部地区的志愿者人数是中部省份的11倍之多。从志愿服务组织开

---

① 《中国志愿服务发展报告(2017)》显示，志愿者中，青年志愿服务组织数最多，占比高达62.11%，其次为党员志愿服务组织，占59.35%。这说明，志愿服务的“被动性”问题依然存在。参见：张网成《中国公民志愿行为研究(2011)——现状、特点及政策启示》，知识产权出版社，2011年，第20页；《志愿服务蓝皮书：志愿服务已成为部分人群的生活方式，仍面临四大挑战》，《中国发展简报》，来源：公益慈善论坛，2017-11-15，http://www.chinadevelopmentbrief.org.cn/news-20425.html。

② 张网成：《中国公民志愿行为研究(2011)——现状、特点及政策启示》，知识产权出版社，2011年，第35—36页。

展的活动分析，助老活动占比最高，达82.19%，远高于其他服务领域。报告同时显示，助残服务、社区便民服务和环境保护志愿服务也是较多志愿服务组织开展服务的领域，占比接近70%。①

实际上，发展不均衡是社会组织发展中存在的一个较普遍问题，地域分布是表现之一。②实际上，志愿服务与社会组织发展的组织资源分布也很不均衡，“自上而下”组建的社会组织的发展空间广阔，社会影响力比较大；而民间“自下而上”组建的草根组织发展空间比较狭小。在行业发展上，社会团体和民办非企业单位多向教育和社会服务等少数领域集中，在中介服务业、法律服务业等领域的社会组织数量偏少。

以民办非企业单位为例，一直以来，教育类组织在民办非企业总量中占绝大多数，且发展最快，数据显示，2013年教育类组织占民非总数的57%，这一数据在2016年时略有下降，为55%。教育是民办非企业单位的主要服务领域，这其中又以民办学校、培训机构为主体，约占三分之二，民非注册的教育公益组织不足教育类民非的1%。在快速发展的基金会中，资助过草根组织的约占1.5%，大型企业的教育基金会多直接与地方教委、慈善委合作，全国比较活跃的支持教育类草根公益

① 《志愿服务蓝皮书：志愿服务已成为部分人群的生活方式，仍面临四大挑战》，《中国发展简报》，来源，公益慈善论坛，2017-11-15，http://www.chinadevelopmentbrief.org.cn/news-20425.html。

② 有报告指出，我国基金会主要分布在社会、经济发展较好的东部沿海省份，中、西部欠发达地区省份的基金会数量相对较少。基金会数量最多的前五个省级行政区分别是：广东省1 013家、北京市828家、江苏省671家、浙江省609家、上海市459家，这五个省级行政区的基金会总数达3 580家，占全国基金会总数的54.2%。参见：洪峰《中国基金会发展的历史、现状与未来》，《中国发展简报》，http://www.chinadevelopmentbrief.org.cn/news-21510.html。

组织的基金会大概仅有十几家。①

从参与量看,尽管数据显示了近年来公众对社会组织的参与增强,但是其总量依旧不容乐观。世界发达国家平均每万人中拥有社会组织数一般超过 50 个,广东、苏浙沪一带的社会组织发展与社会公众参与要大大高于全国水平。数据显示,2016 年,上海平均每万人拥有社会组织数约 9 个。②新社会阶层是社会组织发展的中坚力量和主要推动者、参与者。但数据显示,这一阶层中,人们更愿意参与捐款捐物的活动,③而且,志愿服务的层次结构浅显,专业领域的志愿服务相对缺乏,更遑论足够的时间付出。

第二,从社会捐赠的角度看,民政部的数据显示(见图 1.6),2016 年社会捐赠款 827.0 亿元,比上年增长 26.4%,其中民政部门直接接收社会各界捐款 40.3 亿元,各类社会组织接收捐款 786.7 亿元。④另据《2016 中国慈善捐助报告》,个人捐赠发展迅速,捐赠额达到创纪录的 293.77 亿元,比上年猛增 124.47 亿元,同比增长 73.52%,占捐赠总额

① 黄晓勇、蔡礼强:《社会组织蓝皮书:中国社会组织报告(2013)》,社会科学文献出版社,2013 年;《社会组织蓝皮书:中国社会组织报告(2016—2017)》,社会科学文献出版社,2017 年。

② 《社会组织管理》,《上海年鉴期刊/上海年鉴 2015/三十一、人民团体・社会组织》(四),2016 年 6 月 23 日,http://www.shanghai.gov.cn/nw2/nw2314/nw24651/nw39559/nw39596/u21aw1141303.html。

③ 张海东的调查显示,从公益活动的参与情况看,北上广三地新社会阶层主要热衷于参加慈善公益类活动,有 41.6%的受访者表示在 2013 年曾经向慈善机构捐款或捐物,所占比例最高。参加环境保护类活动的比例为 20.3%,位居第二位。调查还显示,新社会阶层对社会组织表现出较为明显的参与,他们参与商会/行业协会、业主委员会、校友会等的比例均高于社会平均水平。参见,张海东、杨城晨、赖思琦:《我国特大城市新社会阶层调查》,《北京日报》,2017 年 1 月 16 日。

④ 民政部门户网站,《2016 年社会服务发展统计公报》,http://www.mca.gov.cn/article/sj/tjgb/201708/20170815005382.shtml。

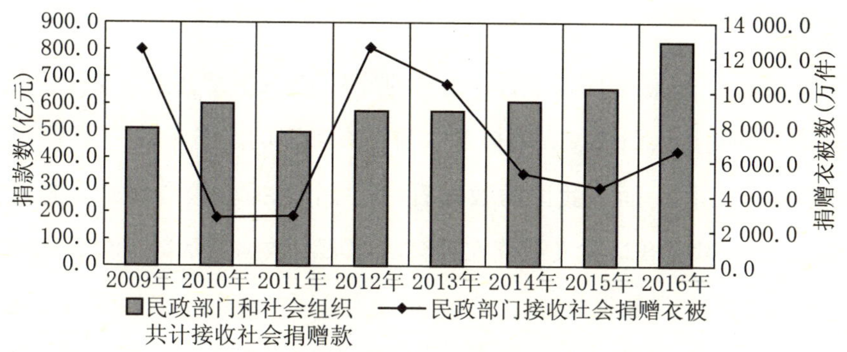

图 1.6 2009—2016 接收社会捐款和衣被①

的 21.09%;人均捐赠 100.74 元,比上年增加 23.32%。②我们可以将这一数据与美国的数据做一个对比。根据美国施惠基金会(Giving USA Foundation)的统计,2017 年,美国社会为慈善事业和非营利公益活动捐款 4 100 亿美元(2016 年为 3 900 亿美元,2004 年为 2 485 亿美元,大体年均增长幅度为 5%),其中,个人捐款 2 866.5 亿美元(占比 70%;2016 年为2 818 亿美元,占 72%;2004 年为 2 485 美元,占 76%),基金会捐款为 669 亿美元(占比 16.3%;2016 年为 592 亿美元,占 15.1%;2004 年为 11%)。③美国人的慈善捐款中还有比较重要的两项:遗产捐赠和公司捐赠。从数据可以看到,相对于个人,美国基金会捐赠占比在

① 数据来源,根据 2016 年民政部社会服务统计公报数据整理。

② 皮磊:《〈2016 年度中国慈善捐助报告〉发布 全年捐赠总额达 1 392.94 亿元》,《公益时报》,2017 年 11 月 2 日。http://www.gongyishibao.com/html/gongyizixun/12735.html。

③ 数据来源,根据 Giving USA, *Giving USA 2018* & *Giving USA 2017* & *Giving USA 2016* 综合整理。见,Giving USA 网站,https://givingusa.org Posted on June 13, 2018 at 1:19 am。《美国人慈善捐赠首破 4 千亿美元! 你捐了么?》,《美国慈善捐款一年 3 900 亿美元》,https://share.america.gov/zh-hans/americans-charitable-giving-set-a-new-record-of-390-billion/。

逐渐提高，而且捐款增速略快于个人。这与美国的金融化以及金融快速造富有关，也侧面印证了普特南等的分析，美国的结社主义与社会资本的下降使得人们较过去的公益参与是有下降的。当然，这一数字仍远远高于我国。而从我国的数据看，我国个人捐款额占比开始超过20%，这反映了普适主义规范在社会的发展。数据显示，近年来，中国企业家的捐赠增长很快，仅2008—2012年间，中国企业家的慈善捐赠增长了3倍多。另一方面，我国个人捐赠的增速要高于企业，同时，在企业中，企业家个人捐赠的比例在下降，但集体捐赠的比例却有所提升。①

20世纪80年代，在西方国家，一方面是“公民社会”(Civil Society)理论的再度流行，另一方面是以非政府组织(Non-Governmental Organizations，NGO)和或非营利组织(Non-Profit Organizations，NPO)为对象的第三部门(Third Sector)研究的兴起，二者在20世纪的90年代开始会合。这一时期，关于第三部门、公私合营、社会企业的讨论相继出现，尽管西达·斯科克波尔(Theda Skocpol)与罗伯特·普特南(Robert Putnam)就“社会资本”下降展开了热烈的辩论，但二者对基于社区的公众参与下降的认识确是一致的——作为西方“公民社会”基石的社区大众俱乐部式组织日益衰败，一些原本可以大众共同组织管理的俱乐部开始向职业经理人过渡，因为越来越多的中产阶层需要把时间放在电脑上、飞机上，或者孩子的培训班上。社会结构决定了社

① 关于2015年企业捐赠和个人捐赠增幅变化，数据可见，中国慈善联合会，《2015年中国慈善捐助报告》，http://www.charityalliance.org.cn/u/cms/www/201612/010921413q6p.pdf；关于企业家个人捐赠和集体捐赠情况变化，可参见：克里斯托弗·马奎斯，《中国慈善的集体行动模式》，《斯坦福社会创新评论》，第55页。

会组织的发展，与此同时，社会组织的发展也反映了特定的社会结构及其变迁。不同于日本的社区二元结构，也不同于西方社会社区空心化结构，在中国，尤其上海，社区如基石，或树之根须，社会诸要素都在以不同的方式（速度、速率、或方向）向社区沉淀、聚集。

在上海，商业与金融正在进入社区，社会组织也在其发展过程中将进入社区作为新的目标，即便其行动能力已经远远超越社区。本质上，这是社会阶层基于不同“生活模式”获得他们的收入，分配着他们的业余与闲暇时间，包括他们对公共事务的参与。新兴社会阶层正在以自身努力克服社会风险与流动性，同时，他们以及他们支持的社会组织正在进入社区，并改变着社区。正如一位社会组织的负责人对我们说的：“在当下的中国，只有进入社区才能接触到居民，我们才能把回收箱放进社区，只有获得社区干部支持，我们才可以在社区搞活动。”①

① A环保组织的田野调查记录，2015年11月24日。

第二章 新自治

三个老太太一起组织个丝袜小组，就能产生社区自治最需要的草根社群。

——自治家园项目专家小组负责人

在社会转型过程中，社会生活的形态被重建了。政府也在以不同方式探索和再造基于社区的制度和政策体系，基层参与和互动的窗口随之打开。中国的城市社区进入了一个大时代——各种力量竞相投射和表达，解决问题的新方式也随之出现。然而，哪些力量会是这个基层大时代的主角呢？基层社会的公共性是否随之出现？如何出现？这个问题把我们的关注点导入对自治创新的探索。

“迎世博，居委会自治家园”示范点项目是上海市民政局迎世博、办世博，积极演绎和体现世博会“城市社区重塑”副主题的一项重要工作。项目旨在充分展示中国城市基层社区真实精彩的自治生活，邻里互助、和睦友爱的人际关系，功能多样、自我管理的自治组织等，全面展示上海现代化发展中的城市社区生活。那么，是什么力量驱动了“自治家园"项目的发展？这一项目又有哪些基本的工作议题？本章将从政策演变过程的角度予以解读。我们将侧重从三个方面进行分析。首先，世博会为基层治理的创新提供历史机遇，换言之，演绎世博会的主题的需要，成为一个重要的机会结构和激励机制，它带来了社区自治的新话语和新思维。其次，上海社区建设中行政性过强、社会性和志愿性不足的局面，导致了上海社区发展的瓶颈，成为催生自治家园项目的现实考量。第三，知识介入也参与塑造了自治家园的发展，理论探索和政策实践良性互动，一些新的观念被导入政策实践，在一定意义上抑制了制度变迁中的"路径依赖"效应。从项目第一期强调志愿性、草根性到第二期强调以居委会为主体的建设思路。在这个过程中，基层群众自治制度的合法性得以被重申。

第一节　自治创新的时代机遇

上海世界博览会(Expo 2010 Shanghai China)，2010 年 5 月 1 日至 10 月 31 日在中国上海举行，是第 41 届世界博览会。上海世博会是中国首次举办的综合性世界博览会，也是首次由发展中国家主办的世博会，共有 256 个国家、地区、国际组织参展，吸引世界各地 7 308 万人次参观者前往。

1999 年 12 月 8 日，在中央政府大力支持下，上海在国际展览局代表大会上正式宣布申办 2010 年世博会，并于次年成立了 2010 年上海世博会申办委员会，申办委员会主任为国务委员吴仪。2001 年 5 月 2 日，中国驻法国大使吴健民正式向国际展览局递交了申办申请书。世博会从申请到举办始终都被视为一个与上海以及中国的开放发展息息相关的国家行为。获得世博会举办权后，上海将举办世博会看成是堪比北京奥运会的又一件大事，以及推进上海新一轮发展的一次重大机遇，并为此全力以赴。2003 年 10 月 30 日，上海世博会事务协调局（简称“上海世博局”）成立，具体负责世博会的筹备、组织、运作和管理，并协助世博会政府总代表开展工作。上海世博局的主要职责是：承担上海世博会执委会在决策、协调中的日常工作；负责上海世博会筹备工作的日常组织管理、协调与上海世博会有关的对外合作与交流活动及世博会的运营工作。在上海市委市政府的高度重视下，不但上海各部门、各局委办将迎世博作为工作重点，上海市民也被广泛动员起来。

早在 2001 年，上海世博会申办委员会就确定了世博会主题——“城市，让生活更美好”（Better City，Better Life），同时还设定了五个副主题，分别是“城市多元文化的融合”“城市经济的繁荣”“城市科技的创新”“城市社区的重塑”和“城市和乡村的互动”。

为最大程度地形成“世博会效应”，上海自上而下地形成了一套推演式工作模式——围绕成功举办“世博会”的所需条件，不断发现需要展开的工作，不断分解到各相关部门，如果涉及两个以上部门，则视轻重缓急分别形成不同层面的协调组织或协调会。比如，组织与人事部门于 2004 年出台《关于做好本市“世博人才”开发工作的若干意见》；在世博会召开前夕，上海市委农办、市农委召开迎世博动员大会，要求各部门全力以赴实现“确保不发生地产农产品质量安全事故”，“确保不发生重大动物疫情”，等等。

为申办“世博”，迎接“世博”，从 2003 年 2 月起，按照上海市委、市政府要求，“迎世博文明行动计划”调研工作正式启动。几经调研、成稿、再易稿，2004 年 4 月，上海公布了《上海迎世博文明行动计划》。

《计划》表示，上海将聚焦城市软件，综合宣传、教育、管理等多方面，消除市民行为中的陋习，全面提升市民道德、科学、文化、法制、健康等方面素质。这一计划在 2008 年继续升级，上海发布《上海市迎世博加强精神文明建设 600 天行动纲要》，要按照“更美的城市、更好的生活、更深的情谊”的要求，进一步培养和塑造“海纳百川、追求卓越、开明睿智、大气谦和”城市精神和市民形象，把迎世博工作落到实处。

“世博”也是上海城市改造的重要契机。世博会期间，上海加快了大开发、大建设、大转型的步伐，除了市级中心、副中心以及地区级、社区级中心等组成公共活动中心体系，虹桥综合交通枢纽等，还包括世博园建设。但所有的建设都以动拆迁为开始，它涉及动迁安置基地的建设及绿化、商业、交通、教育、道路等配套设施建设。为推动动拆迁的高效运作，常常需要很多的配套政策，以及整合计划、建设、环保、信访、司法等职能部门资源。

关于世博园的动拆迁工程，上海早在 2004 年就已通过《中国 2010 年上海世博会场址房屋拆迁若干规定》及《中国 2010 年上海世博会场址企事业单位拆迁补偿安置资金使用管理规定》，对房屋拆迁、评估、补偿等工作做出了详细规定。此外，上海市政府还为动迁户准备了充分的房源。浦东新区的做法是，在世博动迁过程中，针对困难群体多、房屋权属复杂等区域动迁的特点和实际，按照“凝全区之心、聚全区之力，聚焦世博动迁”的要求，部署全区有关部、委、办、局，周家渡、南码头路和上钢 3 个街道、10 个居委会，7 家动迁公司干部职工，以及挂职锻炼干部，律师志愿者等共 2 000 余人，先后进入 16 个动迁基地。

在政策执行层面，基层社区面临更多细致精微的具体工作。有这样两个动迁故事。故事一：女副镇长李新益在和村上一位老大娘谈心的时候，老人随口提起，儿女们工作都忙，很久都没回家看看了，想吃条鱼都没人烧。“说者无心，听者有意”，李新益第二天就把自己烧好的鲫鱼汤送到大娘手里。爽爽气气签动迁协议的当天，老人还特意带了一篮自家门前采摘的新鲜青菜送给李新益。故事二：有一户动迁户，因为“条件谈不拢”，迟迟不肯在动迁协议书上签字。细心的动迁组工作人员在家访中发现，他们家中正在读小学的女儿手臂上戴着鲜艳的“三道杠”，是少先队的大队委员。能不能通过“小手”牵“大手”？在老师和同学们的帮助下，动迁组工作人员和孩子一起回忆申博成功时的激动情景，展望世博会的美好前景……聪明又懂事的孩子当场表示：回家做爸妈的工作，不能拖世博会的“后腿”。很快，这户人家一家三口来签约。①

对于各政府部门来说，为迎接世博会的召开所执行的种种任务，是一项行政命令，也是一个展示自我、获得资源的机会。因此，各部门都会寻找、接续、接受各项与世博相关的工作。对民政部门而言，除了承担动拆迁安置中的动员安抚调解等工作，社区中的市民素质家庭文明建设等，还有志愿者的组织。实际上，在世博会期间，上海通过6家网站，53所高校以及全市19个区县的上海世博会志愿者招募点向社会招募志愿者。“我想成为一名志愿者，为上海世博会献一份力。”花甲之龄的陆小英阿姨，过去一直在社区做一些维持交通秩序、拾捡垃圾保持社区清洁的志愿者服务，这次听说上海世博会志愿者招募，于是积极报名。②

---

① 《三林“世博家园”进入全面建设》，载上海市政府人民网 http://www.shanghai.gov.cn/nw2/nw2314/nw2315/nw4411/u21aw100527.html。

② 《世博志愿者招募上海社区掀热潮》，载搜狐网。http://news.sohu.com/20090501/n263728740.shtml。

组织社区志愿服务是民政工作的职责之一。经过10多年的发展，上海的志愿服务从开始的民政服务(如老年服务、残疾人服务、青少年服务、婚姻家庭服务等)，逐渐向着精神文明创建和社会公共事务等方向扩展，并逐步向社会需要的每一个缝隙渗透。经由一个一个的重大事件，相关部门加大了社区资源的整合力度，社区内各类热心志愿服务事业的社会单位，被纳入“志愿服务圈”，建立了志愿者服务的站点和基地，通过引导志愿者、志愿服务组织向基地受助者集中，在服务基地集中开展经常性志愿服务，从而使以往的运动式志愿活动提升为经常性的服务。例如，上海市普陀区将全区的11个经常性捐助接收点、10个爱心慈善超市、22所养老机构、100个老年活动室、20多个群众健身点作为“义务服务基地”。这样，志愿者系统亦如其他系统一样，逐渐形成了纵向到底、横向到边的市、区、街道和社区四级志愿服务网络。这一系统为世博会志愿者迅速广泛招募提供了有力支持，它使得不仅退休的社区居民，就连年轻人都可以极为方便地来到社区应聘世博志愿者。在《关于组织本市老年志愿者参与世博的实施意见》(沪老龄办发〔2010〕11号)中明确指出，要根据立足社区、服务社区等原则，各区县老龄办、各区县老年志愿者队要紧紧围绕上海世博会，组织开展老年人力所能及的社区志愿服务活动，引导广大老年人用实际行动服务世博、服务社区，在世博会期间组织老年志愿者当好以下“五个员”：义务宣传员、安全巡查员、社区接待员、环境保护员、义务讲解员。对此，除了要加强组织领导、完善保障措施，还要加强舆论宣传：“为老年人走出家门、融入社会，从事社会公益事业创造条件、营造氛围。要充分发挥报刊、广播、电视、互联网等大众传媒的作用，宣传老年志愿者‘参与世博’过程中的感人事迹和先进典型，塑造老年志愿者的良好形象，展现老年志愿者的良好风貌和高尚情操，形成有利于老年志愿服务的良好文化环境。”①

因此，上海世博会的举办，为社区治理的发展提供了一个历史性的机遇。民政系统在世博会中找到了自己的工作激励，那就是组织志愿活动，激励居民自主参与，从而诠释世博会的副主题：城市社区的重塑。

第二节　路径依赖与发展瓶颈

自治家园项目是多种因素催发的，它也必须被看成是对社区治理中行政化倾向的一种权变性的反思。在上海的社区建设过程中，所建构起来的“社区”一直存在的自下而上的自愿性不足、横向参与的社会性疲软、自上而下的行政性过强的现象，这种失衡状态一直与社区治理的政策改革互相纠葛。从总体上看，上海民政局一直在探索社区赋权治理的路径，而居民自治家园项目是对这种现象进行调整的切入点。

从历史上看，在城市基层挖掘自发力量和志愿工作的努力不曾停止过。1949 年中国共产党执政以后，为了组织城市人口，掌控城市基层社会，新政权一方面采取自上而下的途径，以警政合一的原则把警察和城市接管机构的功能加以再造，最终定位为街道办事处；另一方面采取自下而上的途径，发动居民和积极分子，组织各种邻里支持组织，最终形成了居委会的建制。②当然，这种努力在不同的历史时期有不同的

① 上海民政：《关于组织本市老年志愿者参与世博的实施意见》，http://mzj.sh.gov.cn/gb/shmzj/node8/node15/node55/node231/node279/userobject1ai25442.html。

② 关于基层自治制度设计中的“群众”和“科层”的纠葛，参见刘春荣：《社区治理与中国政治的边际革新》，上海人民出版社，2018 年。

表达形式。1990 年，南市区豫园街道组建了全国第一家社区服务志愿者队伍，到世博会开幕前的 2008 年，上海已在全市建立了志愿者服务总队 722 支，多种类型的志愿者服务队 4 万余个，志愿者多达 200 多万，其中注册社区志愿者就达 50 多万。历经 10 多年，志愿服务不仅规模扩大，并朝向专业化、常态化、制度化的方向发展。越来越多的大型会议和国际活动选择上海，这是上海志愿者活动快速发展的重要机遇，同时，志愿者的快速发展也离不开上海市政府的大力推动。2005 年，上海市文明委发布了《关于进一步推进上海志愿者活动的意见》。2006 年开始，上海市人大责成上海市民政局牵头开展志愿服务立法调研。在制度化方面，通过社工队伍的发展，指导社区志愿者队伍，初步形成了社工、志愿者互动开展专门服务的新局面。他们还不断探索新的社区志愿服务机制，运用政府主导、社团运作、社会多方参与的公益服务机制，推动各类民间组织成为在政府和企业之外，服务公共职能的重要力量。在志愿服务中，探索了“政府委托代理”“政府购买服务”等项目运行机制。

志愿者服务是一个现代概念。在西方，志愿服务的基础是社区自治自理，大多数的志愿行为与个体生活相关，比如俱乐部志愿者、学校志愿者，以及大多组织成员间的互相帮助。在中国，志愿者服务的伦理基础还是“助人为乐”或“善济天下”，与个体生活的相关度相对较小，因而从组织形式看，志愿者服务始终离不开政府或行政力量的推动或组织，进而在组织上表现为纵向到底、横向到边的市、区、街道和社区四级志愿服务网络，这一组织形式与党与政府的社会管理体制是一致的。但是，这一组织网络又有较为鲜明的社会自主性。理论上，志愿者协会、志愿者服务总队，是专门从事志愿服务的公益性的社会团队，是不以营利为目的，自愿组成的向市志愿者协会申报获得批准的组织。而市志愿者协会在市文明委的领导下开展工作，因此，大多数志愿者协会、志愿者服务队，一方面他们是自愿组织，另一方面他们都有自己的另一个组织身份，比如××单位志愿者协会（服务总队）。

除了“志愿参与和社区服务”，现代意义的“地方自治”也是一个舶来品，它在欧美国家是有悠久传统的。在中国，这一概念是随着现代民族国家建设出现而被引入的，正如一位学者所观察到的，“以上海为代表的20世纪初年的自治，是受到西方政治思想影响后，作为学习和模仿的产物而发生的”。①到20世纪80年代初，自治再度出现在中国社会，一方面它离不开思想解放背景下新意识形态的输入，同时，它也是新的社会需求形式的展现。随着家庭承包制的推行和人民公社的解体，一些地方的基层组织体系处于瘫痪状态，于是有些地方的农民自发成立了村民委员会，农村村民自治运动由此出现。

村民自治运动对城市居民自治的发展有一定的促进，同时，有一种自上而下的力量也在推动城市居民自治的发展，这就是党和国家领导的改革开放和思想解放运动。在20世纪80年代的中国城市社会，人们思想非常活跃，对“民主”与“自由”的渴望非常高涨，公民权利意识也开始觉醒以及提升。在这种形势下，当时的领导人认为，实行社会的民主，特别是基层社区的民主，是社会正常运行的前提条件之一。②中共十三大报告指出：“现阶段社会主义民主政治的建设，必须着眼于实效，着眼于调动基层和群众的积极性，要从办得到的事情做起，致力于基本

① 周松青：《上海地方自治研究（1905—1927）》，上海社会科学院出版社，2005年，第282页。

② 雷洁琼主编：《转型中的城市基层社区组织——北京市基层社区组织与社区发展研究》，北京大学出版社，2001年，第42页。

制度的完善。”基于这一民主法制的治国理念，当时新修改的《宪法》规定：“我国城市的居民委员会和农村的村民委员会，是基层群众性自治组织。”基于基层社区“自治”的想法，经过十年努力，1989 年颁布的《城市居民委员会组织法》进一步增强了“社区自治”的民主性质，在有关居民会议、居委会同居民的关系、工作原则和方法、居民公约、居委会性质、成员组成、选举等方面都做了许多增补，其精神的核心是“群众自治”。《居委会组织法》在第二条中规定：“居民委员会是居民自我管理、自我教育、自我服务的基层群众性组织。”因此，这一时期，在制度供给上，基本形成了关于“群众自治”的从《宪法》到专门法及各种法规构成的完备的法律体系。

然而在现实中，城市“群众自治”的发展则走向了另一条道路。首先，城市的改革晚于农村，直到 1984 年之前，上海城市行政管理依然是“两级政府、一级管理”的旧模式，商品经济的改革也刚刚起步。然而，过早到来的城市老龄化，以及 20 世纪 80 年代初的大规模城市知青返城，这一源于生活的压力冲击着高度结构化的行政体系。而随后展开的国有企业制度改革使得原有的一元化体制难以应对新出现的再就业问题和随着社会分化而出现的更多的公共秩序、公共卫生、公共治安等公共问题，为了应对转型期基层社会管理与社会发展的要求，上海市委、市政府于 1996 年发布了《关于加强街道、居委会建设和社区管理的政策意见》。在这一意见中，上海市政府明确地提出了“两级政府、三级管理”的城市管理体制，其核心就是借助城市管理体制改革推动市、区两级政府及其相关职能部门的权力向街道下放，以街道办事处为主体，强化政府在街道层面的行政权力和行政效能。这一体制把城市管理和社区相结合，以行政整合带动社区整合，旨在形成安定安全的社区秩序、便民利民的社区服务网络和健康向上的社区文化氛围，从而缓解随着市场经济发展和城市现代化建设而出现的社区事务向街道沉积，基层管理日显混乱的问题，“街居一体化”也成为上海社区建设模式的鲜明特征。

在这个街居体制改革中，街道与居委会在被不断赋权的同时，其职能与角色也在悄然转变。20 世纪 80 年代以前，居委会干部主要工作是“跑跑腿”，管理那些未进入各种单位的社会成员，包括老弱病残、家庭妇女等。80 年代中期以后，不仅社区管理的职能加强了，社区经济的职能也在加强。因为拓展社区服务的需要，居委会不断发展三产，广辟财源，这一做法后来进一步演变为社区经济、社区的招商引资等。这使得街居社区也具有了“公司法团”特征，更引人关注的，还有居委会的再行政化问题——20 世纪 90 年代以来城市社会经济的快速变迁，使得居委会的社会属性被政治和行政属性所掩盖，计划单位体制的式微和城市管理重心的下移凸显了街道—居委会体制作为社会控制单位的重要性，以“街道—居委会”为工作平台的社区建设格局强化了居委会组织的行政职能，客观上在社区管理中形成了“千针一线”的漏斗形的权力关系。

20 世纪 90 年代，开始出现调整，以“总量控制”“提高质量”为目标，经过先后两次（1990—1993 年，1997—1999 年）的清理整顿，到 2001 年，上海的社会团体数量减少为 2 263 个。因此，这一时期，无论意识形态，还是生活实践，居委会作为基层群众自治组织的法理地位都没有得到足够重视。

进入 21 世纪，整个社会开始加强公共性建设，相应地，在城市社区，社区自治的诉求变得突出。居委会组织的“行政化”开始引起了学界的广泛讨论。学界的研究肯定了这种行政化社区作为过渡形态对于城市管理和维护社会稳定的积极意义，但也指出了这种形态与居民自治之间的矛盾，认为在这种体制下，居委会不再是民众与政府的中介层，而是在上级政府的领导下，代表政府对城市基层形式行政管理权，这就使得居委会制度内的自治功能遭到弱化，尽管政府力图采取各种措施来同时发掘居委会的民主功能，但要把基层控制与基层民主融于同一种组织形式之中却是非常困难的。

行政化的社区形态给社区治理产生了重要的影响。社区组织的行政化和居民参与的弱化，无形中加大了社区治理的成本，致使社区公共服务体系难以确定基层治理的议程和偏好。因此，如何还原居委会的自治性质，加强其与群众以及其他社区组织的密切联系成为社区建设的新议程，这种需求推动了 20 世纪 90 年代末期以来上海的社区建设的政策转向。如果说在社区建设初期，国家需要行政化地动员社会组织资源，以弥补由于单位改革所致的社会服务的真空，以及应对由于社会转型出现的形形色色的社会治理问题；那么，在社区建设的新阶段，国家则通过社区赋权来赢得居民的参与和认同，在这个过程中，居委会这个基层群众组织的发展开始有意识地逐渐从行政性的归属向社会性的归属转化，社区也由此渐进地获得了一定程度的自主性。[①]

2000 年以后，"去行政化"、强调志愿参与和社工模式，开始成为上海社区政策的重要导向，这依然是一个一波三折、渐进调适的过程。2004 年上海市委发表了《中共上海市委关于加强社区党建和社区建设工作的意见》，这标志着上海社区建设的进程进入了一个新的阶段。这

① Chunrong Liu, "Social Change and Neighborhood Policy in Shanghai," *Policy and Society*, 25(1), 2006.

个文件的核心内容被概括为“社区党建全覆盖、社区建设实体化、社区管理网格化”(简称“两化一覆盖”)。其中,“社区建设实体化”明确要求“优化行政组织的社会管理和服务功能,加强对民间服务组织和专业社会工作队伍的培育和管理,增强党领导下的居民自治和社区共治功能,充分调动社会各方面的积极性,夯实构建社会主义和谐社会的社区基础”;而社区管理网格化则是“以社区为基本网格,……合理配置和整合行政、社会资源,实现网格内各类资源共享、工作协同”。

围绕“两化一覆盖”的框架,一个以公共服务为导向的基层治理体系逐渐形成。在这一框架下,“街居体制”在如下方面得到显著的变化:以社会组织的培育、发展和管理为切入点来探索社区建设的实体化。以静安区的静安寺街道为例,他们在培育多层面的实体化功能方面进行了这样一些探索:(1)培育具有活力和影响力的组织队伍和群众工作基础,如老年协会、社区学校、离退休教育工作者协会等;(2)形成了基层行政管理和服务的社会性中介环节和实施机制;(3)形成了老年群体自治参与和互助互动的活动机制,如“千人访百家”活动等;(4)探索形成了功能项目化、组织团队化的社会运行方式;(5)引入社会工作机制、政府购买服务机制,转变政府职能,通过购买展开公益服务,等等。通过这些努力,社会力量获得了更多参与社区建设的渠道,政府希望通过这样的努力,淡化街道和居委会过度行政化的倾向。然而吊诡的是,实体化加大了行政资源的投入,从而在实际中强化了社区的行政化的性质。

社区赋权的替代性的组织策略之一是在社区中引入新的自治要素,形成新的治理安排。这一思路最早体现为“议事会”组织的创新。1996 年在静安区静安寺街道愚谷村居委会成立了第一个“居委会议事会”，其成员包括离退休干部代表（占60%左右）、退休居委会干部、在职党员代表、社会知名人士、知识分子代表和社区单位代表等。实际上，议事会在创建文明小区活动中发挥了巨大的作用，成为居委会的“智囊团”。1998年以后，议事会建设趋于普及和建制化，拥有议事权、监督权、决策权，在一定意义上行使着“居民代表会议”的职能。[①]这种制度的生长，表明了国家正在探索对基层社会进行赋权的新型组织模式，它在本质上是吸纳社区精英，在行政化社区的现状中开辟民主治理的组织形式。

与该思路异曲同工的另一项探索，是在居民区治理中导入“社工站”这一新的组织形式，形成所谓的“议行分社、选聘分离”的组织架构。在这一架构中，“社工站”的社区工作者承担起起政府在基层社会的行政管理职能，而居委会成为由居民或居民代表选举产生的、以居民意志为取向、服务居民为使命的组织。其中，街道是社会工作者的聘用方，而居委会是评议者，社工得对居民代表会议进行年度述职。2003年以来，作为“全国社区建设示范区”的卢湾区在这个体制的探索中发展出重要的经验模式。在实践中，社工站作为社区的“执行层”，负责那些繁杂的与本小区居民有关的政府交办的行政事务，配合物业公司认真办理居民的公共事务和公益事业。其人员不一定是本小区居民，作为上班族，他们的工资由街道办事处支付；而建立在民选基础上的新居委会则成为“议事层”，居委会的成员由那些热心公共事务、在居民中享有一

① 关于议事会组织的研究，可以参见：林尚立《社区自治中的政党：对党、国家与社会关系的微观考察——以上海社区发展为考察对象》，《中国研究》，2002年第8期；刘晔《公共参与、社区自治与协商民主——对一个城市社区公共交往行为的分析》，《复旦学报（社会科学版）》，2003年第5期。

定声望的居民通过选举产生，他们对社工有聘用和监督的权力。在居委会和社工的关系中，街道给社工的工资是由居委会根据社工的劳动数量和质量来分配的，而社工每半年要向居民代表大会进行述职，居委会则要对社工进行年度考核。作为配套措施，政府加大了社区工作的专业化和职业化建设，根据不同社区的特点，探索社区工作站和社区自治的最佳搭配方式。①

除了新的自治要素的导入，基层民主建设也被提上重要的议事日程。这体现为两个重要的发展方面，一是日常性的基层民主机制建设，凸显居民的主体地位，使社区事务的民主决策、民主管理、民主监督落到实处；二是常规化的居委会换届选举，扩大居民参与的规模和质量。在诸多日常的基层民主制度之中，“三会”的建制是上海推进社区基层民主的最为引人关注的探索成果之一，并且较早在卢湾区得到成熟的探索。所谓“三会”包括：(1)社区工作评议会，由居委会组织居民每年召开2到3次民主评议会，对与居民利益密切相关的警署、环卫、市政、医疗等有关部门单位的工作进行评论，提出表扬、批评和建议，并将此作为对部门和单位及其负责人的奖惩、去留、任免的重要依据之一；(2)社区矛盾协调会，即对社区中产生的矛盾和纠纷，由居委会召开协调会，请当事人和有关职能部门参加，通过协商化解矛盾，达成共识；(3)政务决策听证会，对政府为社区居民办的实事以及社区内那些需要政府或者有关单位办理的利民事项，通过居民听证、让老百姓知道政府在干什么，让政府知道老百姓在想什么。

通过一些试点社区的探索，“三会”制度在全市范围内得到了广泛

① 刘春荣：《国家介入与邻里社会资本的生成》，《社会学研究》，2006年第2期。

的实践，比如，仅在2005年上半年，虹口区各居委会共运作“三会”1 089次，其中听证会361次，协调会627次，评议会110次，疑难问题解决率达到80%。[①]“三会”制度所处理的事务，不仅仅是居民区内部的社会问题，而且也包括自上而下的行政任务；“三会”制度所体现出来的社会互动，是横向协商的而不是纵向管理的。正是在协商治理过程中，居民对居委会的参与呈现出更多的主动性。同时，基于“三会”制度的协商治理也使居民之间社区认同感和相互信任感不断地得到增强。[②]

在这个背景下，居委会直接选举通过让居民直接参与决策过程和社区权力的形成，成为推动社会自治的政治驱动力。1999年，市政府根据《城市居民委员会组织法》的规定推动了居委会直选，期以还原居委会作为“自我管理、自我服务、自我教育”组织的性质。2000年，少数居民区试点进行了居委会的直接选举。在此基础上，2003年有超过20%的居委会以直选方式进行了换届。2000年以来的基层选举的发展引人注目。总体上看，基层选举在规模化和制度化方面实现了重要的累进：直选居委会比例从第六届（2003年）的1.7%，上升到第七届（2006年）的31.4%，再到第八届的（2009年）53%，在2009年的选举中，直选比例达84%。2012年，第十届换届选举的直选比例更是达到了94.8%。[③]一些研究者看到，居委会直接选举具有治理革新的意义：它改变了居委会的授权来源，通过由政府主导的选举对社区自治组织进行赋权，实现社区权力的让渡和建构，可以较快和较有效地构建以居

① 上海市虹口区民政局：《完善三会制度，推进基层依法民主自治》，2005年6月。

② 敬乂嘉、刘春荣：《居委会直选与城市基层治理——对2006年上海市居委会直接选举的分析》，《复旦学报（社会科学版）》，2007年第1期。

③ 上海市民政局：《基层政权与社区建设》，载《上海民政工作发展报告书（2012）》。

委会为核心的集中型的基层民主治理网络。①这里的基层选举远非完美无瑕,但是它代表了促发基层自治参与的重要力量。

第三节 知识介入和政策实验

在上海世博会召开前夕,一个新的社区发展观念在上海的政策社群中逐渐成形了,亦即通过在社区中发现新的自治生长点,并将其作为社会治理的要素,破解社区自治瓶颈。这一观念的实质在于,在去行政化的过程中推动居民的自主参与,它既得益于政策规划者对上海社区建设历史发展的反思,也得益于政策圈中研究者的知识介入。

知识社区及其产生的新观念在政策创新和政策执行过程中有着不可或缺的作用。它可以通过如下方面产生作用:(1)调和公众和政府之间的关系;(2)识别、评估和表达问题并提供方案;(3)把问题和观点进行组织并转化,使之进入政策辩论;(4)作为政策辩论过程的一种独立声音;(5)在政策形成阶段,为政策的利益攸关方提供一个交换观点和信息的建设性平台。帮助识别问题、设置议程并对政策进行合法化。②在中国的政治体系中,知识界的影响与研究机构的组织方式和性质有关,在不同的政治层面和议题领域,也呈现出不同的途径和方式,这包括特定的行政联系、社会舆论影响、个人关系,等等。③

---

① 敬乂嘉、刘春荣:《居委会直选与城市基层治理——对 2006 年上海市居委会直接选举的分析》,《复旦学报》2007 年第 1 期。

② James G. McGann and R. Kent Weave, eds., *Think Tanks & Civil Societies: Catalysts for Ideas and Action*. New Brunswick, NJ: Transaction Publishers, 2000.

③ 关于智库对政策的影响,参见 Xufeng Zhu, "The Influence of Think Tanks in the Chinese Policy Process: Different Ways and Mechanisms," *Asian Survey* 49(2), 2009.

必须强调的是，自治家园建设是针对上海社区治理中自治性不足的症结所推出的政策举措。在这个过程中，研究社群对新观念的引入十分重要。观察上海社区建设和发展的每一个阶段，我们都可以看到这种知识介入的影响。[①]2000 年 11 月，时任中共上海市委副书记孟建柱指出：城市社区建设面临着许多新情况和新问题，需要开展“社会学、政治学、经济学、伦理学、法学等多学科协同合作的综合性、系统性研究，开展基础理论研究和对策应用研究”，社区建设与管理，既是实践探索的过程，也是理论创新的过程：“广大从事社区理论研究工作的同志坚持与实践相结合，深入到街道、里弄，走家串户，直接从社区现实生活和居民群众中收集第一手资料，进行积极的、富有创造性的理论探索，取得了丰硕的成果。实践证明，坚持理论联系实际是这几年来上海和全国各地社区建设和管理工作取得成效的重要原因。”[②]

值得一提的是，在社区建设的不同发展阶段，地方政府对知识介入的态度有着微妙的变化。早期的社区建设旨在城市大转型的背景下建构一个“托底体制”，因此维持社会稳定、进行社会控制、提供社区服务成为了优先的政策议程，在这种情境下，对知识界的需求更多的是寻求事后的政策论证。而随着社会复杂性的增强，以及政府资源的增多，在去行政化的、发展基层民主自治的努力过程中，知识介入的端口和方式变得更加灵活，更多地体现在政策议程的设置过程。

“自治家园”项目充分体现了在居民自治领域政府和研究机构的信

---

① Chunrong Liu, “Social Change and Neighborhood Policy in Shanghai,” *Policy and Society*, 25(1), 2006.

② 参见孟建柱为《社会转型与社区发展》所写的序言，上海市社会科学联合会编《现代领导》，2001 年增刊。

任和良性互动。从2009年4月开始，在市民政局的支持下，依托东方家园社区事务推展中心，由上海社区发展研究会牵头，连续5年开展了该项目的理论研究和实践推进。项目的核心组织者正是1996年11月成立的上海市社区发展研究会。该组织和上海的社区建设同步发展："团结广大从事社区建设的理论工作者与实际工作者，发扬实事求是和理论联系实际的学分，开展社区建设的理论研究，总结、交流社区建设工作中的典型经验，繁荣社会科学，积极为构建和谐社会和社会主义现代化建设服务。"

社区发展研究会组织立项的计划书这样描述这个项目的研究背景和目的：

> 2010年上海世博会的主题是"城市，让生活更美好"，而要实现更美好的城市、更美好的生活，不仅仅需要先进科技、文化，更需要一个良秩社会的支持系统和组织基础，培育创造美好生活的市民主体，以及发挥主体积极性和创造性的社会参与，在探索居民自治参与机制基础上，充分实现社区基层民主。基于以上考虑，由上海市民政局主办，上海东方家园社区事务推展中心承办的"居委会自治家园"项目，旨在通过挖掘居民自治点的优秀案例故事，吸引中外宾客走进社区，深入了解具有中国特色的基层民主自治生活。该项目拟筛选约20个上海基层社区居委会作为考察项目的示范点，通过内涵深化、功能梳理以及项目规划和培训塑造，形成富有特色的迎世博社区生活与居民自治示范考察点，并考虑作为今后上海推进基层自治的实验点。

在民政部门和街镇的支持下，申报单位（居委会）提交相关的材料，作为第一轮筛选的依据。申请材料需描述如下几个方面的内容：

1. 关于居民区体现自治理念的社区故事：过去小区内有过哪些小故事、小事件反映了社区自我管理、自我解决居民事务的特点和形式，如小区环境维护、小区治安、小区绿化、小区养狗、自行车停放等；

2. 关于体现居民自治的具体选举组织方式和过程（直选、海选），居民参与的居民代表会议，各类居民区委员会发挥作用，多方参与、协同共建的联席会议等具体实例；

3. 关于居委会近年来处理解决一些居民意见比较大、矛盾比较多或者举办了一些有影响的活动中体现居民参与公共事务自治管理的经验事例（包含听证会、协调会、评议会、座谈会等等各种形式）；

4. 社区各类文体团队、老年协会、书友会读报社、志愿者服务队等，不仅有特色、有成效的建立发展友爱互助的人际关系、邻里关系，而且在居委会自治中发挥了积极有效的作用，承担了发动群众参与社区公共事务、影响社区决策、支持社区公共管理的典型经验和事例；

5. 关于居委会已经形成了哪些开展民主自治特色活动的场所、空间等情况，这些硬件设施中已经开展了哪些比较固定的活动内容，居民群众已经形成了较好的参与认同的基础；

6. 在你们小区居民群众心目中哪几个人具有比较大的凝聚力、影响力、号召力，请这些人自己来讲述产生这样的结果是因为哪几个方面的原因，他们开展了哪些活动以及什么样的方式得到了居民的欢迎和积极参与，这些具有代表性的个人能够成为居民自治的重要基础，最为生动典型的故事有哪些？

根据要求，每个观摩点需设计一个具体的线路，准备一个半小时的展示内容供国内外游客学习参观。在此基础上，项目研究团队对上报的近 200 个申请单位（居委会）进行分析，考虑到空间分布、自治形态的多样性和发展潜力等因素，通过多次研讨会，逐步优选出 21 个自治主题。随后，专家组和入选的申报居民区的社区干部和居民代表联合开展研讨，对于自治主题进行深入的实地调查、分析和“培训塑造”，主要讨论了自治家园主题的可行性和重要性，以及需要改进的空间，所需的配套条件等，并且通过“五个一”（一条观摩路线、一批参观点、一张导览图、一部宣传片、一本推荐册）、“四个场景”（主体性场景、设施性场景、活动性场景、访问居民户）的规划来呈现观摩点的内容，充分体现项目的可视性和可操作性。

以红枫苑小区的“阿婆茶室”为例，研究人员在调查中发现，这是 2002 年由小区中的一些老人自发组织的一个草根社群，起源于一些高龄老人的喝茶聚会。居委会顺应居民需求，将一个 2 室 1 厅的活动室改造为“阿婆茶室”，老年人可以在这里喝茶聊天，畅谈家事国事。后来，老人们不再仅仅满足于喝茶、交友、学习。他们自发组织了小区巡逻队，使多名老人免于上当受骗，防止了卖假药、冒充煤气公司维修等诈骗行为，维护了老年人权益。现在“阿婆茶室”已经成为小区民居生活中不可分割的一部分，是老年人交流信息、联络感情的重要平台，也是居委会发布信息的重要渠道，在对高龄老人日常照料、协调家庭纠纷、倡导敬老爱老优良传统等方面发挥着重要作用。茶室创始人之一的谢柏忠，身为在职人员长期热心社区事务，参与奉献，并连续 3 届当选为红枫苑居委会主任。

研究团队经过研讨认为，“阿婆茶室”兼有饮食文化、交友、维护小区安全等功能，是居民自发行动的结晶，同时也进入和居委会工作的内容，故建议以此为主题来进行表达。在这个过程中，茶室的主要参与者都充分表达了意见和建议。

观摩主题：自助自理的阿婆茶室——高龄老人的乐园

一条观摩线路	一批参观点	一张导览图	一部宣传片	一本推介册
阿婆茶室 ↓ 观摩绿色红枫 ↓ 小区休闲广场 ↓ 观摩粽子球绘文化衫 ↓ 访问热心公益活动的谢柏忠居民家庭	阿婆茶室兼有饮食文化、交友、维护小区安全等功能。以花为媒为居民们搭建沟通交流的平台。观看粽子球表演和绘文化衫，参与互动表演。 走访谢柏忠家庭，观看茶艺表演。	参观点将“象地标注在特别绘制的一份红枫苑社区导览地图”	拍摄一部约0分钟的历史发展和特色项目宣传片。 短片结构：社区基本情况、组织结构、主要设施、团队多样性、社群人物。	撰写一本介绍红枫苑社区观摩点主题和内容的推介册。

图 2.1 自治家园观摩主题——阿婆茶室①

除此之外，其他 20 个示范点的观摩主题也得到确认。每一个入围的“自治家园”(居委会)都提交了一份自治主题项目的修订稿，经过汇总并提交市民政局审议，最终得以审核通过。21 个示范点的分布和项目名称如下表所示(关于各观摩点的主题表达示意图，参见附录)。

① 资料来源：作者整理。

表 2.1　上海市居委会自治家园观摩点项目首批入选居委会(21 个)①

	区	街　道	居委会	自治项目
1	长宁区	新华路街道	新华居委会	葫芦缘议家社
2	长宁区	华阳街道	华一居委会	1+6 议事会
3	静安区	静安寺街道	华山居委会	同心家园共建理事会
4	卢湾区	五里桥街道	紫荆居委会	社区"三会"制度
5	嘉定区	嘉定镇街道	桃园居委会	睦邻点
6	浦东新区	塘桥街道	贵龙苑居委会	戴老师议事厅
7	浦东新区	陆家嘴街道	仁恒滨江居委会	跨文化沙龙
8	浦东新区	潍坊街道	潍坊十村居委会	自治多功能厅
9	浦东新区	沪东街道	江南山水居委会	楼组公共空间
10	浦东新区	张江镇	碧波路居委会	四海同心俱乐部
11	虹口区	曲阳路街道	林云居委会	全科居委会
12	虹口区	凉城新村街道	秀苑居委会	居民自治小组
13	闸北区	临汾路街道	场中路 1011 弄居委会	社区代表议事堂
14	杨浦区	大桥街道	广杭居委会	居民区自治协会
15	杨浦区	殷行街道	工农三村居委会	《星之光》社区报
16	闵行区	古美路街道	古龙三村居委会	爱心互助会
17	黄浦区	南京东路街道	承兴里居委会	市民读书会
18	黄浦区	半淞园街道	黄浦新苑居委会	社区事务联席会议
19	浦东新区	三林镇	世博家园社区二居委	管家工作室
20	浦东新区	东明路街道	红枫苑居委会	阿婆茶室
21	浦东新区	上钢街道	上钢三村居委会	民主评议团

① 资料来源:作者整理。

示范点具有鲜明的多样性。从地理布局看，在这21个入选小区中，1个属于郊区的老式公改房小区；12个在浦西，其中，6个位于浦西老城区核心区域，5个属于老式公房小区或混合型小区；在浦东的8个小区中，2个位于浦东陆家嘴金融区，1个为典型老式公改房居住区，2个为动拆迁小区，3个为外来人口较多、居民层次较高的新商品房小区。除了“桃园睦邻点”位于郊区嘉定，其他选出的居委会项目都在市区，而且基本以黄浦江为中轴，在上海的中环以内或者中环以外不远处（尤其中环西边），换言之，这些小区多处于上海较为中心的区域。由于基本包含了上海各居住类型，层次差异较大，是为“老城厢”与“新商界”的代表。也由于地处城市较为中心的区域，这些小区一般配套设施都较为齐全，生活十分便利，属于人口聚居区。从人口类型看，这些小区的居民或以老上海人为主，或以有一定经济实力和一定社会地位的新上海人为主。因此，这些自治家园基本代表了当前上海社区自治的发展现状。

这些自治主题品种多样，可谓各有各的亮点。在古美街道古龙三村居委会的“爱心互助会”中，一大群对于居委会的行政性资源没有任何依赖性的人们被引入到居民区活动和事务中来。爱心互助会成立于2006年10月，由社区内的退休医生、律师、教师、经理等75名成员组成。作为一个高档商品房小区，在居委会的协助下，他们形成了社区公共生活中的志愿者群体，成为了充满活力、颇具影响的自治组织资源，持续开展了各类为老人服务、关心困难居民、倡导小区文明饲养宠物、倡导小区节能改造和小区绿化建议等活动。我们看到居委会一方面承担自上而下的行政性任务，另一方面又构筑空间和平台，动员吸纳、激活运作各类自治资源回应居民各类需求。爱心互助会成为社区自治的智囊团、社区居民的连心桥，这个群体与居委会组织形成独特的碰头机制和沟通方式。

在塘桥街道贵龙苑居委会的“戴老师议事厅”，一些具有公益心的社区领导者们解决了政府行政能力颇感为难头疼的利益纠纷问题，而且参与公共事务、公共管理的行动领域和功能不断扩大，逐渐形成居民认同的道义信任权威和社区公共秩序。活跃于贵龙苑的“戴老师议事厅”和“文化会客厅”，是居委会自治的“一体两翼”，分别体现了问题导向和资源导向的居委会自治形式。在退休居民戴老师的组织下，做成了令人惊叹的三件事，将浦东颇有声望的陆家嘴物业公司解聘，更换为当时的某物业公司；将小区沿街的宾馆违章搭建的消防楼梯拆除；有效说服沿街开设的兰州拉面馆老板整治改造环境。在处理这些复杂的公共事务过程中，正在形成的社区公益领导者群体发挥了关键的作用。

2010 年 3 月 27 日，“居委会自治家园”项目启动仪式在上海虹口区曲阳社区文化中心举行。在创建社区居民自治家园示范点的过程中，市民政局在全市范围内招募 60 万名社区居民和来沪人员，组建了社区志愿者队伍，围绕世博社区街道需要和社区居民需求，开展丰富多彩的居民自治主题实践活动。①“人民网”对此报道：“上海迎世博居委会自治家园示范点和社区志愿服务行动今天启动，世博期间将向全世界游客开放的 21 个‘居委会自治家园’示范点同时揭晓。阿婆茶室、戴老师议事厅、自治开心坊、爱心互助社……一个个各具特色的示范点，

① 董冰清、宗晨亮：《上海启动迎世博居委会自治家园示范点》，http://news.163.com/10/0327/17/62Q35BED000146BD.html；周其俊：《居委会自治家园示范点启动》，《文汇报》，2010 年 3 月 28 日。

为上海打造了世博园区外的另一条亮丽的风景线。”①在一次媒体访谈中，项目组专家团队负责人、上海社区发展研究会常务副会长徐中振如此表示，社区自治需要草根社群组织创新："草根社群怎么组织创新，完全是因地制宜的……老式居住区和商品房的社区都在探索、寻找、创新，根据具体情况来开展社区自治的工作……三个老太太一起组织个丝袜小组，就能产生社区自治最需要的草根社群。”②

专家组把自己的工作理解为“挖掘上海城市居民自治的金矿”，他们秉持这样的理论路线图：自治社区会从“生活的共同体”变成“道德的共同体”。通过积聚社会信任和社会资本，通过居民的自主管理会产生价值认同，从而产生新的社会秩序。这些愿景在项目中得到了生动的体现，也得到了地方政府的认可。2010 年 4 月 11 日，上海市民政局、上海市社区发展研究会和浦东新区民政局联合召开“居委会自治家园与城市社区重塑”高级别的研讨会，对第一期的研究发现进行总结和研讨。时任民政局局长的马伊里在会上表示：

十几年来，各级党和政府都在积极考虑如何更好地发挥居委会的作用，比如加强对居委会的投入、增加日常经费、提高工作人员待遇，等等。但是，政府的重视、投入，并没有使居委会的自治能力增强。为什么党和政府重视，居委会的自治目标却没有达到？市民政局有责任，也有困惑。我们需要理论的指导和专业的支持，到底是哪些东西影响了我们的判断，无法判断我们的导向？这是我们政府行政部门想要推动这个项目的动力……现在这个研究团队非常好，有多学科的背景。这

---

① 人民网：《上海迎世博居委会自治家园示范点和社区志愿服务行动今天启动》，2010 年 3 月 27 日，http://2010.people.com.cn/GB/11237952.html。

② 新民网：《市民议事厅：构建现代文明共识　应该从社区自治起步》，2010 年 3 月 28 日。

次项目的研究过程，我们看到三个方面的效果：一是激活了学者研究兴趣，看到了在这个领域很大的研究空间；研究过程中的方法也很好，有一个理念，然后到基层原生态地发现，然后更完善；二是基层获得了专业的辅导，收获很大，基层的积极性被激活；三是政府也获得了很多有意义的成果。①

项目的第一期研究结束的事后，以草根群体为中心的建设方案取得了各方的满意和赞赏。然而，对居委会如何进行自我定位等问题，还是有待摸索的。过于行政化的居委会和日益活泼的草根社群生活，似乎正在形成某种基层社会的微观二元结构。正如一位地方领导在项目总结和研讨会上指出的："今天（我们）关注的是居委会以下的层面，与其他方面的互动和关联还要考虑，社会的管理格局、党建等都需要考虑，怎么样对社会建设有一个更大场景的考虑。"②

因此，"居委会自治家园"称得上是上海社区自治运动发展的一个创新尝试：以全面发掘社区之内的草根群体并形成一个有效的草根群体组织网络为重点。从结构上看，"自治家园"项目与以前的上海社区自治的差异主要在于两个方面，首先，传统的自治模式主要是在"两级政府、三级管理"的体制下，基于行政管理的需要和福利诉求所形成的。它是一种相对封闭的、纵向的自治格局。在某种意义上，它具有庇护主义的性质。其次，新的自治模式有不同的形成路径和性质，它是在社会发展到一定阶段，基于居民的横向社会交往和认同的需要所自发形成的，它是一种相对开放的、横向的自治格局。即便它们与居委会之间有一定的功能依赖关系，但仍然具有相当的自主性。

---

①② 研讨会会谈记录。

毫无疑问,这种浮现中的都市基层“二元性”及其可能产生对居委会的弱化效应,引发了新一轮的政策投入。①为了进一步分析和建构居委会作为自治家园的主体地位,2011 年,项目组集结原班人马,启动了第二轮研究工作,重心在于推动居委会和草根社群的有机融合,其基本构想是推动形成地方自治中的新的互动平台。如下图所示,传统居委会结构,5—7 名专职人员分别负责治保、调解、计生、文教等“条线”工作。居委会干部解决困难问题主要依赖“政策性资源”,忽略了开发运作社区共同体的“社会资本”。而在“自治家园”一期项目模式中,通过发掘梳理,爱心互助会、戴老师议事厅等社群组织。在互助性的邻里交流活动、趣缘性的团队互动关系呈现出了丰富多样的“自治资源”,但这些资源尚未成为居委会的组织要素。

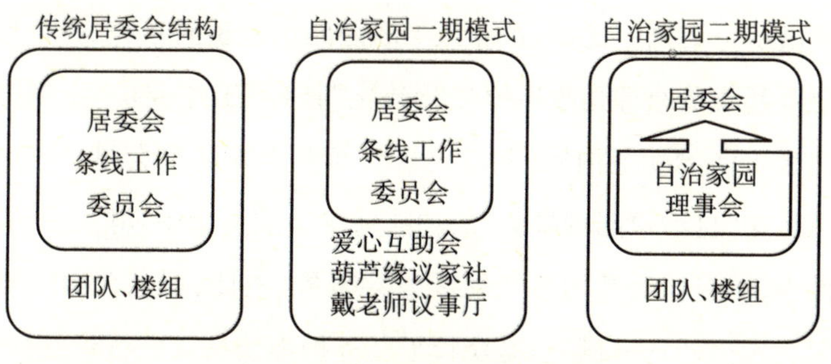

图 2.2 从传统居委会到自治家园②

① 新的行动者进入社区政治过程,往往会引发权力结构的变动。上海的社区治理体制改革曾导入“社工站”,强调由社区工作者承担起政府在基层社会的行政管理职能,而居委会成为由居民或居民代表选举产生的、以居民意志为取向、服务居民为使命的组织。就各社区组织之间的权力关系而言,街道称为是社会工作者的聘用方,属于购买服务的契约关系,而居委会是评议者,社工对居民代表会议进行年度述职。然而,在群众的民主自治参与意识还没有达到一定程度、群众中的民主自治灵魂人物还没有形成、街道对社区的领导和指挥意识还没有转变的情况下,这造成了居委会功能的“边缘化”和“空心化”。此后的改革对这个体制做了调整,强调居委会成员坐班,以及民选居委会和社工的融合。

② 资料来源:徐中振:《草根社群如何成为社区治理要素》,《解放日报》,2014 年 9 月 4 日。

需要指出的是，在第一期的案例中，这种以居委会为中心的“组织手术”已经出现过。[①]比如，虹口区的林云居委会采用“全天候接待、全方位受理、全过程负责”的“三全工作法”，打通了居委会条线工作的壁垒，强化了群众自治与行政管理的良性互动，使居民区成为了自治管理之家、社区服务之家和文化活动之家。林云社区还设置了南、北市民服务驿站来为林云小区居民提供生活类社区服务。北服务驿站站长张丽萍说：“我们在这里为居民提供零距离服务，居民有问题，我们能解决的当即解决、上门解决，不能解决的代理解决、协调解决，尽力为市民服务，居民见到我们都有亲人般的感觉。”[②]

在第二期的研究中，课题组对已有的示范点开展了新的组织设计，通过对草根群体的组织整合与运作流程再造，为 2.0 版本的自治家园建设提供示范案例。比如，黄浦区半淞园路街道黄浦新苑的“自治家园理事会”，其改造原理是改造原先行政化“条线”工作委员会，围绕居民群众社区生活的功能内容，开辟出自下而上走入居委会组织自治参与的途径。在“自治家园理事会”的功能性参与委员会中，群众活动团队、居民代表、楼组长等共同参与社区公共事务，主任、副主任由声望高的群众领头人担任，一批热心群众骨干义务担当委员，这一扇一扇的“门”成为自下而上的居民参与自治的路径载体；同时，也能让居委会既承接自上而下的“行政化”条线任务，又成为自下而上的居民参与自治的空间。从理论上说，这种组织再造实现了增量嵌入式的改造转型，能够形

---

① 实际上，在项目组为改项目命名的过程中，还有过内部争论：到底是“居民自治家园”还是“居委会自治家园”？鉴于居委会作为法定自治组织在基层治理中的重要性，后一种观点占据了上风。

② 谈燕、袁博：《21 个居委会自治家园揭晓　世博期间向全球游客开放》，《解放日报》，2010 年 3 月 28 日。

成社区共同体治理格局。草根社群的自治资源成为社区治理的组织要素，体现了组织的要素增量，培育了社区主体。党支部、居委会从原先的具体事务中摆脱出来，改变了原有居委会人员单位化、行政化的工作方式，注重提升发挥领导能力、整合能力与协调能力，实现了组织的减负增能。更为重要的是，居民群众自治参与的主体性明显增强，党支部、居委会的治理能力显著提高。正如项目专家组组长徐中振所总结的：

从居民群众自治参与角度看，一是社区居民从“被动参与”变为“主动追求”，主动分析各类社区中发生的问题，讨论提出方案。二是社区团队从“自娱性”变为“公益性”。社区团队正在超越自娱自乐状态，组织群众以自治方式解决道路整治、垃圾房改造、小区停车收费难和小区内禁止燃放烟花爆竹等公共管理事务。从党支部、居委会的治理能力方面考察，一是从“几个人”变为“一群人”。居委会工作不再是专职人员的事务，居民群众提出的公共议题越来越多、范围越来越广，参与公共服务和管理的积极分子也越来越多。二是居委会从“工作场所”变为“自治空间”。以前居委会书记主任开会只有四五位专职人员参与，现在吸纳自治家园理事会等二十多位群团负责人参加，居民从“局外人”批评变为“当事人”议事。三是居民区书记主任从“事务官”变为“引领者”，成为基层自治的方向引导者、能力建设者和组织领导者。①

通过持续的知识介入和政策实验，自治家园项目在全市层面得到了持续的发展、深化，项目得以制度化。仅仅一年后，原有的 21 个自治家园所创建的示范点的发展到 50 个。到 2012 年底，全市的自治家园

① 徐中振：《草根社群如何成为社区治理要素》，《解放日报》，2014 年 9 月 4 日。

已经发展到了 88 个。[①]2014 年全市共培育了 76 个自治家园,全市的居委会自治家园达到 161 个,占全部居委会数量的 4%。[②]浦东新区还组织编辑《讲述百姓自治的故事——浦东新区居委会自治家园案例集锦》和《浦东新区自治家园》,加强指导和学习。在三林、北蔡、陆家嘴、潍坊等街镇自治家园创建工作经验基础上,浦东新区开展"友爱社区 · 梦想浦东"居(村)委会自治家园建设项目创意大赛,全面提升新区社会治理能力。2015 年,更有一些区(比如静安区)表示,将实现自治家园示范点街道的全覆盖。通过不断的实践,自治家园项目已经成为引领居民自治工作的一项常规政策。

---

① 上海市民政局:《上海民政工作发展报告书》(2012),第 39 页。

② 上海市民政局:《上海民政工作发展报告书》(2014),第 36 页。

第三章
“根与须”：地方秩序与草根群体的成长

> 对于群体的图样也是如此：要揭示在根茎的哪个点上形成了整体化、官僚机制、领导地位、法西斯化，等等，而哪些线又得以持存——(哪怕)仅仅是以隐蔽的方式——并不断地在暗中形成根茎。
>
> ——德勒兹①

草根群体(Grassroot groups)，也称“基层社团”，主要指的是社区范围内开展活动和服务的由社区组织或个人单独或联合举办的群众团体或组织，其中包括：读书会、合唱队、郊游俱乐部、业余体育爱好者协会、文学社、宗教团体、兴趣团体、老人会、联谊会、学生社团、疾病康复团体，等等。与正规化的组织相比，这些草根群体的组织化与正规化程度要相对弱一些、松散一些，组织边界比较模糊，成员相对更容易退出。

草根群体中，有一些会超越社区，比如在当前，越来越多的读书会

① [法]德勒兹、加塔利著，姜宇辉译：《资本主义与精神分裂：千高原》，上海书店出版社2010年版，第18页。

开始超越社区，他们有的由书店等组织，成员大多来自社区之外，而更多的通过网络组织的读书会，他们会有线下活动场所，或许也会向社区租借场地，但他们的成员则更具流动性。还有一些草根群体，开始时以社区为活动范围，后来则有可能发展壮大，更加正规化，规模更大，或者跨越社区，走向更为广阔的活动场域。本书中，草根群体主要是与“社区”密切相关的草根社群，他们一般都有着较强的“社区性”和“基层性”，另一些超越社区，不完全立足于社区的草根组织，本文以社会组织或民间组织代替。

作为上海社区自治运动发展史上的一个创新实践，“居委会自治家园”项目以全面发觉社区之内的草根群体并形成一个有效的草根群体组织网络为重点。那么，这四十年来，作为自发组织发展的草根群体，他们的发展状况怎样？他们是怎样发展出来，它们的成长路径又是怎样的？

在组织理论的研究者看来，正式组织的成员在实践中往往会形成有别于正式目标所指定的行动逻辑和规范，这在很大程度上也契合于对社区生活的观察。地方政府通过创新自治形式，致力于提供一个有序的、结构性的治理空间，然而基层社会生活却有一种不断生长的复杂性和自主性。

作为一个被“密集开发”的领域，社区，尤其上海的社区，一直以来备受各方力量的关注。①党和政府愿意将各种新的政治、行政和社会资源注入城市社区，以探索和建构基于党和政府领导的新的组织和治理体制，学界对变动中的社区充满期待，他们对社区给予了持续关注，因

① 刘春荣：《被遗忘的基层（自序）》，载《社区治理与中国政治的边际革新》，上海人民出版社2018年版，第3页。

为社区被认为是一个民主参与的实践平台、社会资本的积聚场以及公共服务的新领域。随着大量资源在社区的积聚,社区成为社会分割的新切面,认识社会的新窗口。①社区还是微观行动与宏观秩序变迁相链接的中介场域,基于特定情境,全球化的、传统的、政治的、市场与资本的等诸要素,都将伴随着流动性在社区不断涌出。这一章,我们将从草根群体的视角出发,观察以社区为切面的地方秩序的缘起与发展,我们将聚焦于社区的草根群体,探寻它们在特定时空条件下的成长足迹。

第一节 历史透视:草根群体的点状生长

如前面章节所述,1978 年以来,我国社会组织发展并不顺畅,它曾在 20 世纪 80 年代蓬勃发展,也在 20 世纪 90 年代受到清理整顿,在 20 世纪 90 年代末,尤其进入 21 世纪后,社会民间组织在我国得到迅速发展。在社区,这种态势和社区建设中政府的政策导向及其激励息息相关。历史地看,社区的草根群体总是基于特定机缘的政策激励而获得生存空间。

近代以来,上海城市社会就是一个大量、多样社团进行活动的场所。在现代化与商业化的发展进程中,社团、会馆等日渐活跃,构成了近代上海地方自治的新图景。1949 年以后,居委会是当时上海社会比较典型的自我教育、自我管理、自我服务的自治性群众组织,但 1958 年

① 作为认识社会的一种方法,传统的社区研究更为重视将社区作为整体,观察分析其内部诸要素的相互关联与功能形成。随着大量资源在社区的积聚,切面(cutting)意味着,社区与过去的“阶层”“宗教”“性别”等一样,是作为一种认识分割线,社区与社区外的社会互为关联,但社区自身同时又有着逻辑鲜明自主性。

以后，居委会由自治性的组织，开始逐渐变成生产性和政府行政性的组织，其他社团与慈善团体也都陆续被纳入体制之中。尽管如此，作为大都市的上海，仍有一些自发组织的元素不断渗透到社区中，健身运动就是其中一例。

1952 年，毛泽东题写了“发展体育运动，增强人民体质”后，全民健身以运动的形式在群众中被广泛发起。因此，当时上海公园、外滩等地，常常可以见到打太极、压腿、踢毽子、打乒乓的人们。

这一时期，在上海静安公园内的晨练队伍里，一种形式独特的健身运动渐渐引起人们的注意，这就是民间拳师杨文娣的“木兰花架拳”。起初还只是杨文娣自己每日清晨时分于上海静安公园独自练习，时间一久，引起了周围晨练者的兴趣，纷纷询问是什么拳法。此后，“拜师学艺”的络绎不绝，杨女士因此收了不少徒弟，在最出名的“七仙女”的七大弟子中，应美凤是其中之一。

应美凤从小学过体操、文工团里学民族舞蹈、高中里又参加了划船队、篮球队等，是个体育爱好者。1969 年单位有支内任务，应美凤毅然报名参加了内地建设，由于水土不服，身体一直不好，但她在吃药的同时还是以锻炼身体为主。回到上海后，静安公园是她每天必去的锻炼场所，在那里她学了太极拳、太极气功、十大名剑、燕青拳、花架拳等。

到了 20 世纪 80 年代，时任上海大世界治安保卫科长的李钢先生慧眼独具，他发现了当时尚处于民间流传阶段的木兰拳的价值，经他发起，成立了“中国大世界武术竞技交流中心”，进而建立了中国第一个有上级批文的木兰拳活动机构“中国木兰拳大世界总会”。随后，他还和工作人员一起，邀请了各流派代表和各方人士展开研讨汇编活动，对各流派拳路进行提炼并增加新的内容,从而形成了标志着木兰拳向高层次发展的“中国木兰拳”。从那以后,木兰拳终于摆脱了散布于晨练队伍中的民间健身运动的命运,转而成为“有组织有纪律”的正式体育活动,上海大世界便是它的“根据地”。

1988年,在当时大世界工作的李纲等人的努力下,成立了“中国大世界武术竞技交流中心”;同年,上海市武术馆木兰拳项目研究会在普陀区工人俱乐部成立,当时会员500多人。这一组织还有另一个身份,那就是经过上海市体育局批准、市民政局登记注册的上海市木兰拳协会。木兰拳协会发展迅猛:会员从成立之初的500余人发展到现在数十万人;从一个木兰拳点发展到上海近三百个木兰拳辅导点,全国一百多个省、市级地方都有木兰拳协会;从第一届一百多名运动员参赛到今天的近万名运动员参赛;从公园到社区、从学校到机关、从街道到楼组都有木兰拳的辅导点。

木兰拳协会的成立,在当时特定条件下,虽然难免有一定行政力量的介入,但领导者与骨干以及参与者都来源于体制外。这一组织(协会)一开始就是跨域的全市性的组织,此后尽管发展迅猛,但分支机构众多,分支机构又非常松散。他们立足于社区,社区是他们的分支机构,同时,这些社区组织也隶属于社区的文化中心等部门,社区工作者以及社区群众大都会认为这是社区草根社团或草根群体。这是一个源于草根、从一开始就超越于社区、但最终却扎根于社区的草根群体的故事。①

---

① 关于“木兰拳”组织发展的故事,可见,上海市木兰拳协会,“走进木兰拳”,http://www.mlqsh.com/mulanquan.asp;百度百科,“木兰拳·拳派起源”,https://baike.baidu.com/item/%E6%9C%A8%E5%85%B0%E6%8B%B3/4917532;张瑞玲,《民间社团组织发展路径研究》,中国社会科学出版社。

但更多的草根群体是发起于社区、且始终活跃于社区。①

在20世纪80年代初，群众文化开始复苏，一批热心于文化艺术事业的离退休人员自发组织的各类文体团队成为社区活动的中坚力量。比如，1984年，上海静安区静安街道成立了由四五名诗词爱好者组成的诗词小组，到90年代初已发展到四五十人，还吸引了不少外区的居民加盟。1986年，上海黄浦区南京东路街道的贵州居委会成立了一个在职职工志愿者联防队，开始时只有13人，坚持了13年后，联防队志愿者发展到325人。

南京东路的承兴小区，是一个老式里弄集中的小区，居民多以老年人居多，体育健身愿望特别强烈，但是由于居住空间拥挤和狭窄，家庭和邻里矛盾较多。针对这一地域和人群情况，当时38岁的洪克敏——黄浦区承兴居委会里唯一的年轻人——突发奇想，把居委里的阿姨妈妈、妇女同胞召集起来，在弄堂里召开了第一场别开生面的“妇女运动会”，运动会的内容包括举杯竞走、乒乓板运球等。后来，通过“听证会”的方式，弄堂游戏内容以及参与人员都不断丰富起来。居委会以此为基础，不断因地制宜创建多种利于家庭和睦邻里团结的经常性的体育健身和比赛活动，形成了不同群体的队伍，如退休党员队、四员干部队、保姆队、联防单位对、侨眷队、个体户队等。

20世纪90年代以前，在上海还没有开始大规模城市规划与改造之前，社区草根社团还主要活跃在上海“上只角”和“老城厢”的特定文化区域。比如当时南市区老城厢是上海城市文化的主要发源地，过去

① 有趣的是，各社区在关于草根群体的叙述中，木兰拳组织常会被视为发起于社区的草根群体。

客商云集,会馆林立,文化繁荣。上海第一支社区服务志愿者队伍就产生于南市区的豫园街道。静安区作为新时期的文化重地,则集中了新时代的众多文化名人,他们对于社团的组建更加兴趣盎然,愿意投入且有较为丰富的组织与人力资源。

像卢湾区五里桥街道,当年就属于“下只角”地区,早年曾被称为“文化沙漠”。1985年,五里桥街道于区文化局合办了一个名为“欢乐宫”的社区文化活动场所,里面舞厅、映像厅、咖啡厅、健身室一应俱全,这一填补空白的场所迅速火爆起来。木兰拳的创始人在一次回忆中提及:“当时可以活动的项目特别少,除了迪斯科,还有就是交谊舞……我退休啦,也没有什么事情做,就想着锻炼身体,但当时也不知道要练习什么,不像现在,这么多名目。”①

多年以后,这些舞厅的活跃分子、原国有企业的文艺体育骨干、知识分子以及基层干部,他们随着城市的扩张渐渐转向城市的“下只角”“新商界”以及动迁社区,他们从前获得的技艺,他们的兴趣爱好以及权利意识,如星星之火在更为广阔的城市空间慢慢蔓延开来。

这样的文化活动与文体社团在20世纪90年代初加快了发展步伐。当时还属于南市区的半淞园街道,开始只有一个居委会的爱好者组织了一支合唱队,结果别的居委会的居民也赶来参加,人太多以至于难以开展活动,街道见此状况就趁机让有条件的居委会都组织一支队伍,很快几十支合唱队在半淞园街道形成了。

20世纪90年代,卢湾区曾在全区范围就全区文化资源进行了系统调查,发现文体类名人行家很多,还有大量居民也表现出良好的文艺

① 张瑞玲:《民间社团组织发展路径研究》,中国社会科学出版社2017年版,第72页。

基础或对文艺的喜爱和兴趣。为此，卢湾区首创了“家庭读书”活动，开办了老年读书会、青少年读书俱乐部、外语兴趣班等，极大地推动了辖区文体团队的发展。

与此同时，上海根据国务院、民政部的意见，先后两次对所有社会团体进行检查、清理、整顿，这使得上海的社会团体由 1989 年的 4 290 家减少到 2001 年的 2 263 家。关于 20 世纪 90 年代关于社会组织的清理整顿，有研究发现，除了特定组织类型偏好，组织所在行政级别越低，也越容易受到政府政策变化的影响。例如，1994 年之后，全国性、省级和市级社团的数量虽有波动，但幅度很小。然而，县一级社团却大幅度减少。①

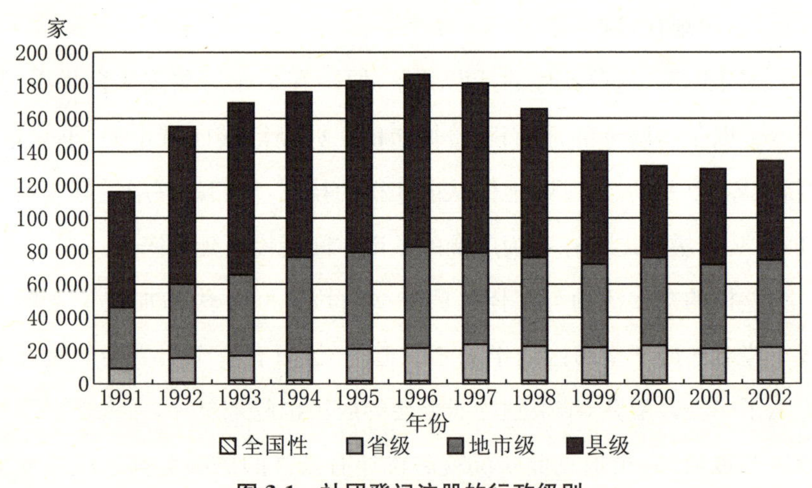

图 3.1　社团登记注册的行政级别

这样，这一时期，一方面基层社区的社会团体大幅减少，而另一方

① 此数据均来源于王绍光、何建宇的研究。详见王绍光、何建宇：《中国的社团革命——勾勒中国人的结社的全景图》，《浙江学刊》2004 年第 6 期。

面,符合条件的草根群体得以生存和发展,出于“推进社区服务”“志愿者服务”“精神文明建设”以及“满足广大人民生活需要”,“大力开展社区体育文化活动”等目的,来自草根的需求成为政府工作内容的一部分,倾向于自下而上、自主行动的草根群体得以被承认、被鼓励、被支持、以及被推动。①

1992 年,上海在社区服务实事工程中明确提出,在 1 000 个居委会内成立居民志愿队或居民志愿服务协会。次年,又发文进一步要求市区居民委员会普遍建立社区服务志愿者组织。广大社区志愿服务者立足社区,开展了大量经常性的邻里互动、敬老爱幼、护绿保洁、治安防范、社区服务等。②

卢湾区五里桥街道开展“六进”家庭活动,把教育、科学、文化、卫生、体育、法律的内容渗透到居民家庭,通过组织各项活动,丰富市民业余生活,陶冶他们的情操。以体育进家庭为例,街道在社区设立了 25 处市民健身点,并组织实施了家庭体锻项目,推广了“一操二拳”(广播操、太极拳、木兰拳)和“家庭五项”的活动;除此之外,还定期组织市民参加小型多样的健身交流活动。③

大约在同一时期,原闸北区的临汾街道,针对新建居民区文化生活设施缺乏的情况,街道在财力相当紧张的情况下,通过两条腿走路的办法来加强硬件设施建设,通过租借房屋引进资金,开办了集舞

---

① 何和安德蒙等在其研究中指出,当前的中国政治体制,一方面会对有着政治化影响的社会结社予以严格控制,而另一方面又为草根群体的发展保留相当丰富的非正式空间。详见,皮特·何(何佩生)、瑞志·安德蒙:《嵌入式行动主义在中国:社会运动的机遇与约束》,社会科学文献出版社 2012 年版。

② 马伊里:《民政 30 年:1978—2008》(上海卷),中国社会出版社 2008 年版,第 288 页。

③ 施凯、潘列青主编:《两级政府 三级管理——上海社区管理体制改革试点成果汇编》,上海人民出版社 1998 年版,第 93 页。

厅、卡拉 OK 厅、弹子房、游戏机房为一体的建筑面积达 1 000 平方米的临汾娱乐城。①

1996 年，上海市静安区的静安寺街道愚谷村居委会成立了第一个“居委会议事会”，其成员包括离退休干部代表（占 60%左右）、退休居委会干部、在职党员代表、社会知名人士、知识分子代表和社区单位代表。议事会在创建文明小区活动中发挥了巨大的作用，成为居委会的“智囊团”。1998 年以后，该议事会建设趋于普及和建制化，拥有议事权、监督权、决策权，在一定意义上行使着“居民代表会议”的职能。

就在同一年，浦东新区社会发展局、上海基督教青年会和罗山街道办事处签署协议，创办了公有民营的罗山会馆。罗山会馆由浦东社发局将当时闲置的幼儿园改建成市民休闲中心，以“零租金”的方式提供馆舍交由上海青年会进行管理（现已由华爱中心接管）。1998 年，华爱中心与罗山街道（现已更名为金杨街道）签约，将与当时会馆一墙之隔的另一处空置的公建配套设施改建为罗山敬老院，罗山街道对该公房免租。罗山会馆打造的集教育、生活服务、文体为一体的社区中心，是全国最早的一家社区类社会组织，它也开创了政府购买服务的新实践。

如果说，以上草根群体来源于体制对社会需求的满足、承认或者推动，那么，社区草根群体的另一来源应该与体制析出有关。在社会组织的分类中，有一类区别于草根组织的社会组织，被学者们称为 GONGO，他们是具有政府性质的 NGO，他们或者行政属性比较强，或者自上而下成立、其运作与行政机构有不可分割的组织关系。

---

① 凯潘、列青主编：《两级政府　三级管理——上海社区管理体制改革试点成果汇编》，上海人民出版社 1998 年版，第 116 页。

20 世纪 80 年代末到 90 年代,随着政府职能调整,行业性协会成为被鼓励发展的社会组织类型之一。以消费者协会为例,20 世纪 80 年代初成立以来,协会迅速发展,其分支机构很快遍布全国各个角落。在县及县以上行政单位中已经有 3 138 个地方消协,县以下的消协组织达到 156 000 个。

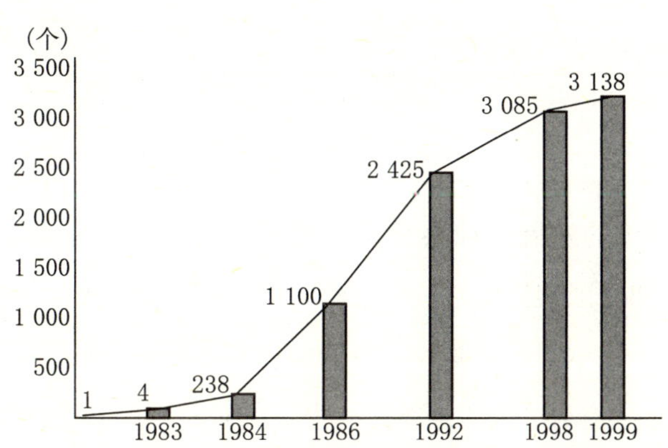

图 3.2 县及县以上消费者协会数量,1983—1999 年①

随着社会发展与政府职能调整,政府职能部门不断探索进入基层社区的路径。现在,很多准政府组织/协会都在社区建立了他们的基层协会或联络机构。②

① 数据来源:中国消费者协会网站(http://www.cca.org.cn/aboutus/6-gzcj1.htm),转引自王绍光、何建宇:《中国的社团革命——勾勒中国人的结社的全景图》,《浙江学刊》,2004 年第 6 期。

② 有研究指出,这些组织的主要功能是让社会中某部分人群参与到某些领域的活动当中,并且保证这些活动不在国家控制之外。尽管,这些在基层社区的基层协会有比较强的政府性,但毋庸置疑,这些组织在许多中国人的经济、社会、政治和文化生活当中发挥了重要作用。详见王绍光、何建宇:《中国的社团革命——勾勒中国人的结社的全景图》,《浙江学刊》2004 年第 6 期。

表 3.1　某些准政府社团基层协会数量

其他准政府社团	基层组织数量(个)
中国计划生育协会	1 020 000
中国消费者协会	156 000
中国残疾人联合会	40 000
志愿者协会	24 000
中国文学艺术界联合会	45 000
中华体育总会	53 220
小结	1 338 220

草根群体的发展与社会组织与社区建设的兴起形成了某种同步性。首先，和全国其他城市一样，在 20 世纪 90 年代快速的城市社会经济变迁中，单位体制的式微和城市管理重心的下移凸显了街道-居委会体制作为社会控制单位的重要性。为了应对转型期基层社会管理与社会发展的要求，上海市政府明确地提出了“两级政府、三级管理”的城市管理体制，这一体制把城市管理和社区相结合，以行政整合带动社区整合，旨在形成安定安全的社区秩序、便民利民的社区服务网络和健康向上的社区文化氛围，从而缓解随着市场经济发展和城市现代化建设而出现的社会事务向街道沉积，基层管理日显混乱的问题。

其次，1990 年以后，一大批人，其中包括约百万计的下岗转岗职工，也即“4050”人员从“单位人”转变为“社会人”，他们在渐渐老去的过程中，也由以往的“有事找单位”，逐步改变成了“有事找社区”；另一方面，“少子化”与“强竞争”使得家庭养老功能趋于弱化，加上看病难的现实，越来越多的老年人投身到社区的体育文化活动中，无数的木兰拳队、太极拳操队、健身舞队、扇子舞队、或体操队等活跃在上海各处的街头巷尾与公园、绿地。休闲娱乐活动也极为兴盛,几乎每个街道都有一些戏曲爱好者,大家经常聚集在一起唱歌、拉琴、表演戏曲、戏剧。此外,几乎每个街道还有一些专攻刺绣、编织,从事小工艺品制作的团队。

20 世纪 90 年代是上海加快改革开放步伐的时期;同时,在 90 年代经历了两次较大的清理整顿后,社会组织也开始朝着更符合党和政府要求的方向发展。与社区体制建设同步,90 年代起,草根群体的发展朝着社区便利服务、朝着文化健康方向前进。

第二节 空间拓展:草根群体的块茎发展

从历史发展过程的梳理中我们可以看到,首先,上海草根群体的发展有着深厚的历史传承与社会基础;其次,上海草根群体的发展,尤其文体群团的发展,是一个不断被传播与扩展的过程,一方面是中心城区向外围的传播发展,另一方面随着城市扩张,这也是中心城区市民将文体群团的艺术技能与价值观传播到城市边缘各角落的过程。在此过程中,越来越多的老年群体、中下层市民接受、认可了基于社区的拳操队、合唱队、舞蹈队等,也认同了这其中所体现的价值观。这从另外一个方面说明,草根组织在争取社会承认中展现出了非凡的活力。一位学者对 G 社区的观察提供了这样的图像:

G 社区位于上海北郊,10 多年前还有很多农田以及一些杂乱的自发性市场。随着大开发,很多征地农民回迁。因此,"G 社区的本地人口大都是经过动迁的农民,尽管生活富裕,但对于琴棋书画、舞蹈诗歌等文化活动既没有基础,更缺乏热情,即使愿意参加

> 团队的，也大都是来凑个数或者看看热闹”。“这个地方人口特别复杂，本地人喜欢打麻将，小区里的治安情况也不好。外地人、本地人之间没有交流，还经常互相歧视、闹矛盾，老百姓平时也没有什么集体活动。把文化搞起来，就是要树立好的风气，这样社区工作也比较好开展。”在G社区，尽管本地人口在数量上占优势，但团队的负责人或骨干很多都是一些操持市区口音或普通话的外来者，多年前，由于地铁不通和商业不发达，G社区的房价远低于中心城区。因此，相当一批返沪知青和早年支边支疆的知识分子选择在G社区定居。由于不熟悉本地生活，因此对于参与文艺类的社区活动都有较高的热情。任G社区某艺术团团长兼艺术总监的W，也是这样一个由市中心来到G社区的例子。他早先家住市区，小时候家境优越，很早的时候就接受过专业的小提琴训练，并曾经在上海音乐学院进修三年。70年代，W在上海市的一家大型国有企业上班。1981年，该企业与G镇的玻璃厂合营，W遂被调派至玻璃厂任采购员，后一边搞文艺，一边做生意。随着年纪增大，2011年以后，他将手头的两家公司清盘转让，基本是天天在诗乡文化广场，主要负责各个团队的日常管理和艺术指导。①

近年来，社区群众活动团队发展很快，尤其在中心城区，原来呈点状分布的群众活动团队现基本散布于市区各角落。2004年，静安区街道共有各类群众文体团队139支，平均每万人中群众文体团队数为30.3

① 关于G社区的案例，参见刘伟：《社会共生视野下的草根组织合法性问题研究》，复旦大学博士论文，2013年，第87页。

个[1]。几乎同期的虹口区的 JW 街道，2003 年前后整个街道大约有一两支队伍共 30 多人，到 2012 年左右，该社区的群众文体团队已增加到 20 支队伍共 500 多人；同时，各居委会还有文体团队 160 多支，一般街道的一次文体比赛可以吸引到 3 000 多名居民的共同参与。2012 年，该街道举办体育运动节，历时 3 个月，共有 8 580 人次参与。[2]

再以静安寺街道为例，进入 21 世纪后，该街道内涌现了大批正式或非正式的团队，最多时曾达到 165 支队伍之多。[3]这其中有基于个人兴趣成立的各种兴趣性活动群体，如“相约星期五”读书读报组；有基于社区学校学习而组织起来的各类文艺团队，如合唱班、时装表演班等；有基于静安公园锻炼而凝聚的提供各种志愿服务的健身团队，如“健乐美”健身队、“芳园”舞蹈队等；有基于文明小区、文明社区建设等发动的广大的社区互助志愿者队伍等。

统计显示，2012 年上海共计有老年文艺团队 1.32 万个，参加活动人数共计 33.41 万人；全市街道、乡镇级以上老年人体育协会共计 170 个；老年体育团队 9 590 个，参加活动人数共计 53.88 万人。[4]综合来看，体育类团体大体上有 1 万个左右，参加总人数 2012 年为 53.88 万人。近年来，包括文艺团队、体育团队在内，民间的老年社团组织有一

---

① 同一时期，上海市平均每万人中 5.7 个，全国平均每万人中 2.26 个。

② 方圆：《JW 社区“对社区内外公共空间的研究”调查报告》，2013 年。

③ 2004 年以后，中心城区群众文体团队数目基本稳定下来，而中心城区以外呈增加趋势。

④ 2010—2012 年间的统计数据中，老年体育团队与体育协会的数据出现了较大幅的变化，其中一个可能的原因是，体育协会与体育团队的人员可能有交叉。另据上海年鉴资料显示，2013 年，全市另有备案的社区群众活动团队约 2.28 万个。两个数据对比显示，社区群众活动团队/社区草根群体的主要成员多为老年人。数据参见 http://www.shanghaigss.org.cn/news_view.asp?newsid=9143；http://www.shtong.gov.cn/Newsite/node2/node19828/n88617/n88671/n88752/u1ai137477.html。

定的变化，不断有新的组织出现，也不断有旧的组织消失。但事实上，组织的出现与消失应该视为常态，这正是社会组织发展的应有特征。

表 3.2　2010—2012 年老年社团组织统计数据①

	老年文艺团队			老年体育团队			
	团队数	比上年增加	参加人数	体协	团队数	比上年增加	参加人数
2010 年	1.19 万	3.3%	28.24 万	体协 100 个，参加人数共计 59.86 万人	0.94 万	—2.3%	33.15 万
2011 年	1.31 万	9.2%	31.03 万	107 个	1.05 万	11.6%	29.52 万
2012 年	1.32 万		33.41 万	170 个	0.96 万		53.88 万

随着城市社区的空间分布日益层化，社区草根群体的分布上也出现了相应的空间区位差异。根据对 2016 年上海社会组织的数据整理，当时上海市区（不包括金山、松江、青浦、奉贤及崇明郊区）社区群众活动团队计有 20 281 支（在金山、松江、青浦、奉贤及崇明等郊区，各社区的群众活动团队差异很大，因此整理的数据中拿掉了郊区的数据）。笔者在整理数据过程中发现，社区群众活动团队在中心城区多，反之则少；在老人聚居社区多，反之则少；在经济发达社区多，经济状况较差的社区较少；政府大力推动的社区多，反之则少。

而从入选“自治家园”的 21 个居委会看，由于当时选点比较注意案例分布的代表性，因此，在已经遴选的区域中，草根群体从社会经济地位的分层以及年龄的分层上都呈现出相应的差异性：在社会经济地位

① 本表根据上海市老年学学会发布的 2010—2012 年上海市老年人口和老龄事业监测统计信息整理而成，可参见 http://www.shanghaigss.org.cn/news_view.asp?newsid=9143。

方面,第一梯队的是仁恒滨江社区、碧波路社区、江南山水,居民大多经济收入较高,文化水平也较高;第二梯队包括贵龙苑、古龙三村、紫荆社区、黄埔新苑,上海人比例相对较高,经济水平也较高,社区资源教丰富;第三梯队应该是原“上只角”“老城厢”的社区,包括承兴里、华山社区、华一社区;第四梯队是老公房、工人新村以及动迁社区。第三梯队的社区资源较为丰富,是草根群体的发源地,后两个梯队的老龄化程度相对较高,但第三梯队由于老市民的持续外迁,一些相对较低收入人群陆续迁入,使得这些社区的老龄化程度略有下降。当然,这个群体对于融入上海的意识较强,从而参与社区可能性较大。或许与老城区居民的外迁有关,进入 21 世纪以后,第四梯队社区(老公房社区、工人新村、动拆迁社区)的文体群体迅速增加,表现相当活跃。

毋庸置疑,社区草根群体在数量与空间上的快速发展,离不开各级政府、包括居委会的大力推动及其所提供的政策环境。政府的作用不仅是为草根群体保留丰富的非正式空间,实际上,政府也会为参与社区建设的草根群体积极提供丰富的发展资源。政府对社会组织、草根群体大力支持,也是对迅速变化的社会的回应。

进入 21 世纪后,社会组织发展进入新阶段。“两新”组织不断发展壮大,随着权利意识、消费与产权意识变化等,车友会、打工者俱乐部、业主委员会等业缘类草根组织也呈快速发展态势。同时,互联网带来了新的结社革命。中国宽带网民总数在 2006 年底突破 1 亿人,因此,进入 21 世纪后,在微博与微信革命之前,电子邮件、聊天室、新闻组和虚拟俱乐部,尤其 BBS 等为人们提供了一个超越物理空间的平台,人们开始利用网络平台组织各种正式和非正式社团,而微博与微信带来的社团革命更加突出。在社区中,读书会、私董会等更具流动性的社团日益活跃。

2008年,“汶川特大地震”的抗震救灾中,各类社会组织各显所长,发动社会募捐,组织志愿服务,开展社会工作,甚至直接参与第一线的抗震抢险和灾后重建任务。在北京奥运会期间,志愿者用自己的杰出表现感动了世界,北京志愿者协会还被授予“联合国卓越志愿服务组织奖”。

基于这一社会变化,党和政府努力适应形势变化,不断认识和把握社会组织发展规律,主动调整政策,制度环境不断改善。经过多年努力,基本建立了具有中国特色的社会组织法规政策体系,形成了以社团、民办非企业单位、基金会三个条例为核心的法规框架。

在国家颁布各相关社会组织管理条例之后,上海也相应先后出台了《上海市社会团体管理规定》和《上海市行业协会暂行管理办法》。在此基础上,上海在全国率先提出了“社团进社区”的思路,出台了《关于进一步推进本市民间组织参与社区建设和管理的意见》等文件。2002年,上海市普陀区长寿路街道正式挂牌成立了全国第一家社区民间组织服务中心,2004年,上海成立了市级社区民间组织服务中心。在上海市大力推动下,上海各区先后成立了区级社区民间组织服务中心,并努力在名称和运作上各有差别。比如,浦东新区成立的是公益性社会组织服务园区。

政府根据形势不断推出的种种举措,如新一轮的社区自治运动、公益创投等等,在为草根群体的发展提供丰富的物质支持的同时,也为社区草根群体的发展创造了各种各样机会。

第三节　类型、路径与发展趋势

在“居民自治家园”的21个示范点中,我们可以看到的草根群体具有相当程度的代表性。从活动领域看,它们可以分四类:(1)文化体育类团队,一般包括拳操队、腰鼓队、合唱队、戏剧书画类组织、读书会等;(2)志愿者组织,包括党员志愿者、科普志愿者、家庭志愿者、涉及市容卫生等各领域的志愿者,这些志愿者组织原来大多数是由居委会或上级条线单位在社区设立,现在,出现越来越多的自发性志愿者组织,这样的志愿者组织与文体组织都有较强的俱乐部组织特性;(3)专业服务类团队,随着相应资源的挖掘,心理咨询、法律咨询、教育咨询等培训类组织渐渐入驻一些社区中,这些组织有一些是外面组织进入的,也有一些是由本社区的专业人士创立;(4)民主自治组织,如党员群众议事会,江南山水民主管理自治小组,仁恒滨江道德评议台,贵龙苑“戴老师议事厅”等,这一类组织大多与居委会关系密切,由居委会或居委会骨干牵头设立,也有一些来自新的自治组织——业主委员会。这些草根社群组织的活动领域也不一而足。

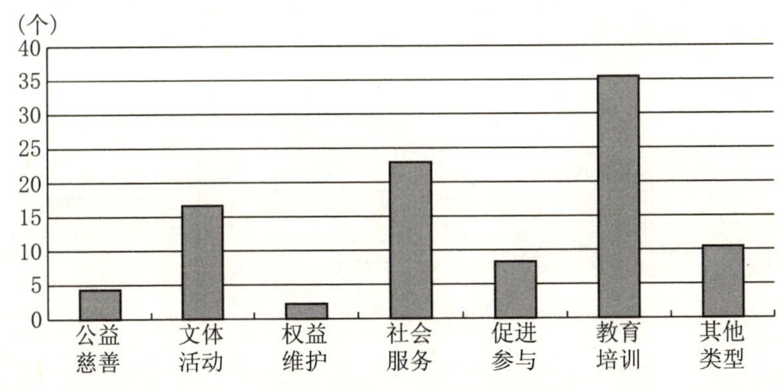

图 3.3 WF 社区社会组织分类①

① 图 3.3 描述了 WF 社区中草根群体的类型。资料来源:转引自夏建中、[美]特里·N.克拉克等著,《社区社会组织发展模式研究:中国与全球经验分析》,中国社会出版社 2011 年版,第 74 页。

对示范点的自治项目的观察分析表明，草根群体参与的自治事务主要有三类六块：物业管理、政策性纠纷、日常性纠纷、文体活动、公共公益性事务以及公共空间的管理，前三块属于对当事人而言利益攸关的问题，有一些问题与政策遗留问题有关，比如老公房改造、管道改造等，有一些问题源于物业管理中出现的执行不当，或者涉及物业管理的问题，有一些问题则属于日常邻里纠纷；文体活动可以看作是基于爱好的俱乐部性活动；最后两块则主要与公益有关，比如各种献爱心捐助活动，社区联欢会等。前三块虽然也有某种程度涉及社区部分共同利益，也有公共事务的成分，但最后两块事务中，参与者之间没有利益冲突，一般不以调处矛盾冲突为目的，因此本书将其归为“利他类型”事务。社区类型不同，面临的问题、主要形成的自治事务也有很大差异。各类文体类组织一般比较简单，组织结构相对松散，组织任务也相对单一。这类组织中，老年群体常常是绝对主力。在这些组织里，老年人们在各式各样的活动中度过他们的闲暇时间，满足他们新的人际交往渴望。这些文体类组织一般限于文体活动。访谈中，一些参与者常常不知

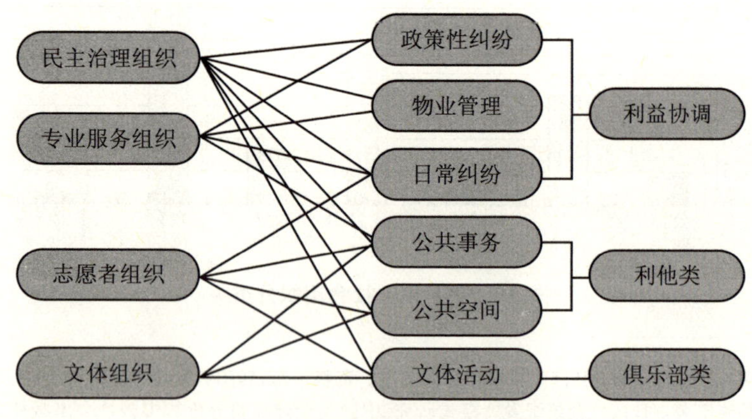

图 3.4　草根组织与社区自治事务关系

道谁是组织者,或者即便是被组织者拉进队伍中的,也基本限于活动本身。但文体组织的负责人多是热心居民,或者是社区志愿者项目的积极参与者。

就草根群体的成长路径而言,历史地看,改革开放后较早的一批社区草根群体来源有三:一种是与体制有较密切关联或者从体制中成长起来的。比如与残疾人有关的“阳光心园”俱乐部或协会,与计划生育有关的“阳光大课堂”“阳光同伴”俱乐部,与司法机关有关的社区矫正中心等。这些草根群体在政府指导与管理方面,或由体育局及其下辖的体育辅导员培育发展出来,或由一些由卫生法制文化等部门条线下的辅导员培育发展出来,包括各社区的老年协会、志愿者协会等,都有市一级层面的领导组织。①

这一类群体中,有不少是街道社区的骨干分子、退休干部发起和组织的,如柏万青所运作的老年协会。1996 年,由外地回到上海的柏万青来到静安寺街道宣统科工作,后来担任科长。1997 年,柏万青与其他人一起创办了静安寺街道市西中学周末学校。这所学校的特点是强调社区群众的自治参与。柏万青和其他街道办事处干部、居委干部、教师和居民们一起,为社区学校建章立制,整合教育资源,招聘大学老师、中小学教师、社会各界学者、文艺表演者和志愿者等担任社区教师,组织问卷调查,征求居民需求,开设居民们喜欢的而不是上级要求考核的课程。由此,居民通过课程选择以及需求表达,参与到了柏万青的社区学校中。②

---

① 在调查访谈中,这些上级主管或协调指导部门常常处于隐身的状态,除非我们的调查方向发生变更,比如更专项的调查访谈。

② 徐中振、杨雄、刘春荣:《黄浦江边的中国社会——上海草根社群志愿者活动案例研究》,上海世纪出版集团 2016 年版,第 35 页。

第二种是体制外生长出来的。T是一名党员、退休教师，从学校回到社区后，他担任了小区业委会顾问、书画班老师。在一次小区“二次供水”设施改造过程中，他和另一位同志自发组织了一支5人参加的志愿者队伍，并把自己的家作为开碰头会的场所，积极为设施改造建言献策，并向居民解惑释疑，不遗余力地向左邻右舍宣传“二次供水”设施改造的重要意义。广杭社区的另一位Y先生有着深厚的书法造诣，退休后，Y先生主动联系居委会，自愿发挥余热，和几个志同道合的朋友一起创立了书画班，吸引了一大批对书法、绘画有兴趣的社区居民踊跃参与。这些完全是居民出于自身特长，自己组织的团队往往希望能与社区基层党政组织保持密切联系。这些草根组织一般都会希望社区党政能为他们的活动提供一定的场地、平台和经费支持，进一步，也是希望通过这些支持获得认可。对于这些团队，有一些团队由街道的社发科、宣教科、司法所等机构管理，更多则由居委会组织或监管，也有街道将这些草根群体纳入老年协会的层级体系中实施管理。

第三种是社区街居党政对社区资源的整合利用所产生的。比如，华山小区位于静安区的西南角，小区内优秀历史建筑众多，知名机构有中福会儿童艺术剧院、上海戏剧学院和中福会托儿所等，还曾有很多名人如周璇、傅全香、孙道临、乔奇等名人先后居住于此。经过多年探索，逐渐形成了以居委会为领导，以华山小区同心家园共建理事会为主体，以物业一体化联席会议、社区单位共建联席会、群众文化团队健身、公共资源整合等工作为抓手的居民自治实践。

而进入21世纪后，草根群体的来源与结构发生了新的变化。早先社区的草根群体主要由街道居委会成员或社区离退休人员发起。比如，在2000年对上海的瑞金二路街道的一次社区组织普查中，发现在面积1.98平方公里、人口9.3万的街道社区中,共有465个涉及41种不同类型的草根社团,参与居民超过6 000人次。所有社团都成立于1990年之后。离退休人员是社团活动的积极分子。大多数社团的负责人要么是居委会成员(46%),要么是离退休人员(46%)。调查还发现,大多数社团是由居委会发起,只有少数的体育俱乐部是由普通居民发起的。①

而新时期社区自发的草根群体,其主体已不再局限于退休居民。比如,仁恒国际妈妈俱乐部是由居住在仁恒滨江园,来自美国、加拿大、英国、法国、瑞士、新加坡等国家和中国台湾、中国香港等地区的妈妈们组建而成的爱心公益组织。国际妈妈们各兼其职,有钱的出钱、有力的出力、有物的出物、有知识的出知识。爱心妈妈俱乐部成立后,经常参与各类慈善活动,比如爱心联合捐、爱心义卖、“5.12”抗震救灾捐款等。

和早期的社区草根群体参与主体呈现老年化的倾向不同,新生力量开始不断地加入社区草根群体中。在古龙三村,一个由社区白领发起成立的组织“快乐小陶子”少儿服务团队得到了居民区支部书记的大力支持,是小区中人气很高的组织。2013年,发起人G还不过是一位4岁宝宝的年轻妈妈。她意识到阅读对于培育亲子关系的重要性,于是逐渐产生了创办免费早教公益项目的想法。为给社团取名字,G动了番脑筋:“陶子一词取意于我国著名教育家陶行知,加上快乐两个字,寓意每一位热心参与志愿活动的人都将会是陶子。”每次的活动中,家长们和宝宝一起根据故事剧本,或者排演成剧,或者绘画成图。随着时间推移,名气越来越大,许多家长自发参与到活动策划中,为“快乐小陶

① 尹继佐主编:《2001年上海社会报告书》,上海:上海社会科学出版社2001年版,第245—247页。

子”提供剧本、道具、画笔。活动之初，只有六七个家长带着宝宝，两年以后，有 40 多人参与已是家常便饭。现在，在古龙三村自治理事会大力支持下，“快乐小陶子”这类由年轻人创立的兴趣小组纷纷出现，一对在上海音乐学院教书的伉俪，就利用每周日上午的一个半小时，义务为小区里的孩子上趣味音乐课。据居民区书记周志童介绍，现在小区白领已有两成以上参与到居民自治的各项活动中：“但还远远不够，将来比例要更高。”宝贝爱蓝天是新生草根群体的又一个个案：

> “宝贝爱蓝天”的发起者为孩子妈妈 Z，因为与朋友们关于环境的讨论，在社区妈妈以及朋友圈的支持下，她于 2015 年 3 月在微信圈发起成立了该组织，很快得到社区以及以妈妈为主的朋友圈的大力支持，很多人捐款捐物。4 月份，“宝贝爱蓝天”举办了义卖。Z 曾想注册社会组织，但发现注册社会组织很困难。经过一年多的努力，现在这一组织正式注册为民办非企业单位，志愿者队伍现已扩展到 300 多人，微信关注上万。他们主要依据微信网络展开志愿者招募，通过微信圈这一个体化关系网络的点状复制，超越社区的志愿者网络遍布了全市，甚至发展到北京、浙江等地。现在，这一组织也会找机会进入社区，他们希望获得社区更多的知晓与支持，他们曾先后进入徐汇、浦东、静安、杨浦等区的社区，他们还在一些学校，包括大学、中学和小学等开展公益项目。

草根组织的另一个发展趋势是，它们面临着越来越强烈的竞争环境，而这与政府引入专业性的社会公益组织有关。尽管在社区中两者的生态位有所不同，但是它们都有着共同的“居民客户”，因此出现了明显的重叠,甚至紧张关系。

延吉新村街道是杨浦区一个老龄化程度较高的社区,进入 21 世纪后,开始引入社会公益组织,创建“社区睦邻中心”。2009 年,延吉新村街道主动接触和引入了已经比较成熟的“上海屋里厢社区服务中心”公益组织,在延吉四村启动建设了 1 300 平方米的第一睦邻中心,到 2011 年,街道共投入一千余万元,先后建成并投入使用了三个“社区睦邻中心”。其中,第二睦邻中心有“知行社师事务所”管理运行,第三睦邻中心则由延吉街道诞生的延泽社会工作发展中心托管。除此之外,延吉新村街道还与上海新途健康促进社、96890 海阳老年事业发展中心共 12 家社会组织建立了合作关系,通过公益服务项目,这些社会组织得以参与到社区的老年服务、青少年服务、儿童服务、残疾人服务、社区党建、居民自治管理服务、社区健康干预等多种民生服务。不同于前面“引入”社区的社会组织,“引入”的社会组织作为政府购买服务对象,常常可以得到政府一定额度的经济支持,但像“宝贝爱蓝天”这样的组织,他们与社区关系相对松散,他们希望社区居民参与他们的公益项目,然而这些公益项目在价值层面并不局限于社区,换言之,从服务的角度,他们提供的不是社区服务。因此,他们基本没有或很少获得社区的经济资助。现在,越来越多的社会组织和企业组织希望进入社区,开展活动,招揽“信众”。

草根社群和公益组织具有不同的功能,但是它们在基层社会中出现了某种功能叠加和互动演化的发展趋势,这可能产生新的社区公共性。作为自治家园建设项目,以及 20 世纪 90 年代以来社区建设的远景规划,草根群体与“社区自治”密不可分,换言之,无论学界抑或党政部门,都很难不把草根群体的发展与托克维尔式自治直接联系起来，草根群体进而被期待成为“公共性”或“公益性”组织，被期待能发挥更大的公共建设功能。而从实践看，这是可能的，虽然并不必然如此。

社区的草根群体中，绝大多数属于文艺休闲类或体育健身类，当然也有一些志愿者组织，以及互助类组织，而这些志愿者或互助者多来自文体健身休闲团队，或者说，草根群体的主要骨干常常又是志愿者组织或互助类组织。也就是说，草根群体在娱乐休闲健身中形成了一个互动网络，由于这些草根群体大多为居民自发形成，因此，组织化程度有时并不高，居民合则来，不合则走。这些团队的组织功能也相对比较单一，大多以唱唱跳跳，休闲娱乐、健康养生为主，但是，团队成员在活动中增强了互动与友情，形成了社区成员间的人际关系网络。这样的人际关系网络也可以被看作是一种积极的社会资本，因为相识相熟，这些草根团队的成员们往往演化为社区养老服务组织：提供互助服务，参加各类志愿者服务。也就是说，这其中会有一些草根组织参与到慈善公益活动中，参与社区的捐助、演出或者专业咨询服务等活动中，同时也会有草根组织负责人积极作为志愿者参与到社区的楼组建设、小区建设中，关心邻里，照顾团友，探望老弱病残。也有很多草根组织会拓展功能，将文体团队发展为交友旅游团队，活动形式不一而足。

观察 21 个自治家园的个案会发现，有些社区的草根组织正进一步提升扩展自己：譬如扩大规模，甚至有的组织跨越小区走向更大的舞台；也有组织成员（主要是组织的积极分子）积极参加到社区的其他公共事务中。沪上颇有名气的旗袍沙龙就是一例，其创始人 W 最早就来自上海闵行区古美街道的古龙三村。在 20 世纪 80 年代，她就喜欢旗袍，但买了旗袍却不敢穿。退休后，她积极投身到社区的各项工作中，成为居委会的编外干部,积极为灾区捐款,担任小区合唱队队长,是小区老年学校的日语课老师,积极为侨联工作。2007年,电影《花样年华》重燃了她对旗袍的热爱之情,于是她决定在社区成立一个“旗袍沙龙”。她原本很担心怕报名人少,没想到第一天就有45人报名。旗袍沙龙成立后,她开始教旗袍礼仪,搞聚会。旗袍沙龙一炮打响,越来越多的爱美女性加入进来,平均年龄53岁。沙龙根据区域划分7个片区,下设合唱队、茶艺队、服饰队、走秀队,沙龙有了自己的“上海旗袍沙龙”网站。如今,旗袍沙龙的足迹走遍了上海,甚至走出了国门。

在具有公益性的草根群体中,主要成员积极参加到社区的其他公共事务中,这在各式小区都有例证,这里可以从老式社区选择一个案例:

S原为虹口区林云居委会主任,2003年退休后,她召集了其他退休的22名老年居民组成了丝网花小组,利用闲暇时间制作丝网花作品,以增进感情,陶冶情操,全部制作材料费用都由S自费支出。这支丝网花制作小组成为林云社区15支居民活动队伍之一。由S带领的林云丝网花制作组不断发展,逐步壮大,成为曲阳老年文化品牌团队之一。她们先后接待过英国、希腊、德国等外国代表团,给外国友人留下深刻的印象。丝网花小组在林云居委会的支持下,将制作的成品义卖,所得善款全部捐献给小区困难人群,帮助他们渡过难关。2008年“5.12”汶川大地震发生后,她们经过七天七夜、通宵达旦赶制出来的数百朵丝网花工艺品进行了赈灾义卖活动,将满载爱心的5 000余元的义卖款捐给了灾区。

因此，如果我们把这些草根群体的“自治”看成是一种内生的“自治”，那么，随着政府购买服务力度加大，一些社会组织在提供社区服务的同时，也把培育社区自治作为重要目标，这可以看成是一种正在嫁接的自治。上海的新途健康促进社在其运作中就十分注意和草根社群发生良性互动：

上海的新途健康促进社是一家由社会力量发起的，专业从事社区健康促进和社区能力建设的社会组织，成立于2006年5月，其宗旨在于通过开展社区健康促进和社区服务机构的能力建设项目，促进社区成员，尤其是弱势人群的健康与发展。近年来，除了杨浦区延吉新村街道，他们也向其他区县街道提供社区服务。在服务中，他们并不是简单地到社区办几次关于健康的讲座、发几份宣传单、搞几回义诊。在教授健康知识、开展健康促进活动的同时，他们还非常注重从积极参与的社区居民中培养各种“大使”，然后由这些“大使”分别牵头组织起高血压俱乐部、糖尿病沙龙等各种小组织。通过这样的方式把社区居民的力量调动起来、组织起来，不仅把防病养生活动长久化、深入化，更使社区居民从自益互益。

这并不是特例，另一家叫“环保先锋”的草根组织，他们将“瓶子菜园”引入到了很多社区，带来了新的观念和行动模式。他们通过社区基金、“睦邻中心”等平台，将“瓶子菜园”项目引入社区，他们在社区里教居民将平日用的废旧水桶和油桶等瓶瓶罐罐改造成种植容器，在里面放置营养土，种植各种有机蔬菜。“环保先锋”的专业人员除了手把手地教他们组装架子、拌土、播种,摆出造型,在日常运营中还指导他们如何实现社区小组的自我管理。W 社区是他们发展的其中的一家“瓶子菜园”。在一次周末例会上,“环保先锋”负责人 M 跟到会的居民就即将开始的采摘展开讨论。大家兴致很高,都非常期待看到自己的成果,并想知道这些成果如何分配。讨论会上,M 就像他们中的一员,虽然居民都待他以专家,当大家提到分配方案时,M 以唠家常的方式引导大家在讨论中如何激励活动积极分子,同时兼顾公平,以及慈善敬老。他说,反正也有多的,不如我们可以考虑送点菜给孤寡老人如何?而实际上,他一直强调由居民自己确定最后的成果分配方案。后来跟 M 聊起这事,他说,对于他们来说,做环保是一方面,另一方面也要逐渐培育居民的“自治意识”。①

因此,草根群体不仅仅与居委会这样的法定自治组织互动,而且与公益组织在社区中汇合,这似乎已经成为一种趋势。而其他一些社区外组织的行动取向更是促进了这种融合发展的趋势。“汇丰中国社区建设计划”堪称中国第一个由企业发起的社区建设项目,目标是通过扶持社区建设项目,培育社区领导者,推广最佳模式;同时建立新型企业志愿者服务方式;并为政府、公益组织和企业在更大范围内投入资源提供参考借鉴。居委会一般不太重视内生组织的作用,但 NGO 进入社区后,发现了内生组织的潜在能量,于是他们开始通过各种方式推动其发展。汇丰项目鼓励社区组织就关系到居民生活的事情做成项目,然后进行申报,申报成功就可以获得 8 千元钱的资金开展活动。②

① “环保先锋”W 社区田野调查记录,2017 年 11 月 19 日。

② 孙炎:《社区里的“外来客”和“自家人”》,《社会创业家》,2015 年 1/2 月刊(总第 68 期)。

第四节　“生活模式”:草根群体与社区的“根须”成长

2017年9月,笔者应邀去某社区参加一个外来社会组织举办的关于“社区自治建设”的项目总结会。这是位于上海北部偏西远郊的一个动拆迁小区,出乎意料的是,首先映入笔者眼帘的竟是一排排防盗网,把所有楼房的窗户与阳台包裹得密密实实!尽管已经走过上海的不少小区,这样的整栋整栋楼房都被如笼子一般密实包裹起来的景象还是第一次遇见!这是一个新建小区,却已布满灰尘,显得有些破败。小区一些楼道口或楼角堆放着各种杂物,十分脏乱;有一些花园或花坛已被种上了菜;到会议室的时候,看到楼道里贴了很多社区活动海报。和社区楼组长、积极分子的聊天,得知社区大半居民由某农村征地拆迁而来,一些居民区书记、楼组长还是原来的村干部,因此,居民之间都十分相熟,居民与物业的关系也比较好。问他们,大家对小区内的违章搭建、乱扔垃圾等怎么看?有没有采取一些什么措施?有没有在大家碰面相聚的时候就这些事情做一些讨论?到场的这些居委干部有一些愣住了,也有的告诉我没有。那天我们原本希望到场的居民们能一起有一些讨论,但是大家听完报告拿好了礼物就纷纷散会了。

同年11月的一个周末,天气已经渐冷,笔者去了上海东北部靠中环的一个社区参观访问,这个小区的居民有大学教师,也有一些公务员和原大型国企的员工,整体文化素质较高,收入中等。笔者参观的是同样由外来社会组织发起的一项活动,因为没有社区行政人员的参与,来参加活动的人不多,只有七八个人。走进该小区的睦邻社区活动室时,笔者被墙上一张表格深深吸引了。表格显示,该小区活动室每周的安排已经非常满了，活动内容包括幼儿教育、中老年休闲体育等。从小区环境看，这个小区要干净很多，公共设施要比周边老式小区多一些，而且保养良好。参加活动的都是老人，以女性居多。大家讨论得很热烈，看得出来，是十分认真地对待这次活动。其中有位老人骑自行车是从另一个较远的社区赶过来的。笔者好奇之余就问他是怎么参加到这项活动中来的。他说他孩子一家住在这个小区，因而知道了活动信息，就过来参与。虽然这也是一项由外来社会组织引导设计的活动，但大家对这一活动的主动性与积极性要高很多。

相比之下，之前去过的浦东另一家知名的国际性社区又不一样。那天，一个社会组织借用了社区的活动室讨论他们的未来发展。楼道内外张贴了一些很吸引人的活动，比如古琴欣赏，显示了该社区的与众不同。这个活动室第一眼看上去并不突出，与一般社区活动室没有太大差别。但当笔者得知里面的图书室是完全由居民自己建立自己管理的时候，顿时被吸引住了。看了一下架上的图书，儿童书比一般社区图书室多。开讨论会的过程中，时不时有家长带着孩子过来看书，这里没有一般社区的嘈杂和浮夸，有点各安其所的味道。社会组织负责人告诉笔者，这个小区里的家长资源比较丰富，他们经常会组织一些很有趣的活动。除此之外，该社区还有其他一些居民自发成立并自行管理的组织，这些组织松散程度不一，但自发性与自组性程度却相对较高。

这是我亲身所见的三类不同的上海社区。无独有偶，外来社会组织正以各种方式进入社区，尽管它们在地理区位、人口结构、公众参与、活动内容乃至治理结构等方面都各不相同。比较普遍、分布比较广泛的是第二类社区，通常都有较为丰富的社区活动，而且参加者不再局限于中老年，针对儿童教育的活动也在不断增加。

改革开放以来，尤其是市场化改革启动之后，上海草根群体发展的类型特征日渐明显。如何理解社区草根群体的发展与社区自治的关系？对此，一些学者呼吁重拾早期“社区研究”传统，将城市社区视为一定区域的生活共同体，强调要研究其内在要素的结构生长与功能发展。①另外，也有学者认为，“类型比较方法”是我国“社区研究”的先驱——费孝通先生对文化功能论最重要的贡献。②所谓类型研究，就是要对“主要条件相同所形成的基本相同的各个体”予以比较观察，“通过类型比较法是有可能从个别逐步接近整体的”。③如江村，这一概念实际并不代表整个农村，而是主要条件相同的一个类型。

费孝通先生关于“类型研究”的理论在两个方面推进着“社区研究”的发展：一是社会结构分析的类型比较；二是通过文化与人的价值认知将微观结构与宏观结构连接起来。但“类型研究”还需要进一步阐述的问题是，是否存在着类型观察的中轴或者分类依据？如何进一步发现复杂变动社会的分类中轴？此外，类型分析中如何理解国家的作用？这里，我们试图借鉴丹麦“生活模式”理论进一步认识这一基于草根群体发展的上海社区。

---

① 这一研究立场可以追溯到20世纪30年代，当时的吴文藻、费孝通等人将芝加哥学派观察芝加哥城市社区的方法与英国马林诺夫斯基的“文化论”和拉德克里夫—布朗的“结构功能主义”相结合，提出了“社区研究”(community study)的研究方法。较早运用费孝通“社区研究”方法认识上海实践的文献，可参见沈关宝：《社区研究的地位与领域》，《社会》，2001年第3期；李友梅：《基层社区组织的实际生活方式——对上海康健社区实地调查的初步认识》，《社会学研究》，2002年。

② 沈关宝：《从学以致用、文野之别到文化自觉费孝通老师的文化功能论》，《社会》，2006年第2期。

③ 费孝通：《人的研究在中国》(1990)，《费孝通文集》(第9卷)，群言出版社，1999年。

“生活模式”理论源于20世纪70年代的丹麦。[①]为应对国际竞争加剧背景下的产业结构转型,当时赋权正成为新型高效的潮流:国家在规划过程中要听取不同群体的意愿和需要,不论是文化的、社会的还是产业的要求,旨在广纳各界意见,以改善规划过程和结果的效能和可持续性。同时,丹麦也正谋求从日益剧烈的国际竞争中生存下来并得到发展,因此,国家加大了对社会的赋权——邀请公民们加入国家的整个规划过程中,以此实现国家的结构合理化。这意味着,国家规划要充分考虑不同群体间可能相互冲突的意见,面对公民们相互冲突的多样化需求,国家必须作出判断,哪些可能的生存方式是相关的国家形式和特定种类的社会的基本结构形成的必要条件?“生活模式”理论就是要从理论上阐明这些生存方式,对生活型式得以存在的可能性以及必要性条件进行深入探究。

“生活模式”理论将“职业发生”作为切分,认为基于职业的阶层之间是相互依存且竞争的关系。首先,它从社会行动理论的立场,认为一个群体的生活方式可以被理解成个体对某些文化价值的呈现过程。人们对他们的家庭、社区和权力体系等拥有各自不同的评价,他们的评价

---

① 20世纪90年代初,上海的浦东开始大开发大开放之际,有领导提出“浦东的开发开放呼唤社会学”,由此,费孝通先生率领他的学生们将其“社区研究”渐渐推进到改革开放的前沿阵地上海。与此相映成趣的是西欧和北欧的福利国家发展也呼吁“民族学”来帮助理解人民的实际生活模式,从而帮助改善政策规划。民族学:即Ethnology,词根Ethno指民族,而logo指科学,Ethnology曾经也译为“人种学”或“种族学”,后来这种译法因被指具有种族歧视意味而逐渐被取代。这里强调丹麦是为了区别于欧美其他国家使用的学科名人类学(anthropology)。在丹麦民族学则作为人类学的前身沿用至今。英国的“社会人类学”(Social Anthropology)、美国的“文化人类学”(Cultural Anthropology)和当前合称的“社会文化人类学”(Sociocultural Anthropology),在研究对象和范围上与民族学相近。Thomas Højrup, *State, Culture and Life-modes. The foundations of Life-mode analysis*, Burlington: Ashgate, 2003.

和认知反映了他们的价值体系，在被文化配备了这样一套价值观之后，行动者采取怎样的行动来将其文化价值最大化取决于他所拥有的资源。[①]其次，“生活模式”理论认为，不同的生产方式和生活型式存在的必要条件之间，相互支配的关系结构决定和影响着生活型式的集合，并且对于国家的政治、司法、意识形态和经济结构提出互相矛盾的要求。分析生活型式的文化历史，就是要努力发掘这种决定和影响如何发挥其作用。就是通过民族志的研究去发现，为什么某些生活型式因为失去自身存在的必要条件而从某些特定国家的社会形成过程中消失，同时新的生活型式由于其存在条件成为该国的统治要素得以改善而在这个国家发展起来。这样一种支配关系决定了相互冲突中的存在条件怎样在一个国家的社会形成过程中共存。这种共存意味着某些生活型式的离场和新的生活形式的登场。[②]最后，“生活模式”理论依据生产方式的相互依存，从职业的发生角度，对于个体户、工资劳动者、专业人员、投资者、家庭主妇等生活型式予以概念化，基于不同的生产与消费逻辑，社会被分化为资本食利者、知识专业技术生产者、雇佣劳动者和小农生产者，由此形成了不同的“生活模式”。

在传统社区研究中，多以乡村社会为背景，而乡村社会的职业分化相对较为简单，而在社会发展的另一端，职业分化更为丰富典型的国际大都市上海，高度的职业分化及其社会变革将怎样影响社区结构？同时，不同于北欧或者西方社会的是，中国社会的城市社区正日渐形成自

---

① Thomas Højrup, *State*, *Culture and Life-modes. The foundations of Life-mode analysis*, Burlington: Ashgate, 2003.

② Thomas Højrup, *Life-Mode Analysis* (in Chinese), accessed at: https://lifemodes.ku.dk/archive/Lifemode_analysis_chinese.pdf；亦见：Jeppe Høst, Market-Based Fisheries Management: Private Fish and Captains of Finance, Dordrecht: Springer, 2015。

己的独立特征与形态，成为老年人这一特定群体的生活聚居地，与此相对的，在北欧或西方社会，除非迫不得已住进养老院，(即便住进养老院的)老年人的生活空间要松散得多，他们大多分散在俱乐部、教会以及社会生活的各个日常角落，比如各音乐会或其他各种聚会中。因此，在上海，社区正成为一种新的资源配置模式，更多的资源向社区沉淀，社区成为认识现代社会的一个切面。

20 世纪 90 年代，费孝通敏锐地指出了快速发展和变迁的上海对于社区研究的意义。这里，我们可以借用“生活模式”研究的“职业发生”视角，以及其关于关系群体的辩证法，将社区作为相对于职业社会的切面(cutting)，从基于家庭的生产与消费关系、代际关系展开，分析社区草根群体的性质和动力。

从这个角度来看，在“自治家园”项目的 21 个社区中，大多数社区都有较多的文艺体育类群体，不同社区的志愿者队伍数量以及志愿者数量有差异，但这些差异与社区的经济文化水平并非简单线性关系。比如碧波路居委会，社区居民规划 934 户，实际居住 750 户，常住人口约 300 多户。居民中不少家庭有 2 名保姆，有的甚至有 3 名。在常住人口中，约有三分之一的是老人(资料显示 60 岁以上老人为 10%)。在这个人口构成非常特殊的社区里，经过居委会干部的努力，最后培养了志愿者 93 名，服务于 8 支志愿者服务队(安全巡访志愿者服务队、物业巡查志愿者服务队、健康列车志愿服务队、语言交流志愿者服务队、法律宣传志愿者服务队、爱心助老志愿服务队、文体健康志愿服务队、雏鹰假日志愿服务队)。社区发展最快、最常规化的组织是书画班、太极拳队、太极扇队、太极刀队、健身球队、合唱队、骑游队以及交谊舞等团队。文体团队的创始人为外地随子女来沪的退休人员。换言之，无论社区类型，活跃在社区的草根群体基本是以老年人为主。

这是一些既被推动又被挤压的草根群体。越来越多的主要靠养老金生活的老年人开始重视以休闲体育运动增进身体健康，但由于经济原因，活动场所主要集中在公园、街头巷尾等免费场所，对运动设施的要求相对较低。这些老年人默默地接受着国家与社会给予他们的狭小空间，有时也会试图突破这一小小空间。于是，只要有机会，邻里中的茶室、理发室、小区花园、街边空地等都成为这些老年人实现人际互动的"公共空间"。尽管如此，老人们还是会发现，散步的地方越来越窄，锻炼的地方越来越挤，要走的路越来越长。"对面有一个健身中心，可以去跳舞、唱歌，但是要过马路，太远了。"在虹口某大型超市旁边，原本并不怎么大的空地又进行了新的地产开发。这一空地曾经夜晚常能聚集两三百人跳舞锻炼，现在，空地再次被压缩，仅能容纳不到 100 人的空间挤满了跳舞健身的老人们。在这狭小的空间里，没有不满，只有舞起来的快乐。谁挤占了空间，谁规划空间，对于这些跳舞者而言，那么遥远，那么陌生，既然制度不方便，绕着走就是了。

这些构成了一类以社区退休人员为主的"生活模式"。它们中的大多数人曾经是生产者，必须按照 8 小时工作制以及劳动所得安排自己的消费生活。他们受过职业的训练，但现在，他们要重新安排他们的生活与消费模式。这些回到社区、以社区为基本生活单元的退休人士，成为一个有着独特生活逻辑的群体，他们大多数有着能够维持基本生活的退休工资，他们把一半左右的时间贡献给家庭，再用另一半的时间重新找回属于自己的休闲的生活方式。因此，相对而言，他们更依赖社区，他们正在社区重建属于自己个体性的新生活。这样的一群人，他们日益明显地区别于职业群体，他们与职业群体共同生活于社区，但有着不一样的生活逻辑,由此会形成不同的社区资源配置模式。

与20世纪90年代相比,当前社区的草根群体的性质正悄然发生着变化,组织形式与类型都更加丰富。第一,伴随着休闲健身意识的不断增强,文体类草根群体扩展迅速,成为以社区为主要"生活圈"的特定人群普遍认可(或接受)的生活模式。第二,草根群体类型多样化与专业化。它表现为两个方面:一方面是政府主导或扶持的专业型社会工作组织正不断下渗到社区,当然,也有一些社区专业性资源被挖掘出来,成为专业性社区服务的一部分。另一方面,市场进入社区的力度也在加大,一些市场主导的教育培训或其他社会服务在政府的大力支持下进入社区,这一部分大多集中于条件较高的商品房小区。所以,相应地,与20世纪90年代相比,社区服务也发生着惊人的变化,在修车配钥匙同样需要的同时,社区对于专业性知识诉求大大提升。第三,社区的空间竞夺开始显现。几乎与休闲健康或者后消费时代来临相一致,如果把健身也看成是一种消费行为,社区很多公共事务处理的多是基于消费的公共空间竞夺,全球化、个体化、网络化、消费主义等因素也加入这一竞夺中,他们为社区带来了新的元素,以及新的风险、流动性与不确定性。当然,基于公共空间的需要,不断加入进来的新生力量,也可能成为社区草根群体新的生力军。最后,在行政化与去行政化之间,草根群体的发展在行政化的同时,也呈现出点点生机。

第四章
差序与聚合的辩证法：社区草根群体的议程设定与整合

> 国家与社会的关系是不确定的，也存在分野，我们需要研究的是它们的政治过程，这种过程不能被看成是两种实体的区分，而是一种制度机制的网络的类型，正是这种网络和过程维持了某种社会政治秩序。①
>
> ——蒂莫西·米切尔(Timothy Mitchell)

草根群体的成长及其活动，使得国家与基层社会之间的边界进一步模糊了。从上海 21 个居委会自治家园的个案来看，群团组织网络在各社区已较为普遍，社区文艺体育等活动受到大多数居民的认同；社区群众活动团队发展迅猛，这些群众团队原来呈点状活跃在中心城区，如今已弥散在城市的各个角落；绝大多数的草根群体还停留于社区，且老年人为主要参与者，较少的社区精英会带着他们的草根群体走出社区，

① Timothy Mitchell, "The Limits of the State: Beyond Statist Approaches and Their Critics," *American Political Science Review* 85(1), March 1991, p.78.

走向城市更广阔的天地，而那些走出的草根群体大多数有较好的市场推动。在导论中，我们提到了社区草根群体的三个个案："市民读书会""护园队"和"B志愿者工作室"，这三个个案正好说明了草根群体发展的三种可能性：自组织、组织的公共性功能拓展、组织的跨地域拓展。这其中，前两种可以看作是合乎规范的、为体制所肯定的、"正面的"，并希望大力推广的组织活动，第三种则由于面临风险而受到了"提醒"。事实上，草根群体的发展还面临另外两种情况：他们或者因为"扰民"议题引来诸多争议，被认为是城市市民公共精神和规则意识的缺失；抑或如跳着广场舞去"信访"，广场舞成为动员与抗争性集体行动的公共"机会"空间。[①]一支被认为是国家或社会治理力量的社会组织，如社区的草根组织，何以在另一个或更大的场域被视为是需要被"治理"的对象？何以可能走向"公共性"的反面——"自利"或"分裂"？

对草根群体的行动过程的深入观察有助于呈现这种模糊性。在这一章，我们将侧重讨论草根群体的规范演进、议程设置和利益表达的过程。笔者试图探讨的是这些群体的行动如何受到草根群体在社区中的组织生态位(niche)以及自身行动规范的影响。笔者将努力指出草根群体在基层组织网络组中的位置以及塑造草根群体的行动模式。更有能力去进行议程设置和利益表达，并发展出公共性的是那些嵌入在居委会自治家园组织网络，并且将研究重点放在那些秉持普适性规范、积极与其他群体相互竞争的草根群体。

---

① 在社区，还有一些离"国家"较远或"外在于国家"的草根群体，他们常常较为隐蔽，或者在"国家"的视野外。调查中，街道或居委会干部有时也会提及他们，比如，活跃在菜场或有一些力量的"老乡组织"；或者不知道在某处的专业"医闹"组织，等等。

第一节 “虚席以待”的基层制度

自治家园项目看上去是通过“自治主题”的塑造，发现、培育和激活草根社群，其本质上是一个组织生态的重建工程，而这个重建工程最终形成了以居委会这一法定的以群众自治组织为中心的“社会聚集”。不过，草根群体在实践中和居委会发展出了不同的嵌入关系，这对草根群体的行动产生了与居委会不同的方向。

基层治理需要面对的一个现实是，草根群体发展之前，居委会——邻里社会的法定的自治组织已经发展出了系统的工作框架。这突出地体现在居委会所培育的楼组长和积极分子网络中。这种网络体现了基层治理中的群众路线的原则，它在新时期不断得到增强。比如，上海J街道的“五大员”制度就是如此：

> 2012年，静安区J街道在《关于进一步加强社区自治工作的补充办法》比较典型地描述了这一时期居委会的内部治理结构。①《办法》指出：“为进一步完善居委会的组织架构，促进居委会职能的发挥，根据工作需要，居委会应当下设五个专业工作委员会，分别是：综治与调解工作委员会、社会保障工作委员会、人口计生与公共卫生工作委员会、环境与物业工作委员会、精神文明建设工作委员会。各工作委员会在居委会统一领导下开展工作，各居民区可根据实际需要调整或增设专业工作委员会。各工作委员会应协

① 上海市静安区J街道：《居民区建设及社区自治工作文件汇编》，2012年10月。

助居委会落实有关工作，一般每月召开一次工作委员会会议……为了加强居民委员会的建设，突显居委会作为基层群众自治组织自我管理、自我教育、自我服务的作用，切实加强居委会的管理能力，各居民区在划分居民小组（或简称楼组）的基础上，相应设置楼组'五大员'（宣传员、调解员、安全员、社保员、卫生员），形成'一长五大员'的组织架构，积极配合居委会开展各项群众自治工作。小组长一般每月召开一次会议。'五大员'由居民代表、居民中的积极分子组成，在职职工和在职党员应占一定的比例。""五大员"的产生形式由各居民小组组长决定，不设任期，可以根据实际情况，适时进行人员的调整、补充。①

另一方面，居委会对社区公共事务的治理已经形成一个系统的工作框架。在一项对居委会工作的梳理中，我们发现，居委会主导的社区事务主要包括"行政协理""居民自治""自身建设"和"社会协作"这样四类。其中，"行政协理"是指根据《城市居委会组织法》规定，居委会协助政府交办的各类事务。这类事务在实践中又包括各种条线下达的政策性事务，由于它与法律法规的实施有关（比如计划生育），又称之为"刚性事务"；此外，"柔性事务"则是那些对口性不强，处理过程中职能交叉和自由裁量权较大的领域（比如治保），而特定事务是非常规的、临时交办的事务，具有政治性较强的特征。"居民自治"类事务包括与居民切身物质利益有关的各种争议、纠纷，我们且称之为"居民诉求"。其中的政策争议在实际中包括与超社区各种群体性事件，这类事件往往与政

① 上海市静安区J街道：《居民区建设及社区自治工作文件汇编》，2012年10月。

府以及其他组织的运作有关。此外，还有一类事关居民的兴趣培育和认同感，我们称之为“认同构建”，草根群体的发展、培育和管理就属于这一类。尽管草根群体只是居委会工作的一部分①，但由于居委会工作是“上有千根线，下面一根针”，所以，这些草根群体常常成为居委会各项工作的抓手，草根群体的主要成员也因此常常是社区各项工作的志愿者、参与者，成为社区工作的“老面孔”。

这些积极分子网络通过协商和说服行为，扮演着共识制造者的角色，在基层政策的实施和各种问题的解决中发挥着不可或缺的作用。驱动积极分子行为的，既有物质性的激励，也有社会性的激励。一位学者在对北京居委会的社区巡逻志愿者的研究中看到，吸引居民成为积极分子的，具体来说是一种获得秩序和治理归属感，这种责任感和附属于国家的体验，是积极分子的身份所独有的。对于积极分子而言，在社会维度上获得交往关系比获得物质报酬更加重要。②

因此，在很大程度上，草根群体的发展面临着一个“虚席以待”的基层制度环境，根据对草根群体和居委会关系的观察，我们可以区分出连接方式，一种是等级型的聚合，一种是网络型的聚合。在网络型的聚合中，草根群体并未与居委会发生紧密的信息沟通和资源依赖，政治过程体现为国家力量的“社会化”，居委会与草根群体之间基于议题开展互

① 调查显示：1.不同类型的社区居委会所处理的公共事务的总量与结构存在着较大的差异——但“行政协理”事务均超过工作总量的 50%；2. 居委会的时间和资源投入也随着事务总量—结构的特征而呈现相应的差异；3.居委会所承接的“行政协理”事务的结构也呈现明显的差异：在不同类型的社区，行政条线下达的政策性“刚性事务”占据相对较多的工作量。详见刘春荣：《浦东新区基层群众自治的组织结构与运作机制演进》，复旦大学基层社会与政权建设研究中心研究报告，2012 年。

② Benjamin L. Read, *Roots of the State*: *Neighborhood Organization and Social Networks in Beijing*, Stanford: Stanford University Press. 2012, pp.168—207.

动，草根群体之间也发生了空间竞逐的现象；而在等级型的聚合中，草根社群搭载在居委会的制度框架之中，与居委会发生紧密的、系统性的信息沟通和资源交换，体现出一个“社会力量的行政化”的过程。两种聚合分别产生了不同的社区公共性：网络型的聚合产生了自发性的公共性，而等级型的聚合则催生了建构性的公共性。

值得注意的是，在自治家园的第一期发展中，大多数草根群体是以网络型聚合的方式出现的，而第二期的项目则大多进入了等级型聚合的轨道。一个典型的例子就是闵行区古美路街道古龙三村。这是一个开发于21世纪初的新商品房小区。小区居民呈现“三多三高”：白领人士多、知识分子多、新上海人多；总体素质高、自主意识高、参与意识高。“爱心互助会”是居民自发组织形成的自治组织，其中汇聚了小区中的退休医生、律师、教师、工程师等专业人士，为居民提供各类人性化的服务。随着居民自主意识的不断增强，居民自治触及面不断拓宽，居民自治影响力的不断深化，在街道党工委关心下，在居民区党支部的引领和居委会的指导下，原先单一互助性质的“爱心互助会”逐步发展成为“爱心互助”居民自治理事会，原本松散的“爱心互助会”变得更加规范，并有了自己的《爱心互助居民自治理事会章程》。第一期的自治家园中，居委会通过一种较为松散的方式来联系和接触草根社区，其结构如图4.1所示。

经过第二期自治家园项目的改造，这种嵌入关系发生了显著的变化。“爱心互助”居民自治理事会下设八大专业委员会，分别是和睦团结民政委员会、协同内外宣传委员会、古道热肠调解委员会、美化环境卫生委员会、品味生活妇代委员会、志同道合议事委员会、生机盎然睿智委员会和活力社区联动委员会，以“五加三”的模式涵盖了“快乐小陶子”、“小梨子”、清心之源敬老爱老团队、党群议事会、全民大联动等各方面的工作，管理小区25支志愿者团队。自治理事会通过联席会议的

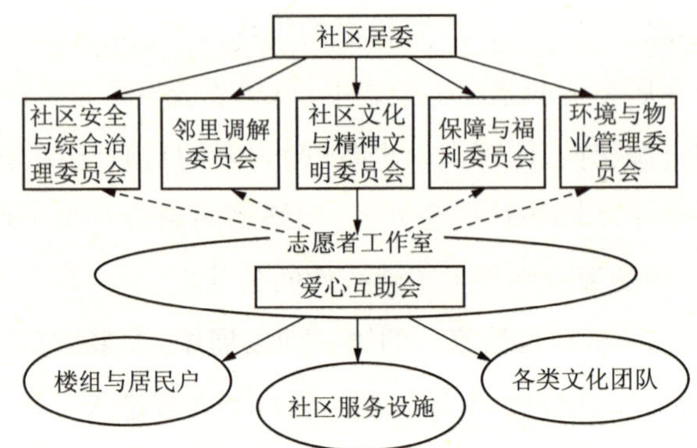

图 4.1 古龙三村的自治家园第一期的组织结构

例会制度，搭建起居民讨论、议事和协商的平台，对于关乎居民切身利益的公共事务，民主协商后，形成汇集民智、服务群众的项目议题。①

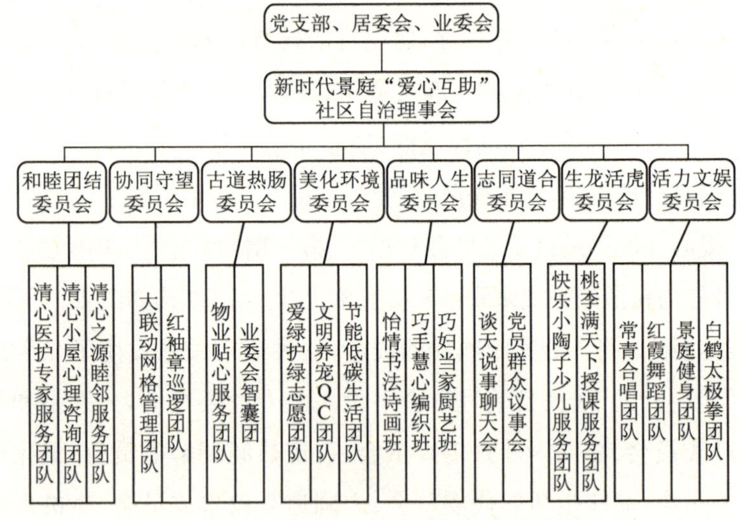

图 4.2 古龙三村自治家园项目第二期的组织结构

① 上海民政：《闵行区古美路街道古龙三村居委会居民自治案》，http://www.shmzj.gov.cn/gb/shmzj/node4/node179/n2600/n2602/u1ai43593.html。

这一系统化的自治结构,为草根群体的社会参与提供了平台。群众活动团队和楼组长以及各种社区外的市场、社会力量都被整合进入社区,这些行动者的定位及其关系如图 4.3 所示。

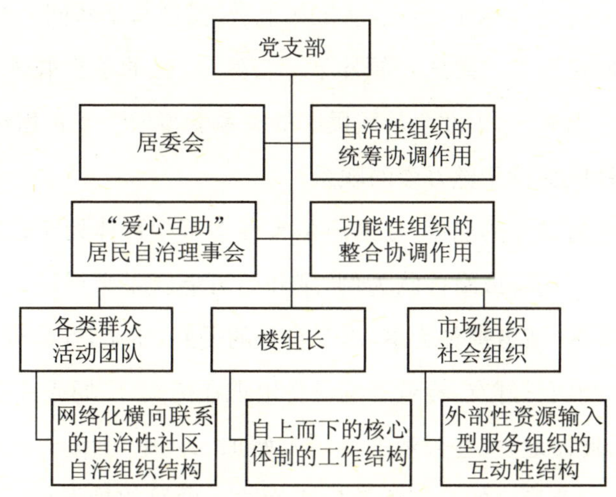

图 4.3　古龙三村居委会与自治制度的主体架构①

“爱心互助会”的发展是街道与居委会策略性介入的结果。街道与居委会的相关主管部门会将这些草根群体作为社区文明创建、社区文化发展等的重要载体。草根群体如果继续扩大,达到一定规模和影响力,就会在政府支持下,挂靠某行政部门,并在社团管理局登记注册,获得合法身份,比如“木兰拳”协会;有的则进一步走上市场化运作的道路,比如“旗袍沙龙”。在一般情况下,社区(街道)文化服务中心、社会组织服务中心、居委会会通过提供场地、帮忙聘请老师等为更松散的草根群体提供帮助,在为草根群体提供服务与规范的同时,社区党政系统

① 图 4.2 图 4.3 资料来源:古龙三村(新时代景庭)居委会《爱心互助居民自治理事会介绍册》(2012 年)。

也会为社区草根群体主动提供利益表达的渠道，对来自草根的各种意见进行综合评估、对出现的矛盾给予协调。

在这里，我们看到了组织结构的统一性与差异性：社区内的草根群体呈现了一定的差异性，但是，从工作上看，又遵从某些同一性的规范，并被纳入居民区党政的统一领导下。当然，社区的草根群体的行动范围可能会走出社区，因此会与居民区的关系变得松散或者相对疏远，但仍然会与社区保持千丝万缕的联系。

尽管有行政化的趋势，社区还是有很多草根群体处于松散和自发状态。以某广场舞或拳操队为例，刚开始可能就是某居民由市中心搬迁至新的社区，或者退休无事，出于自身的爱好，于是，在晨曦初现或夜幕降临时，约两三好友，拎着音响设备出现在街头、广场或者公园，跳起了广场舞，慢慢地，一些旁观的街坊开始加入其中，渐渐有了相对稳定的参与者，这些稳定的参与者随后成为这一项目的骨干与招募人。这样的初级群体的结构相对简单，没有正式组织，而且成员的流动性也很强。另有一些组织，它们的发展变得更加固定，而且有了更加明确的组织分工，经常性的财务往来，甚至会像古龙三村"爱心互助会"那样出现固定的章程，最后在政府部门获得注册认可。

笔者曾观察过丹麦的一个体育俱乐部，这个俱乐部已有近七十年的历史。他们有自己的固定资产、组织章程与领导结构，与社区政府有固定的联系，并从政府获得常规性资源补助。从组织结构上看，这个俱乐部有一个委员会，有一个主教练负责的教练组。教练组是委员会聘任的，主要负责训练事宜，但不管理俱乐部的日常运作。俱乐部的日常运作由委员会负责，委员会下设正副主席、财务委员、法律委员、秘书，所有俱乐部 13 岁以上成员以及缴纳会费的会员都可以参与竞聘委员，但他们都是不拿薪水的兼职。俱乐部的所有成员包括家长都可以参与志愿活动，也可以不参与，大家可以在每次活动时报名，活动时，大家各司其职，没有我们常见的组织领导层级。比如，每个季度俱乐部有劳动日，会有委员参与，但是，一整天的劳动中实际上很难说谁是这场活动的领导，没有人刻意地分配任务，虽然大家可能会有建议；有时候俱乐部出外搞活动，借东西搬东西等等的都是志愿者在忙，同样也找不到领导者/负责人（这时候教练可不管，委员会的领导也不在场）。在俱乐部长大的孩子慢慢就学会了很多如何组织活动、如何参加活动的经验。因此，在国外，做志愿者其实都是建立在自身丰富经验的基础上，很专业但却不拿薪水，更重要的是志愿者参与的主动性都很强，“主人翁意识”很强。

在国内，一些类似的草根群体正在出现，但总的来看，组织者或者领导者对于组织的整个运作过程作用非常重要。在国内，即便是松散的初级组织，明确的号召人/召集人也是必须的。如果组织进一步规范化了，首要的、也是最明显的标志就是领导结构的完善。如果没有明确的领导班子，任何的组织都难以维系。对于绝大多数参与者而言，没有领导，或者群龙无首是不可想像的事情，志愿者更多处于被动参与状态，主要是服从或被动执行。有研究曾将草根群体的组织结构进行了十分细致的分类：简单式、代理式、平行式、多头式等。[①]仔细观察会发现，这些组织的最大差异在于层级——国内的即便是草根群体都离不开克里斯马型的领导者的组织与指挥；都是科层式的组织结构，只是科层的松散与紧密程度不一，以及层级结构的多少与形式各有差异。因此，可以说，社区草根群体与街居体制，都经由一个个的科层式关系联系起来。

---

① 刘伟：《社会共生视野下的草根组织合法性问题研究》，复旦大学博士论文，2013年，第62—64页。

第二节　草根群体的规范演进

我们已经看到,国家力量在草根群体的社会空间中有一种再生产的态势——居委会既有的工作机制在草根群体中得到了延伸,但是这种延伸的方式并不是单一的。这是理解社区的草根群体活动动力的一个基本方面。在另一方面,草根群体自身也有其发展的规范动力。有的群体因为冲突或矛盾纠纷而出现,有的冲突却起于群体内部或群体之间。这些冲突大多数与利益有关,也会有一部分与利益(表面的)无关,是出于对兴趣、信仰、属性或认知的差异。

按照哈丁的理解,后一种冲突与群体的普适性规范有关。对于普适性规范,我们很自然会想到"民主""自由",并把普适性规范理解为普遍适用性,所谓放之四海而皆准。但事实上,普适性规范是具体的,它只是在适用性上具有相对广泛性,以及层次递进性。所以,有一种群体,是以追求兴趣、信仰等为基础,适用于组织的是普适性规范,但实际上也会表现为利益冲突,因为当基于兴趣等原因组群时,群体的扩张也会带来群体内部与外部的利益之争。比如基于民族、信仰、或性别认同而形成的组织,最后对认同的谋求实际上存在着对利益的获取,也就是规范的层次递进性与排他性。因此,普适性规范和排他性的规范一样,这些普适性规范得以维系的基础是群体,这些群体可能具有很强的强制力,从而使得顺从这些规范成为一种理性的选择。①由此可见,奉行普适性规范的群体也会与其他群体形成冲突。普适性

① [美]拉塞尔·哈丁:《群体冲突的逻辑》,刘春荣、汤艳文译,上海人民出版社2014年版,第134页。

规范与排他性规范实际上是一种边界差异。以古美社区“旗袍沙龙”的发展为例：

> 2007年4月，已经60岁的上海市民W在古美社区创办了“旗袍沙龙”。这原本是一群喜爱旗袍的中老年女性的小团体。旗袍沙龙成立之初，共有成员45名，大都为社区退休女性，平均年龄55岁。沙龙每月举办一次礼仪学习和活动，并组织成员穿着旗袍走出古美、走出闵行、走过南京路、外滩。她们的大胆举动引起了社会关注，电视台播出了她们的专题节目，她们的活动更加出名了，要求报名参加的女性从全市各个区域蜂拥而至，团队一下增加至250人。此后，她们组织了100名成员走西湖、澳门、台湾等地的活动。旗袍沙龙发展很快，不仅规模扩大，而且还更名“上海旗袍沙龙”，并把办公地址由闵行搬到了徐汇。在徐汇区商业中心地段的旗袍文化展示厅全年免费开放。同时，沙龙还开设“旗袍名媛班”，接受和满足社会各界高端女性的旗袍文化和旗袍礼仪培训。

在“旗袍沙龙”中，创始人W认为，旗袍是载体，她们要通过旗袍展示，演绎旗袍的高贵、典雅、含蓄以及深层次的文化底蕴和礼仪元素，并在穿着旗袍的过程中学习女性礼仪，修炼女性气质，提高生活品位。她们还希望通过展示，唤起民众对优秀民族传统文化的重视。①这里我们看到了相同价值观、认知在组群中的作用，或者说，相同的认知构成了群体的边界。

“自我”与“民族意识”，恰好是20世纪80年代以来两个日益被社

① 2009上海旗袍沙龙网的博客，“上海旗袍沙龙创始人W旗袍二年致辞”，http://blog.sina.com.cn/s/blog_5ff6a1fc0100f6vj.html。

会大众所接受的“共识”。W 年轻时就很爱美，但那时，“爱美”是资产阶级的生活方式，是要受到压制的，和很多年轻爱美男女一样，她那时遭遇过因穿的裙子不符合要求被剪破的经历。20 世纪 80 年代掀起的思想解放使得“自我”意识不断以各种方式被释放出来，比如着装，开始更追求个性化，追求对身体的展示。旗袍是女性展现“美好自我”的一种方式，同时也是一种集体记忆与文化符号，它在 20 世纪 90 年代被作为民族的象征符号，成为婚礼、聚会等重大庆典的礼服，被视为“整个中华民族的服饰瑰宝”。[①]在这种潜在的“自我”与“集体”意识的会合下，“旗袍沙龙”的发展获得了足够的“正当性”，一些有着相同爱好、相同观念的人聚集在了一起。为了增强这种聚合，从简单的“旗袍礼仪”和聚会，到“旗袍知识”“旗袍历史”“旗袍名媛”等各种培训，到“旗袍文化”“旗袍演出”等各种活动，到“爱心壹元”各种基金活动。这其中，“自我个性”“民族文化”“爱心奉献”等连接个体与社会的道德概念不断被生产出来，并在组织内获得强化，为组织的拓展赢得了更多的道义支持与成员基础。

无独有偶，某种一般性的规范也支撑了仁恒社区的“国际妈妈俱乐部”，成为一个基本的群体动力：

> 国际妈妈俱乐部是在新加坡华人 ZL 的发起下成立的，成员主要是来自美国、加拿大、英国、法国、瑞士、新加坡等国的“妈妈”们，她们常常聚集在一起，交流育儿经验、举办排队，也深入敬老院、孤儿院，了解社会、奉献爱心。俱乐部成员中，有位叫 M 的瑞士籍妈妈，因为先生工作的原因来到上海已经 10 年的时间了，她

① 2001 年，在上海召开的 APEC 会议上，各成员领导人身着“唐装”一时间引起无数国人的自豪，一种“唐装热”在民间兴起。

能流利使用5种语言和来自四面八方的外籍居民沟通,她的普通话水平也相当不错。她是一位善良而热心的人,在来上海之前,她已在她的家乡布宜诺斯艾利斯养老院当了16年的义工。2008年,得知汶川发生大地震,她立刻宣传发动"妈妈俱乐部"的中外"妈妈"们购置了近千个书包以及大量的文具和童鞋,送给灾区儿童。

"宝贝爱蓝天"是年轻妈妈发起的环保类组织,组织负责人常常挂在嘴边的词是"组织声誉",因为不能搞砸了,所以,必须非常注意细节,注意品质。为了获得支持,要经常拉赞助,但必须保持某种立场,赞助不能影响到公益的性质,不能因为赞助影响"声誉"。因此,组织者从开始就非常注意组织的开放与透明,注意组织的公正性。组织发展过程中,他们曾将组织定位于"衣物回收",而社会中"衣物回收"实际上有一些灰色地带,为此,他们专门在有关宣传资料上介绍了"衣物回收"的各种可能去处,包括最后有部分回收的衣物会卖到非洲。Z说,我们这样做是努力降低各种不确定性和风险,"有些事情现在是灰色地带,但未来是可能会被揭底的"。

我们会看到,这样三个群体——"旗袍沙龙""国际妈妈俱乐部"以及"宝贝爱蓝天",其规模、规范与旨趣各异,但群体成员都是基于某种理由/认知而聚集起来的。比如旗袍沙龙,基于对旗袍的相同审美而聚集起来;而妈妈俱乐部,这些异乡移民则需要一份"情感交流";"宝贝爱蓝天"表达的是新兴中产阶层的新消费观和环境观。

按照哈丁的研究,这一基于"普适规范"的社区草根群体的集体行动实际上是一种协作性的行动。表现之一,人们选择参与这一活动,彼此间不存在利益冲突,相反,人们希望有更多的参与者,参与者越多,集体表现出的力量或能量就越大，会如滚雪球一般；[①]表现之二，人们选择是因为共识，参与者越多，人们越相信组织的正当性。[②]

不过，群体实际上是生活于社区/社会之中的，这一基于"普适性规范"的群体实际上会形成对外的"排他性规范"，小到草根群体的某种"热爱"和"认同"，大的如"民族主义""女权主义"，等等。这种一个群体对群体之外的排斥或自辨，实际上构成了"普适性规范"的边界。按照哈丁的理解，"普适性规范"对草根群体所形成的一种强制力，是协作性权力。协作构成的权力对于内部而言可能是和谐的、合作的，但对其外部而言，则可能会导致冲突，可能是认同的冲突，也可能是利益的冲突，还可能是基于时间的规范变迁的冲突。

就草根群体而言，"普适性规范"会面临时间的检验，尤其这四十年的社会巨变，实际上就是各种规范的反复波动或者颠覆。我们生活中一些曾广泛接受的规范会在短时间发生颠覆性变化。比如，旗袍曾经被认为很美，也曾经被认为是被排斥的"资产阶级生活方式"，现在，可能也会有一群人并不接受这种审美，当旗袍沙龙的 100 人团大张旗鼓地走在杭州或台湾的大街上时，这一行为获许会引起很多的人注意，也或许会招来异文化的批评，[③]但也可能因为引起关注，而获得更多的资源。

---

① 比如，"旗袍沙龙"会以更多的内容来强化认同，稳定组织成员：除了日益丰富的活动，他们还在组织上，根据区域划分 7 个片区，下设合唱队、茶艺队、服饰队、走秀队等，并发展出自己的"上海旗袍沙龙"网站。相对松散的爱心妈妈俱乐部也会举办很多联谊活动，在汶川大地震时发起爱心捐助活动等。当代组织理论与社会运动理论发展出"资源动员"理论可以很好地来解释这一现象。

② 按照的解释，"讲真话""交通灯"是比较典型的协作性互动。当越来越多的人相信讲真话才是正当性性行为时，它会对不讲真话的人形成一种压力。同理，遵守红绿灯的效益最大化也在于更多人的遵从。

③ 由此在某国的一次中国文化日活动，举办方原本想在街头弄点"动静"，比如广场舞表演，但这一想法后来被否定了，因为考虑到要尊重当地文化，担心广场舞会引起当地居民的投诉。

无论如何,适用于特定群体的“普适规范”会因为时间因素发生变化。而时间也会成为另一种“普适规范”的一部分,比如,有的群体会在组织规范构建时将时间因素纳入其中,对于“宝贝爱蓝天”,有些行为或许现在不会引起注意,不被认为是问题。但是,不能保证在未来某个不确定的时间,已经过去的被遮蔽的行为可能会暴露出来、或被当时认为不是问题的做法可能会被认为是有问题的。因此,组织必须“坦诚”,必须懂得“规避道德风险”。时间要素是信任形成的重要因素,而信任是组织获得生命力的关键。

如桑内特所言,一个社会只要强调了个体式自恋,它就会被一种和游戏的表达原则完全相反的表达原则所控制,导致的是亲密性的专制统治。[①]草根群体的“普适性规范”以及“协作性权力”会被放大,从而导致对“利益的交换”,产生垄断性权力或者冲突。草根群体的规范与权力是否会被放大,是否会产生垄断性权力以及冲突,它取决于草根群体的边界。社会群体的自我认同会影响群体的边界,外部力量也会影响这一边界的扩张或缩小。如前述,在社区,草根群体的发展离不开居委会等社区力量的推动。

在20世纪80年代以前,大多数的上海人虽然也是都市人,但“休闲”的观念会被歧视,因此去舞厅跳舞带着某种污名化特点。20世纪90年代以后,“个性”与“自我”意识全面复苏,而政府的各项举措进一步推动了这一复苏。

在社区,政府不仅大力为草根文体活动正名,还帮忙搭建各式舞台,推动社区草根文体活动的发展。比如上钢三村有个“百姓戏台”,创

---

① [美]理查德·桑内特:《公共人的衰落》,李继宏译,上海译文出版社2008年版。

办于2006年元月，后来发展到有34名成员、专业琴师8名，演出内容涵盖了沪、越、京、昆等剧种。团队每周一、三、四排演，定期面向社区居民举办“健康长寿、快乐家园”系列会演，深受大家欢迎。在街道与区相关部门支持下，团队曾参与了上海电视台“百姓戏台”活动、浦东新区市民中心百姓戏曲展演，三林世博家园文艺演出，被上海文广传媒授予“非常有戏”品牌。

在对一些社区的访谈中，常常遇到采访对象（尤其是老人）表达的态度是，退休了，或生病了，或遇到挫折困难了，“很闷了”，活动积极分子找上门来，动员他们参加到拳操活动中，或书画活动中，或读书手工活动中，然后，因为有了新的伙伴，因为活动如何有助于健康，于是人焕然一新。这其中的核心观念是老人作为新的个体（退休后的新生活），自身应该是“自由的”“快乐的”和“健康的”，应该拥有重新选择生活方式的权利。

这一基于新的“身体观”形成的草根群体背后，是一个“社会意识”不断获得的过程。换言之，坐落于社区、分割于社区的这一以“健身”为中心的草根群体是有“集体意识”的。只是，这一“集体意识”或者说“群体规范”依然是传统中国式的、个体主义的，还没有突破传统家庭原则。[①]这说明，草根群体的“普适性规范”或获得的“协作性权力”可能还是建基于传统个体与社会的关系结构之上，如费孝通所说的，是建基于

① 正如闫云翔指出的：“对中国人来说，人生的意义往往是有幸福美满的家庭，有引以为傲的子女，然后就为了家庭甚至子女而活。这必然涉及各种各样的人际关系，个体必须把这些人际关系都处理得很好。慢慢地，这些人际关系成为目的，而个体成了实现这些目的的手段。中国人的自我就是在这个过程中不断地生长、完善的；而越完善，就意味着嵌入这个网络的程度越深，而不是形成独立的自我意识。所以，我觉得我们不太可能体验那种后现代的孤独，因为想孤独也孤独不起来，周围的人不会让你孤独，这是中国没有西方式的个体主义的特点。”参见郑诗亮，《阎云祥谈当代中国的道德转型》，《上海书评》，2015年7月19日。

“私的道德”之上。而这在社区可能表现得更为突出。在上海社区,这一“私的道德”观则已发生过一次转换。

现代社会一个重要特征是工作与生活的分离,人的日常生活被分割为职业与闲暇两部分,如何整体性地分割这两部分可能是分析社会阶层分化的重要标杆,在这一整体性分割中,首先出现的是职业或者说不同生产领域的人基于不同生产逻辑而形成的某种共同性。农民、个体经营者、工资劳动者、专业人士、投资者,他们有各自相对独立的生活型式:基于不同市场,他们有自己独特的获得社会剩余的生产逻辑,以此为基础,他们各自有不同的对于工作之外的闲暇时间的安排,以及基于所得不同而形成的不同的消费逻辑。这是社会第一个层面的分割,在这一层面的社会互动中会形成基于特定认知模式、社会规范与价值观念的特定生活型式。

第二个分割与场所有关。工作与生活相分割也是工作场所与生活场所的分割,而社区就是生活场所的一部分,人们将多少工作之余的注意力分配给社区,这取决于人们的整体生活型式,并体现着社会生活型式。比如,工作的年轻人与退休的老年人,投资者与工资获得者,以及专业人士,社区对于他们的意义是不同的。

在市场因素重新进入城市以前,统一的工厂准则规制着大多数人的日常生活,尽管如此,魏昂德、杨美惠的研究却表明,20 世纪 80 年代以前的中国工人体制中,日常生活,尤其私人的生活原则不断渗透到本该“无私”的工作体制中,最终形成了纪律严明同时“关系”盛行的“新传统主义”。反过来,这时的社区作为城市人的生活场所,处处体现着工厂式纪律,但也有自身独特的生活逻辑:上海人多住在市区狭小拥挤的“石库门”房子,三代人住一个 12 平方米的房间,并不罕见。由于住房普遍紧张,邻里之间有时需要划清界限,但有时却是互相帮助,互通有无。邻居之间或许有当医生的、当老师的、卖肉的、卖衣服的……总之,或许有需要互相帮助的地方,所以大家会尽量在狭小空间保持良好关系。这一"熟人"模式后来随着上海城市的扩张而被复制到更大的范围,影响了后来的社区发展。

20 世纪 90 年代以后,一方面是一元化的工厂体制迅速的分化,新的职业不断出现,金融市场也在飞速发展着,社会分层分化日益明显;另一方面,住房市场不断被激活,它不断改变着社会财富分配的格局,同时,基于"物权"的业主人群出现。人们生活于一个日益丰富的生活层次与规范层次之中,有一个更为丰富的生活空间溢出于单位和社区之外。正如 2000 年著名社会学家费孝通在考察上海社区建设时指出的:"社区所碰到的日常生活往往会超出一般街道组织管辖的范围"。①

这就是整个社会生活型式变迁图景下的社区。20 世纪 90 年代中期以后,上海越来越多的职工离开他们曾经完全依赖的单位,通过社区保洁、保安、绿化、家政服务等新的工作岗位,通过各种福利救济,重新回到社区;另一类人是一直奋斗在工作岗位上的,或者重新回到工作岗位上的,以及上海以外通过求学或者专业技能进入上海的,他们通过购置住房与社区发生了千丝万缕的联系;第三类与社区发生关联的是为上海服务业、建筑业做出巨大贡献,但生活却非常艰苦的外来务工人员。社区对于这些不同群体的意义是不同的,这反映在他们对社区事务的关注和参与上。

---

① 费孝通:《中国现代化城市对社区建设的再思考》,载上海市社会科学界联合会,《上海社区发展报告(1996—2000)》,上海大学出版社,2001 年版,第 2 页。

依赖社区的这群人回到社区,并把过去在职业与生活中形成的很多准则带入到社区中,在社区的自治运动中,他们通过加入越来越多的草根群体中重新获得属于自己的独立自主性。这同时,他们的生活再次从属于社区,并被分割为一个一个的社区。在社区草根组织的案例中既存在着社区与社区,以及社区与社区外的分割,也存在着这些组织对既有分割线的突破。这构成了社区草根群体在形成"普适性规范"时的体制性背景或者力量框架。

在上海社区,我们会发现大多数社区的活动主要参与者是社区的老年人,即便是年轻人聚居的社区,由于中国特有的家庭居住模式,参与者也多是年轻人的家长们。然而,我们应该看到正在发生着的变化,那就是年轻人也在加入,社区外的社会组织也在加入,他们带着新的规范来到社区,并在某种意义上开始影响社区。

尤其近年来,我们可以比过去发现更多类似的案例。在这些的案例中,他们正在把新的、更具连续性的普遍主义道德观带进社区。这里的连续性与普遍主义指的是他们所秉持的规范的适用性,超越熟人或亲近者,超越当下,关照未来。

当然,这一连续或普适也是有限的,是"有规矩的"。但这并不是本处讨论的规范的普适性,这涉及的另一个接下来要讨论的问题——"公共性"问题。

我们已经习以为常的是"不信访",是为政府系统运行所定义的"行政性"的"公共性",这是一套既定了的对于"公共"的认知。基于此,我们常常很期待一个群体不仅歌唱得好、字写得好,同时也能遵守来自行政的、社会的、经济的各项规范。然而,除了基于行政的"公共性",还有一套自下而上的来自草根的对"公共的"认知,如我们此前描述的,这一草根的“普适性规范”与认知，建基于“维系私德”的特殊主义之上，如费孝通在其早年研究中曾指出的，原本“维系私人的道德”也可以形成特定的乡村治理结构，激发社区公共品供给。在对中国乡村社会的观察中，有些学者也发现，“连带群体”有助于乡村公共供给机制，这些“连带群体”，包括宗族组织、社区协会、寺庙和教堂的力量等。“连带群体”之所以能发挥公共性作用，在于这些“连带群体”具有某种“嵌入性”和“包容性”，也就是说，即便在现代乡村，“公共性”亦可蕴涵于“私”之中。① 在城市，“公共性”的呈现既有传统的“私”的内涵，也有社会历史变迁过程中的转换意义，还有大时代引入的“新型规范”。

公共性发展这一现代转型最终体现为个体与社会连接方式，它引发了学者对个体化条件下对个人主义的超越、或者说对普适性道德伦理出现的关注。②尽管，这一关于个体道德现代转型的可能性会遭到了质疑。③无论如何，在社区，草根群体的“普适性”规范虽然会表现为传统与现代的差异，但同时他们也在相互渗透，它为参与者的参与提供了不止一个层面的公共参与空间，至少它更是一个公共参与的机会。

---

① Lily L. Tsai, *Accountability without Democracy*: *Solidarity Groups and Public Goods Provision in Rural China*. Cambridge: Cambridge University Press, 2007.

② 从关注中国农村社会网络、私人生活及其变迁，到转向关注当代中国的道德变迁，阎云翔对当前中国社会的个体化问题展开了大量研究，在《社会转型期助人被讹现象的人类学分析》一文中，阎云翔试图通过讹人现象，进一步揭示转型社会遭遇的两种道德体系冲突，以及对个体行动者的影响。他指出，就像社会生活的其他方面一样，中国的道德图景经历了一个多向度的变迁过程。肖瑛也对社会转型中的个体化及其道德影响进行了多项研究。详见阎云翔：《社会转型期助人被讹现象的人类学分析》，《民族学刊》2010 年第 2 期；肖瑛：《差序格局与中国社会的现代转型》，《探索与争鸣》2014 年第 6 期；《在共同体取向与个人主义之间："公共性"源流考》，《河北学刊》2016 年第 6 期。

③ 张江华：《卡里斯玛公共性与中国社会：有关“差序格局”的思考》，《社会》2010 年第 5 期。

第三节　公共空间的追逐

在上一节，顺着“趣缘类”草根群体的行动逻辑，引发了关于公共性问题的讨论。这一节，我们将进一步把草根群体置于空间领域，考察草根群体的公共性实现路径。既然自治家园项目的自治主题具有可体验性和空间表达，那么牵涉在其中的草根群体的发展不仅具有制度、组织和规范基础，也因此具有空间的纬度。那么，在既定空间，草根群体将如何实现其利益的聚合？

20 世纪 80 年代以前，上海大多数居民都住在弄堂里，小小弄堂虽然拥挤，但总会被居民们造出来一个个公共空间，在这些空间里，邻居之间互助修马桶、排电线、做沙发、印照片、评说家长里短……90 年代中期以后，随着住房市场化改革的加快，业主组织大量出现，随之而来的是基于产权的空间利益诉求，这被学者赞誉为“新公共空间”的出现。①

基于权利诉求的民众空间意识正在日益增强。最显著的表现是基于物业的纠纷乃至集体行动的迅速增加。在这其中，有很大比例的矛盾源于开发商或物业公司擅自更改小区规划，侵占小区公共空间和公共设施（31.4%），如原本规划为小区绿地的区域被开发商或物业公司用来加盖房屋售卖或出租等。②

---

① 张静：《公共空间的社会基础——一个社区纠纷案例的分析》，《社会转型与社区发展——社区建设研讨会论文集》，2001 年。

② 一般认为，物业管理纠纷包括七大类型：(1)物业管理费纠纷；(2)业主财产损失赔偿纠纷；(3)小区公用设施伤人的赔偿纠纷；(4)无因管理纠纷；(5)小区公用部位的侵权纠纷；(6)小区公用部位的出租营利问题；(7)小区内停车收费纠纷。参见盛智明：《组织动员、行动策略与机会结构——业主集体行动结构的影响因素分析》，《社会》，2016 第 3 期。

除此之外，还有诸如“城中村”“邻避运动”等更为广泛的基于空间竞夺的都市运动出现。随着大量都市社会运动研究出现，一些学者认为，这些运动通过发展行动网络，可以使不同背景的参与者学习不同的观点和立场，参与公共事务的讨论和决策，因此，中国社会的管理者和民众需要改变对于草根组织的固有成见，将草根组织看作是建设公共领域(public sphere)的一种形式。①

作为对民众权利诉求的回应，也为了进一步增强民众福祉。近年来，政府加大了场馆化的公共空间建设。在社区，政府也加大了居委会活动室、老年活动室、康乐园、市民生活广场、市民驿站、社区服务中心(社区事务中心、社区卫生服务中心、社区文化活动中心)、睦邻中心等的社区公共空间建设。

同时，各级政府还进一步加大了对于整个城市公共空间的建设，除了河道改造，道路规划之外，博物馆、美术馆、图书馆、动物园、公园、艺术剧院、文体场馆等现代都市中的公共设施建设也都得到极大重视。②有报道指出，上海正努力把一些曾被遗忘的“灰色空间”改造成供市民休闲、活动、交流的公共空间。③

---

① 庄雅仲:《五饼二鱼:社区运动与都市生活》,《社会学研究》,2005 年第 2 期;魏伟:《政治经济学视角下的中国城市研究:资本扩张、空间分化和都市运动》,《社会》,2007 年第 2 期。

② 近年来上海加强了这些公共设施建设，比如，陆续向市民实施公园免费开放，在社区建设体育健身设施等。当前上海各区乃至各社区都有了设施良好的图书馆。一份新的报道指出，到 2017 年，上海将基本实现黄浦江两岸从杨浦大桥到徐浦大桥共 45 公里公共空间的贯通开放。报道详见 http://leaders.people.com.cn/n1/2016/0818/c58278-28645563.html。

③ 一篇报道指出，2015 年公布的上海城市更新规划实施办法中，提出利用好城市空间的“边角料”“夹心地”“插花地”，体现了从狭义的“城市建设管理”向广义的“公共艺术管理”的转型。未来，城市街角、建筑侧墙……这些容易被人遗忘的“灰色空间”通过“针灸”式改造，有望变为供市民休闲、活动、交流的“城市客厅”。参间，史博臻:《上海城市公共空间微改造悄然涌动“边角料空间”变客厅》,《文汇报》,2016 年 3 月 13 日。http://shzw.eastday.com/shzw/G/20160313/u1a9254105.html。

场馆化的公共空间建设在社区呈现蓬勃兴起的态势，这些空间建设促进了社区的公众参与，但同时也强化了公众的权利意识以及对于公共空间的进一步需求，社区基于空间的各类争议问题渐渐凸显出来。在上海第一批实施的“居委会自治家园”中，我们常常可以看到这样一些案例：

XH居民区是一个以老式洋房为主的老城区，社区地缘位置好，综合设施配套齐全、功能完备、环境优美、服务方便。但另一方面，由于是老城区，老旧住房多，房屋漏水，道路破损，由于物业费低，情况复杂，管理问题很多，以至于没有物业公司愿意接手管理。2004年，居委会与居民协商成立了第一个居民自治小组，他们把问题拉出清单，开始逐步解决问题。首先是在上级许可后把小区的闲置空间建成收费停车场，请专职门卫管理，既解决社区管理资金，又解决了车辆乱停放问题。

随着试点的成功，各个弄堂相继建立自治小组，形成共商共约共享的氛围，问题也一个接一个得到解决。像后来的集资安装地灯、30户合用水表改造、合用厨卫改造等，都是在自治小组和“议家社”这样的共商共治平台上解决的。自治小组成立后，清理了无证摊贩、画好了停车位，自已收取停车费，雇用保安、保洁人员。为解决211弄、329弄交通杂乱的问题，自治小组设定了车辆进出弄堂的路线，并请居委会制作了交通标志悬挂在显著位置。188名居民自愿组成“红袖章巡逻队”，两人一组，24小时不间断值班，指挥车辆进出、停放。弄堂从此秩序井然。155弄1号某投资公司要挖地7米，这不仅会破坏老洋房的建筑结构，也将影响旁边公房居民的地基。自治小组成员走访有关部门，终于使该公司放弃了这一项目。

有一栋老洋房的业主，以维修地下室为名开挖地下工程，极可能导致周边公房墙体破裂，居民打算集体上访，"议家社"获知信息后，一边安抚居民，一边及时上报居委会和街道，最后"议家社"选出代表，到相关职能部门交涉，制止了这项带来安全隐患的工程，社区矛盾成功化解。

合用水表所带来的矛盾一直困扰着老洋房住户，也引起了自治小组的重视，他们在居民区党组织的带领下，挨家挨户上门走访，征询意见，召开自治组长协调会，最终敲定通过民间集资对合用水表进行改造，并且一次付清了3万余元的合用水表欠费，化解了停水危机，解除了老洋房住户的隐忧。

居委会主任方艳玲聊起这件事，指指自己脑袋笑着说，"这样的故事，我这里不要太多哦。"实际上，这样的故事不仅在XH社区有很多，也发生在21个自治家园的几乎每个社区。

在21个居民自治家园的发展历程中，几乎每个居民区都发生过这样一些基于空间占用的问题。当然，不同类型社区，面临的空间冲突类型会有差异。在老公房或工人新村这样的小区，邻里冲突相对较多一些，而一些新式商品房小区，或者高档小区，居民更为关注公共用地的使用问题，比如停车场、儿童天地等。

基于空间占用的社区问题主要有如下四类：第一类是与老年活动空间的建设有关。在21个居委会"自治家园"，几乎每个小区都有过建设老年活动室、老年活动室改作他用、不同群体空间使用等问题需要协调的案例。第二类与居民日常生活有关。比较突出的包括不文明行为如高空抛物、养鸽子、养狗猫等宠物对公共空间的破坏，也包括因为私家车激增导致的车位之争、人行道与车行道之争以及车位与其他各公共空间的争夺，还有源于水泵电站垃圾房等公用设施选址等空间问题引发的矛盾甚至集体抗争。第三类与代际关系以及代际资源变革有关。随着老龄化时代的来临，社区大力加强养老服务设施，社区很多公共空间多为老年人使用，在很多小区，多的是老人健身设备，少的是少儿游乐设施。但现在，白领一代开始为自己的孩子们寻找可以适用于孩子的空间。第四类问题是跨居民区的公用地，比如街道空地、小区广场等。广场舞就是这一类空间争夺的典型。现在，上海各个地方的广场上，各种人群轮番上阵，每天从早上六点到晚上十点，早晚多为锻炼的中老年人群，青少年(以轮滑为代表)则在放学后的下午开始挤占并不充裕的空间资源。而早晚锻炼群体又会根据锻炼种类差异轮番交替使用着这些狭小的公共空间，所幸总体上人群的轮替是秩序井然的。在某社区公园，几经改造实现了空间格局上的变革与通用性，公园增加了人行步道和儿童娱乐空间，狭小广场中，儿童与老人得以实现空间的共享。

公共空间的发展将带来更多的公众参与，公众参与的日益增加并不会直接表现为“公共性”，它可能是“无果”的，也可能是反向的。①

> G 社区镇政府附近有个小广场，每天上午都会有 1 到 2 个居委一级的小型文化团队在那里排练，附近的居民也经常会参与进来，多的时候人群规模会达到 20 人左右。由于小花园正对镇政府信访办大门，在每天上午等候信访接待的时间里，一些前来上访的居民会在这里休息或交流信息。2010 年下半年，G 社区因为征地

① 刘伟：《村民自治的运行难题与重构路径——基于一项全国性访谈的初步探讨》，《江汉论坛》，2015 年第 2 期。

> 矛盾引发了一起群体性纠纷。在这起事件前后，小花园的活动排练场成了很多居民每天固定的议事场所。一位居民说，我们镇政府边上有个小花园，每天早上那些老头老太就在那里跳舞，光是跳舞就算了，有几个老上访户也在里面掺和，还经常互相出主意。①

当类似事情发生时，不同地区同样类型的草根群体的反应是不相同的。较为靠近城市中心的H区L社区，在20世纪90年代还属于郊区，再早一些甚至有农田，90年代以后这里渐渐成为人口密度较高的成熟社区，大型绿地与公共空间不足。社区中有一个大型购物超市，周边原有一片空地，渐渐演变成为广场舞的活动天地。一般，早上和晚上的六点到九点，跳舞的人群可以把整个空地占满。不同时间段跳舞或者做操的人群是不一样，什么时间什么舞蹈谁来跳，大家秩序井然。后来，开发商把这一片空间围起来，又盖了两栋高楼。当空地的大部分被开发商围砌起来时，原来跳舞的人群也随之缩小分散到了广场周边的散碎地块，问起这些跳舞者，他们觉得另找地方就好，对于这一片公共空间的出现与消失，他们觉得那是别人(开发商或者政府)的事，与他们有关的是，他们如何找到地方可以跳舞、健身。后来，这个广场另一边的一块狭小空地被居民们利用起来：早上有不同的锻炼的人群，下午则成为小朋友滑冰的教学培训点，当夜幕降临，跳交谊舞的人们从四面八方赶来，夜空里飘着交谊舞曲，直到晚上十一点甚至十二点。马路对面的邻居反映，片区民警不来，这支队伍不会散。而拨打110，常常是有些居民忍无可忍后的选择。

在H区L社区，公众默默接受了有关方面对于他们活动空间的改

---

① 刘伟：《社会共生视野下的草根组织合法性问题研究》，复旦大学博士论文，2013年，第51页。

变，他们以发现新的空间来适应已有的空间改变。或者“参与”或者“沉默”，同样的广场舞，同样的争议，草根群体却出现了不同的行动逻辑与参与认知，为什么？如何理解社区中正在大量出现的“空间竞夺”？

在讨论“连带群体”时，已经有很多学者强调指出，“包容”与“连带”是“连带群体”在“公共性”生成中的前提条件。基于我们的案例，笔者认为，对草根群体的利益聚合这一“公共性问题”，应该被置于“时间”与“空间”的具体维度中考察。也就是说，在分别讨论了个人参与草根群体背后的规范逻辑，以及草根群体参与可能展现出的公共性，在发现了草根群体的空间“冲突”与参与差异后，我们需要再进一步讨论，公共性是如何在历史结构中生产出来的？按照阿伦特与哈贝马斯的理解，我们需要发现公共性中的“多元性”、“流动性”以及“差异性”。

第四节　利益表达的艺术

那么，在特定的“空间”，草根群体是怎样实现聚合的？这里，我们借用“框架分析”(framing analysis)的方法来讨论社区草根群体的利益表达与整合。

“框架分析”(framing analysis)是戈夫曼后期提出的一个主要概念，延续其文化与社会互动论思路，在这一研究中，戈夫曼试图提供一种方法，以描述事件背后的“认知互换”，发现主导事件的组织原则。也就是说，通过“框架”来理解组织原则中的“一致性”。对社区而言，如果承认每个组织都有其“地方性”(local order)，那么，社区的各个草根群体将以怎样的方式实现与宏观背景的沟通连接？

“框架分析”后来被运用于社会运动分析之中。和社会运动与集体行动的其他理论范式不同，框架分析视“集体行动框架”(collective action frames)为独立的影响因素，它不仅指涉个体的认知过程，而且能在情境互动中生成事件或文本的组织理念，这种组织理念通过刻意强调事件的某个面向及象征意义，有助于在动员过程中转换和锁定某种社会价值，进而影响人们的行动取向。具体来看，框架包括三个相互联系的核心任务：(1)对某种事件或社会问题的诊断；(2)关于所诊断问题的解决之道的陈述和提议；(3)对参与集体行动的呼吁或者论证。鉴于受众和其他行动者在诠释事件时，也会加入自己的解释框架并组建事件的另类意义。因此，社会运动组织需要通过框架的策略性互动，尤其是"框架整合"(frame alignment process)来连接与公众以及其他潜在参与者的信念或价值观，以此产生共鸣并激发行动上的支持：连接点和共鸣越多，参与者就越能认同其诉求，追随其行动。①

这一节，我们将通过"自治家园"所展现的案例，观察社区在处理空间问题上的"框架整合"过程，也即草根群体的利益聚合过程；同时，我们将进一步揭示社区草根群体"框架整合"的"一致性"，即社区以怎样的方式处理空间问题上的组织差异性——如何面对差异性的资源竞争、草根群体间如何实现规范互动？通过社区的议程设定与整合，对社区"地方性秩序"中可能的"公共性"予以分析。

"自治家园"项目最后选取的 21 个居委会在居民层次与居民区类型上都很有代表性，更重要的是，这 21 个居委会的工作都是很出色的，是居委会工作的缩影。下面就从 21 个居委会的典型工作中选取五大

① David A. Snow, E. Burke Rochford, Jr., Steven K. Worden, and Robert D. Benford, "Frame Alignment Processes, Micromobilization, and Movement Participation," *American Sociological Review*, 51(4), Aug, 1986; Robert D. Benford and David A. Snow, "Framing Processes and Social Movements: An Overview and Assessment," *Annual Review of Sociology*, Vol.26, Aug, 2000.

类案例，对居委会的工作逻辑展开框架分析，以此观察居委会工作如何达成共识，实现利益的整合。

案例一

“快乐心身苑”是华一居民区老年人们的新乐园。每天上午 10 点钟十来个七八十岁的老爷爷老奶奶们，准时出现在这里，参加由葛老师和陈老师组织的“日本心身机能活性运动疗法”中的群体性康复训练。

2008 年，社区热心人士葛老师得知华阳敬老院引进了先进的“日本心身机能活性运动疗法”，经过了解之后，认为是适合高龄老人及身体状况较差老人的科学运动疗法。他及时通过人口健康工作委员会与居委会沟通，居委会与敬老院联系之后，派葛老师和陈老师到敬老院进行了系统的学习。同时，他们在“1＋6”议事会上提出了这个项目，经过会议讨论，决定在金谷小区内的快乐健身园内建立“快乐心身苑”。随后便联系了物业，对健身园进行了必要的整修，添置了椅子等必要的设备供老人使用。

心身机能活性运动疗法综合运用了医学、心理学、运动学、社会科学等多项学科知识，经过老年人在脑、心、体等各方面的联动逐渐获得康复的效果。刚开始组织的时候，参加的老人不多，大家不明白这是怎么会事情。经过一段时间，老人们看着参加个体康复老人的身体状况日渐改善，都积极要求参加。人员也从三四名变成了十来名。俗话说，老小老小，上了年纪的老人有时的表现就像未成年的小孩一样幼稚，没有常性，有那么一部分老人做了没几次就觉得心身机能活性运动疗法无非就是做做操而已，一个个找借口偷懒。葛老师发现情况后，及时让那些坚持锻炼且确有成效的老人在每周一次的信息交流上现身说法，介绍他们在参加心身机能活性运动疗法后的体会。还组织了一些小比赛，并发些小奖品，鼓励那些在康复运动中得高分的老人。现在老人们都骄傲地说："每日到心身苑活动活动，身体健康了、笑声也响了，似乎年轻了十几岁。"

案例二

贵龙苑的议事厅系由戴珠凤女士在维护小区居民物业权益的过程中发起。2008 年，小区连续发生 13 起失窃案件，加上小区监控设备老化、硬件管理不到位等情况，居民们与物业之间的矛盾日益激化。在此情况下，为了有个安全良好的居住环境，原本在家洗衣做饭、照顾孙子的戴老师，又拿出当年在单位做管理、搞业务的劲头，一次又一次充当居民的"谈判专家"，与物业公司"谈判"，九个月后，在小区居民的支持下，招标了新的物业公司。新的物业进来了，戴老师又召开了居民座谈会，倡议居民以新的面貌和姿态配合新物业的工作。以后，逐渐形成了一套议事规则：议事厅以楼组为单元，有了问题，居民可先找楼组长反映情况，然后在议事厅厅长召集下，居委会委员和社区党员志愿者也一起参加座谈会、听证会，听取意见，进行协调沟通。议事厅的活动方式是每两周接待居民来访。遇到居民急事急办，居民们"想、盼、愁、忧、难"的生活琐事和服务需求，都可来此畅言，厅长们负责把采集到的信息反映到居委会和有关部门，并且帮助居民们排忧解难。

案例三

有一栋老洋房的业主，以维修地下室为名开挖地下工程，极可能导致周边公房墙体破裂，居民原本打算集体上访，"议家社"获知信息后，一边安抚居民，一边及时上报居委会和街道，最后"议家社"选出代表，到相关职能部门交涉，制止了这项带来安全隐患的工程，社区矛盾成功化解。

主题	动员对象/构成	过　程	动员框架	主框架
化解社区矛盾	居民/	个别业主侵权，拟集体上访	公共利益受损	自利框架“讨个公道”
	议家社/居委会	“议家社”上报居委会与街道，选出代表到相关部门交涉	维护“公共利益”	

案例四

潍坊十村是20世纪80年代的成套旧公房，60岁以上老人占小区居民总数的22.3%。随着生活水平的提高，居民们开始感到老年活动场地十分缺乏，一部分居民提出用自行车棚改建成老年活动室，因为自行车棚一大半空着，居委会经过调研认为这个建议不错，可以实行。当这个决定一出现，马上在小区引起轰动，有几种不同意见纷纷出现：第一种观点，物业部门认为自行车棚是公益性设施，由物业管理的；第二观点，住在自行车棚附近的居民认为改建成活动室后会吵扰居民生活；第三种，是经费问题。在居委召开的听证会上，物业提出，公益配套设施本来是业主共有的，只要业主同意物业就没有意见；附近居民提出自行车棚变活动室后，声音响，灯光亮，影响生活，以后要是自行车增加了怎么办？要求方说：“活动室可以定时间开放，由专人负责，订出规章制度，以最大限度做到不影响居民生活，做到不扰民，也请对方考虑到小区实际情况和老年人的需求出发，做一下让步”。居委会则承诺，尽最大努力打报告，请政府出资。这样原本难以统一的问题，经过居委会的努力，最后大家达成共识。活动室2005年兴建，2007年扩建，室内面积212平方米，分别由棋牌室、电视娱乐室、乒乓室、阅览室、市民教室等多功能性活动室组成。这一活动室由小区中四十多名热心志愿者自主管理，具体由热心居民阮旭东(1948年生)负责。

案例五

小区645弄紧靠唐家浜花园，那里杂草丛生，树木的高大与密度，让周边居民终年见不到阳光，到了大热天，苍蝇蚊子满天飞，臭气难闻，居民怨声不断，到处上访，多次要求居委、政府和职能部门对唐家浜进行改造和整治。但是，由于树木涉及护绿、毁绿，所以问题一直得不到解决，最困难的是住在附近的居民要求搬树，不住在附近的居民则说树是有生命的不可搬，树大好乘凉。在居委会召开的听证会上，大家被请到实地，经过察看，本来持不同意见的居民发觉，阳光照不到的日子的确非常难过，表示同情，当场表态同意搬树。搬树可以，但要合法，要保证大树有一个好的落脚处，要活下来，否则太可惜。听证会上，居委会主任表态，一定会走合法途径，要向职能部门打申请报告，得到政府的支持。后来，通过政府出资，居委协调各方，一座美丽优雅的居民健身园出现在原来的唐家浜旧址上。

<table>
<tr><th>主题</th><th>动员对象/构成</th><th>过　程</th><th>动员框架</th><th>主框架</th></tr>
<tr><td rowspan="3">公共空间使用</td><td>居委会</td><td>自行车棚改老年活动室，居委会说服物业以及附近反对的居民</td><td>老年人需要活动场地/尽量不扰民</td><td rowspan="3">“普遍利益”/大家为老人做一些让步</td></tr>
<tr><td>物业公司</td><td>公益配套设施本来是业主共有的，只要业主同意物业就没有意见</td><td>维护业主利益</td></tr>
<tr><td>住在自行车棚附近的居民</td><td>认为改建成活动室后会吵扰居民生活，以后有自行车后怎么办？</td><td>维护自身权益</td></tr>
</table>

以上案例可以分为三类，第一类是单一性的框架与动员说服，主从关系非常清晰，主要是一方动员说服另一方，动员与说服的关键词或理由一般也比较简单，比如说服居民走出家庭，参加拳操队，或者参加志愿者活动，出发点是为了个人的健康或者为了他人，利他而不损己。

第二类我们称为二元性说服框架。在二元框架中，出现了居民与居民或者居民与物业公司这二者间的矛盾或冲突，而且出现了社区精英、楼组长、居委会这样的居民代表。在这一框架中，如果利益关系清楚，矛盾对立双方在协商中容易达成一致。

第三类则是多元性的框架与说服。在这多元框架中，参与主体可能是三方或者更多。本案例四的自行车棚改造老年活动室中，参与方开始复杂化，居委会代表老年群体，物业代表全体居民，部分业主邻近自行车棚，是利益攸关的一方。本案例中，邻近自行车棚的居民最终没有受到过于明显的伤害，因此同意了居委会的方案，而由于远离自行车棚的居民没有强烈反应，于是，物业公司的代表性无法被凸显出来，由此，居委会成功说服了部分居民以及物业公司。

这三类框架中，就问题而言，这些个案涉及的问题主要包括：个体生活（多与健康有关，或知识需求）、邻里纠纷或物业纠纷、公共空间竞夺；就居民而言，大部分居民常常是“沉默的大多数”；从话语结构看，老年人在社区拥有相对较高的优势话语权，比如对各类拳操队的推动，对老年活动室以及各种活动设施的建设。

在这一框架整合过程中，维系“私人”的“公共性”依然是社区“聚合框架”的组织原则。广场舞对于舞者而言是自己的事，它会被“说服”到更具“公共性”的事项中，被说服的理由依然是“特殊性”的“情感”，事件的“公共走向”取决于说服与动员的某种主框架，在这一框架下，参加到社区组织的活动中，参与了社区公共事务的解决，便成为“公共的”，从结构关系上看，当事双方始终是不对等的权力结构关系，具有差异性。

但一种新的规范正在向社区渗透。当社区文体团队面临公共空间之争时，这些草根群体的运作规范开始遭遇新规范的挑战。比如，那些争议性的公共空间将不再是某个群体的共用，它将会被更加强调为普遍性共用。比如前面提及的环保组织个案、亲子读书组织个案，他们的动员框架或规范中，会更多强调惠及陌生人，而不只是自己。这样的规范更具普适性，或者说，一种关注不在场的“辩护方”的规则开始出现。这样的规范或可看成是传统个体主义的突破，即规范试图突破家庭成员的边界，向公共社会扩展，从而变为一视同仁的公共规则，而非内外有别的局部原则。这种扩展使得社会规范的性质发生了改变——变得不是针对某个特定组织——比如家庭成员，而是针对整个社会成员。这一“框架整合”模式中，冲突的解决有赖于外部的压力或说服。①

现在，社区出现了另一种“非差序”的“框架动员”与“整合”。对于后者，“整合”面临的问题是参与者都将展开竞争性的“辩护”，而不仅是“说服”：每个参与者都将为自身“辩护”，双方都将为了自身利益，争取文化库存中的正当性理据，将自身利益证明为基于“善”，并且视作是至高的和全部的目的。因为竞争性的存在，“框架”会更强调“善”的普适

① 我们曾在早期的研究中指出，一方面，社区各主体正在获得更多甚至完全的自主性，作为独立交往主体，他们的契约规范正在形成并发展着，但是，另一方面社区治理还将会在较长时间内呈现不完全契约形态，这一过程中，街道—居委会将在规范整合中发挥重要的协调作用。参见汤艳文：《不完全契约形态：转型社会的社区治理结构——以上海康健地区业主委员会的发展为例》，《上海行政学院学报》，2004 年第 2 期。

性，这意味着只要持续开放以及保护“辩护方”的在场，作为“框架”的规范也将持续开放，规范具有更多的“公共性”与“妥协性”，冲突得到解决。反过来，如果没有持续的竞争与开放存在，群体也会发展出一种排他性的群体规范，以此在竞争中实现内部团结和外部排他，他们会把自己的利益说成是全部的、至高的，并且被不断重构和宣扬，直至冲突的产生。①

新的“框架整合”正在社区出现，这使社区的草根群体发展变得日益复杂。对于街道居委会而言，当更多公共空间冲突出现时，对历史传统的遵循或许会影响他们的框架整合逻辑。无论如何，在社区每个要素都在不断地变化，并改变着它与其他要素之间的差距。大的时代巨变使各种规范通过政治、社会和市场的途径进入到社区，它为社区提供了某种多样性基石。

“空间化”是后现代主义兴起后出现的一个重要理论转向，对于社会理论而言，“空间”的发现旨在更好的检视空间与社会互动行为的关系，以此将“时间”与“空间”更好引入到对社会的观察分析中。②

哲学家阿伦特曾将公共空间视为摆脱了权威性的政治意识和经济因素影响的纯粹意义上的“公共领域”（public realm），她认为，实质上的“空间”是由人类生命活动而产生，内含着一整套的社群关系：包括人我交流互动、公共性、恒久价值以及意义脉络。启蒙时代以后，“空间”被抽象为匀质化的“数理空间”，其“多元性”“流动性”以及“差异性”被

① ［美］拉塞尔·哈丁著，刘春荣、汤艳文译：《群体冲突的逻辑》，上海人民出版社 2013 年版，第 172—173 页。

② ［英］约翰·厄里：《关于时间与空间的社会学》，载于布莱恩·特纳编：《blackwell 社会理论指南》（第 2 版），上海人民出版社 2003 年版，第 505 页。

消解掉了。哈贝马斯沿用了这一观点，在早期曾强调“公共空间”对“公共领域”的意义，但后来哈贝马斯更关注“公共领域”在社会生活的意义，他认为在该领域中更能够形成某种类似于公共舆论的东西，凡是公民都享有参与该领域之活动的充分保障。①

现在，我们需要重新解读阿伦特关于“空间”的理解，也即空间内人际互动“多元性”与“差异性”的存在，以此观察社区“公共性”的出现及其超越的可能性。这样做的意义在于：其一，考察空间中人的行动以及群体对人行动的限制或者人的行动对于群体的超越；其二，在时间概念上，将行动的反复性和行动的新生力量纳入空间观察中，有助于发现这些要素对于“公共性”的意义。

在哈贝马斯看来，“公共领域”被理解为是一个介于国家(State)和社会(Society)之间的公共空间，公民们可以在这个空间中自由发表言论，而不受国家的干涉。但事实上，晚年哈贝马斯已不再强调公共领域的政治性，而是在交往行动理论中，强调了“生活世界”的重要性。这意味着，“公共性”不仅是既定的属性，还是历史的结构生成过程；“公共性”不仅意味着参与，还意味着一种制约参与的规则的形成。

实际上，我们可以把“空间”理解为一种聚合(assemblage)，而不是整合，只有这样，我们才能发现空间中的“多元性”“流动性”和“差异性”。按照德勒兹和加塔里对未来世界的阐述，在这个全球化与流动性都非常突出的世界，各种互动形式都在不断出现，并形成多样性的聚合共存。②

---

① 哈伯马斯(J. Habermas)，“公共领域”，载甘阳主编：《社会主义：后冷战时代的思索》，香港：牛津大学出版社 1995 年版，第 29 页。

② 关于这一点，可以参阅：[法]德勒兹、加塔利：《资本主义与精神分裂(卷 2)：千高原》，姜宇辉译，上海书店出版社 2010 年版。

在这一视角下，新的社区秩序既是多元、互动的聚合体，本质上是说服与叠加。这意味着公共空间更强调某种多样性与平衡性的共存，作为公共秩序的保护者与协调者，社区的街道—居委会既需要善于发现新的“规范”与“抗辩空间”，也需要善于发现并推动社区多样性的共存。

结　论

> 比起一个强大的政府，一个强大的社会将会更加有效地解决我们的问题，我们想让国家成为一个创造强大社会的工具。①
>
> ——戴维·卡梅伦(David Cameron)

司马迁在《史记》中写道："县集而郡，郡集而天下，郡县治，天下无不治。"这种社会治理的政治思维对当下社会依然具有现实意义。当代中国的社会治理的一个出发点就是"基础不牢、地动山摇"。因此，建构一定的基层互动秩序对于整体的社会政治稳定来说具有战略性的意义。这种观念和判断，支撑了社区建设中各种政策和制度的创新。

正如我们在第一章所讨论的，随着草根社群在基层社会的快速成长和扩散，基层治理研究应该把社会变迁的互动秩序作为核心议程：新的草根群体是如何出现的？新生的力量如何可能进行"自发性"的秩序生产？如何与具有不同规范的其他行动者产生互动？草根社群如何可能塑造一个新的行动领域？在一个不断分化和充满异质性的社会环境中，怎样的制度安排可以促成共享规范或公共性的出现？

① David Cameron, "*The Big Society*", Hugo Young Memorial Lecture, 10 November, 2009.

我们对自治家园的考察提供了回答这些经验问题的线索，这些观察也触及关于群体与社会的一些规范性问题。①居委会自治家园项目可以看成是一个对草根群体进行培育、整合和赋权的一组政策工具。同时，基层治理既有制度结构的模糊性为社会力量的成长提供了机会空间，导致草根群体可以通过不同的方式进行策略性的互动。社区治理的制度化和专业化以及市场力量的导入，为这种互动带来了新的复杂性。总的来说，城市基层的社会秩序是一个被各种规范交相塑造的过程。表面上看，是一个强势的行政系统在提供游戏规则并主导基层互动秩序，然而这个过程不是单向度的，而是互动演化的，它辩证地包含了自发性秩序的力量。草根社群以不同方式形成和互动，既为个体的社会参与提供了新的空间，也在一定程度上催生了居委会的替代性的组织行动规范。在这个交互过程中，草根群体的公共性得以发展和维系。

因此，基层互动秩序的重建，既是自上而下、由外而内的，也是自下而上、由内而外的。一个有活力的社区秩序以及社区公共性的发展，离不开草根群体的多样性和自主性。表面上看，一个同质性的或网络高度叠合的社群是有序的，成员的行为也通常具有显著的一致性，然而，这种被建构的有序形态却可能潜伏着更大的治理挑战。从理论上可以预期的是，一个被共通性规范(communal norms)所驾驭的社群，一旦离开了多样性、开放的社会生态环境，便会产生巨大的内部道德压力，

---

① 艾丽斯·M.杨(Iris Marion Young)已经论证了群体政治或差异政治和社会正义的关系，她指出传统的“分配典范”中的正义理论的致命缺陷就是只见个人与国家，而忽略或遮蔽了社会群体的重要性。正义观念应该以支配和压迫而非再分配为理论起点，社会正义可以定义为促进社会成员之自我发展与自我决定的制度条件。参见 Iris Young, *Justice and the Politics of Difference*. New Jersey: Princeton University Press, 1990。

群体内部共享的规范和所秉持的主张便会成为社会冲突的导火索而非公共性的资源。因此,在社会治理中"找回社群"、化零为整的努力,不仅仅是一种公共管理意义上的效率逻辑,更应该被看成是一种互动秩序的重建:它应该体现为自觉的地方制度安排,而这种安排所体现的是一种具有文化敏感性的政治包容,而非全面的社会控制。

第一节 基层社会的群体多样性

在社会的结构变迁过程,个体的社会组合多种多样,社会组合和交往方式的差异化是现代社会的一个基本特征。迈克尔·赫克特(Michael Hechter)区分出三种群体:一是聚众(crowds),其特征在于参与者没有会员身份;二是社会类属(social categories),区分标准是由那些不卷入群体行动的人来定义的;三是公司(corporations),它是由产权而非行动中的共同参与所定义的。[①]艾丽斯·M.杨则区分了社会群体(social group)、聚集体(aggregates)和结社(association)。[②]在这其中,"结社"是一种"正式组织起来的制度,比如俱乐部、公司、政党、教会、大学或者工会","聚集体"是"一群根据某些特征和类别出来的人,它们未必共享一种身份"。聚集体和结社乃是个体为了达成某种目标而组成的集体,相形之下,"社会群体"作为一种实体,则是根据个体之间的互动方式而非某种明确的目标所构成的。换言之,它存在于和其他群体的相互关

① Michael Hechter, *Principles of Group Solidarity*. Berkeley: University of California Press, 1987, p.16.

② Iris Young, *Justice and the Politics of Difference*. New Jersey: Princeton University Press, 1990, p.4; p.186.

联之中。社会群体通常会分享某些利益,但是分享利益不足以构成群体。确切地说,群体是人们因为一套实践或生活方式而产生的关联,他们与其他群体的不同基于这些文化形式的差异。研究者在区分这些概念时使用了不同的标准和术语描绘现代社会中的群体类属的多样性。

在市场化改革以来的中国城市社会中,社会组合方式的多样化直接表现为各类草根群体的发展。正如在经济改革过程中曾活跃成长的"个体户"这一组织形式那样,草根群体在社区中的成长反映了中国社会的微观活力。这类小群体蕴含着拓展公共空间的力量,使得它们成为社会发展的动力资源。

在自治家园项目中,我们看到这些群体以不同的方式和姿态活跃在社区生活之中。既有的草根群体——居委会所组织的各种志愿力量(楼组长、兴趣小组)持续发展和活跃。同时,更加具有自发性、自主性的新群体也在不断出现。这其中,有俱乐部式的群体,如仁恒居民区的"国际妈妈俱乐部",作为一个特殊的小集体:"既流动又固定;既富有童心又充满爱心。端午节踏青、学包粽子;儿童节的家庭联谊、唱儿歌大赛,还有诸如民间传统手工艺品展演等,无论是洋节日,还是中国传统节日,国际妈妈们都有属于自己的节目。"①

和"国际妈妈俱乐部"这样俱乐部式的群体有所不同,那些趣缘性的草根群体在群体边界以及组织结构方面更加松散和灵活,而基于物业和产权所形成的业主委员会,则可以看成是这种多样性的另外一种表现形式。不仅如此,专业的社区工作者和市场力量也不断介入进来。在自治家园项目的实施过程中,我们还可以看到社会工作服务机构也努

① 参见东方网:2008年度上海十佳好人好事:国际妈妈情系灾区儿童,http://sh.eastday.com/qtmt/20090415/u1a560722.html。

力扎根社区，与草根群体进行互动。这些行动者以社区公益组织、政府、社区工作者以及社区居民为服务对象，工作涉及公益组织和项目的策划、研究和评估等，他们为社区带来了新的工作理念和专业的服务模式。

社区草根群体的多样性在多大程度上增进了基层自治的活力？已有研究指出，各项试图推进社区自治以及草根群体发展的社区建设运动，依然无法改变街居体制的组织性质和实际运作机制。社区存在着“自治的形式化、居民参与积极性不足、运行机制不畅”等问题，而基层社会的“结构科层化、功能行政化和成员职业化”也使得社区自治运动成为“没有实际发展（或效益提高）的变革和增长”。①这表明社区草根群体的多样性发展对于社区建设有着别样的政治意义。多样性在本质上是要跳出一致性的，这一点在个体化时代来临的今天更加突出。

齐格蒙特·鲍曼用“个体化社会”来形容当代社会的基本特征：个体从归属于自己的、通过遗传获得的、与生俱来的社会属性中解放出来。在这种社会发展趋势中，个体开始严重分化，并越来越成为各种社会问题的根源；许多社会问题直接体现为个体问题，致使人们不再到社会领域中去寻找问题的原因，而是直接回到“个体”之中去寻求解答。②乌尔里希·贝克尔进一步指出，在一个个体化时代中，人、群体、活动、行动领域和生活形态等方面曾经鲜明的边界和区分都将变得模糊，阶级、家庭、邻里等概念都将弱化。③

---

① 关于这一讨论的文献很多。参见何艳玲：《都市街区中的国家与社会：乐街调查》，社会科学文献出版社2007年版；桂勇：《邻里空间：城市基层的行动、组织与互动》，上海世纪出版集团2008年版；耿敬、姚华：《行政权力的生产与再生产——以上海市J居委会直选过程为个案》，《社会学研究》，2011年第3期。

② 参见［英］齐格蒙特·鲍曼著，范祥涛译：《个体化社会》，上海三联书店2002年版。

③ 参见［德］乌尔里希·贝克等著，李荣山等译：《个体化》，北京大学出版社2011年版。

社会的高度个体化导致了地方秩序(local order)的恒常性与权变性,每个自主的个体都试图从统一的结构中,通过策略性行动,从局部交互作用和交换中获取各自所需的"材料",这一"加工过程"(tinkering)使得群体过程总有新的元素出现。[①]因此,就表象而言,唱唱跳跳似乎构成社区的主要景象,基层街居体系是统一的权力主体,但社会的个体化发展提醒我们,在社区治理结构中每个主体都可能拥有权力特征,社会性力量也可以借助"共治"格局,形成自己的决策与行动机制。[②]草根群体具有多样性与权变性——即便是同一个广场舞团体,他们可能"上午去跳舞,下午去信访"。社会发展的复杂性与流变性加剧了社区草根群体的多样性。

改革开放的四十年,中国社会生活发生了深刻的巨变。在这期间,社会个体的自主性日益增强,社会的个体化与功能分化日益加剧,利益表达和聚合方式日益多样化,社会分层日趋明显,多种宗教生活迅速发展。[③]从现代化发展角度观察中国社会中的人的变化,会发现这一变化本身的速率、方向等并不一致,如树的次级根,它可能总体展现出了一种蓬勃的生长态势,但就具体根须而言,有的很茁壮,有的相对细小,有的或早或晚就夭折了,中国社会的现代化进程亦是如此。

除了现代化这一向前的动力,社会的发展还需要面对来自另一个方向的力量——历史与传统。"中国经济生活变迁的真正过程,既不是从

---

① 参见[法]埃哈尔·费埃德伯格:《权力与规则——组织行动的动力》,张月等译,上海人民出版社2005年版,第9—10页。

② 李友梅:《社区治理:公民社会的微观基础》,《社会》,2007年第2期。

③ 有学者注意到,尽管强制的个体化正在兴起,个体化获得了包容,但个体化同时也受到官方的意识形态污名化。Yunxiang Yan, "The Good Samaritan's New Trouble: A Study of the Changing Moral Landscape in Contemporary China," *Social Anthropology* 17(1), 2009.

西方社会制度转渡的过程，也不仅是传统的平衡受到干扰而已。……这两种力量相互作用……它不是西方社会的复制品或传统的复旧，其结果如何，将取决于人民如何去解决他们自己的问题。”①费孝通的这一判断至今适用，对于当代中国社会的这种个体自主性，一些学者会以“新自由主义形态”“奋斗的个体化”等加以描述。②在社会变迁的图景中，人—群体—社会关系的构建面对着种种张力，因此，草根群体的多样性发展既可能淹没在行政化与科层化的结构背后，也可能会作为一致性秩序的对立面存在。

总体而言，正如贝克尔所指出的，呈现在这个时代面前的最基本问题是社会的个体化以及个体化的社会将如何整合。不同的社会规范——不管是从体制内释放出来的，还是从市场经济中延伸出来的，抑或是居民自发形成的，它们在社区中聚合各种局部利益并进行竞相博弈，既存在紧张关系，也互相依赖。不同的社群携带不同的规范，这既反映了中国城市社会大转型过程中的复杂性，也提出了基层政治的基本问题：地方性的互动秩序是如何可能的？

第二节　地方互动秩序的逻辑

草根群体的发展和地方治理的变化具有内在的联系。地方政府已经充分意识到基层社会群体的多样化，而传统的治理框架可能遮蔽了

---

① 费孝通：《江村经济——中国农民的生活》，商务印书馆 2002 年版，第 20—21 页。

② Li Zhang and Aihwa Ong, “Introduction,” in *Privatizing China: Socialism from Afar*, edited by Li Zhang and Aihwa Ong. Ithaca, NY: Cornell University Press, 2008, pp.1—20. 亦见：阎云翔：《中国社会的个体化》，陆洋等译，上海译文出版社 2012 年版。

对各种新的自治资源的关注，这也是“自治家园”发起的初衷之所在。实际上，城市基层治理的一个核心内容就是对日益扩大以及多样化的群体生活的开发和协调。在自治家园项目推进过程中，不同的草根群体被发掘、创造并吸纳到基层治理过程中，政策的导向是鼓励这些群体进行积极的利益表达和认同动员，并努力在基层社会形成一种包容性的、基于这些群体生活和自主参与的治理框架。这个进程并不以强制力为支撑，而是伴随着不断合理化的整合和意义的赋予过程。

新的地方互动秩序正是在这样的过程中被创造和实践的。在静安寺街道的“华山社区同心自治家园”项目中，我们可以比较集中地看到不同规范、不同群体的空间汇聚。首先是“区域化引领”：基层党组织充分发挥“总揽全局、协调各方”的功能，张扬其能够“打通体制内和体制外的壁垒”，接触“自然人”和“法人”的体制优势。其次是“社会化动员”：居委会要体现社会组织的一些天然特征，能够进行自下而上、基于民主协商的社会动员。第三是要体现“组织化参与”：通过居委会下设的专业委员会，“强化群众参与的组织性，将零散的、个体的、局部的参与逐渐向有意识的组织整合”。第四是“项目化落实”：将那些政府管不了、个体难开展、涉及群众公共利益的实事工程类、团队建设类、楼组建设类和邻里互助类的小问题、小需求，通过自治项目加以落实。这些话语和实践，表现出政治性、社会性、行政性和市场性机制的交汇过程。案例的观察表明，基层政治可能以这样的剧本演绎下去：不同的群体规范相互交汇和融合，各种草根群体进行交叉互动，由此增进了社区的公共性。

互动秩序在实践中有不同的表达：某些草根群体趋同于专业社会组织并有制度化的倾向，某些草根组织则保持其灵活的组织边界，在一些社区内生资源丰富的社区中，草根群体的活动更具有自发性、主动性和主导性，甚至能够冲出社区的边界。如前所述，仁恒居民区的“国际妈妈俱乐部”在社区内部进行集体认同建构的同时，也体现出了某种“社会反哺”的功能。①

“自治家园”可以视为政府一系列赋权政策的结果。赋权使居委会处于种种压力之中，增强了居委会的创新动力。但由于框架整合逻辑对历史传统的遵循，当社区草根群体日益复杂化，当更多公共空间冲突出现，居委会有时可能难以形成新的框架将新兴群体力量纳入系统，致使新兴力量在社区面临参与困难。

尽管如此，我们仍然不能否认赋权对于社区的积极意义：它改变了社区权力关系的格局和行动资源的配置，形成了国家与社会成员的“新契约”，甚至推动了社会内部的团结和沟通。随着居民自主性的增强和自发性群体的发展，中国城市基层社会的治理格局已经不再是自上而下的动员，而是显现出多面向的规范互动。

这些互动秩序的登场，反映了社会个体不断发展的自主性以及重建认同感的需要，也反映了更深层面的政治治理过程的特征：基层政权以维持秩序为优先考虑，同时又积极鼓励社会的活力和自发参与。中国的地方政府，即便看起来具有某种亲市场、亲资本的“增长机器”的性质，也一直不曾放弃建构其社会治理场域的努力，并始终致力于促成与社会变迁相应的多重生活方式与价值观的互动与融合。地方政府鼓励而非排斥或压制社会力量的地域性参与，甚至在冲突性的社会力量面前，也发展出来了某种“社会协作”的策略，通过参与和社会化的

---

① 关于这个案例中的地域认同和阶层认同的汇聚过程，参见 Chunrong Liu, “Community Building and Elite Activism in Urban Shanghai”, pp. 94—109 in *Elite and Governance in China*, edited by Xiaowei Zang and Kou Chien-wen, Routledge, 2013。

机制来转化冲突。①这种地方治理的思维和实践，和诸如拉美国家所曾经出现的新自由主义体制下的社会领域的“去统合化”“去政治化”形成了鲜明的对照。

进而言之，这样的地方秩序的重建过程具有文化实践和文化动员的性质。制度主义和建构主义理论可以在一定程度上帮助我们解释这个现象：群体和组织一样，都是制度环境的价值观和信念的产物；群体在维护自主性和争取社会承认的过程中，要通过一定的规范和观念平台进行相互调适。这也正如加里·法恩所言，文化在互动秩序的建构中至关重要，参与群体的成员认识到成员间的共享经验，而这种经验可以塑造行为预期，因此可以帮助建构某种社会实在。②在某种意义上，基层治理就是对互动秩序的调适和重建，其实质是一个规范重建的过程。③

要理解这种地方互动秩序的驱动力，文化纬度和制度分析都是不可或缺的。就其组织基础和制度根源而言，一方面，草根群体缺乏政治性的、制度化的渠道来进入超越地方的决策过程。在城市社会，他们和体制的接触主要由国家的基层代理人来完成。另一方面，作为国家的基层代理的居委会也对这种互动发挥了塑造的作用。居委会的行动具有一种独特的规范，这区别于那些自发的草根群体的行动模式。用费孝通先生的话来说：“居委会在社区生活系统中的作用发挥还没有固定

---

① Chunrong Liu, “Beyond Coercion: The New Politics of Conflict Processing in China”, *Chinese Political Science Review*, 2(2), March 2017.

② Gary Alan Fine, “The Hinge: Civil Society, Group Culture, and the Interaction Order”, *Social Psychology Quarterly* 77(1), March 2014.

③ 也正如研究国际规范扩展的学者所意识到的，规范的地方化（localization）意味着一个积极的建构过程，外来观念的形态和内容被适配于地方性的信念和实践。参见：Amitav Acharya, “How Ideas Spread: Whose Norms Matter? Norm Localization and Institutional Change in Asian Regionalism,” *International Organization* 58(2), Spring 2004。

的模式，这是因为居委干部处理的问题常常是具有偶然性的。看起来，这种不确定性可以给他们的行为带来一些自由度，而实际上，他们在这种状态下很难根据已有的规定履行自己的职责。但不管怎么说，他们在工作中经常是缺乏自主性的，比如他们要代表社区居民的利益，因为他们是由社区居民选举产生的；他们要对街道及其部门负责，因为他们的工资从属于街道财政支出；他们要善于与居委书记协调工作关系，因为书记是由街道组织直接任命的。而且，居民甚至社区以外的单位有时也可以要求他们做一些超出他们职责范围的事务，因为他们的角色始终是模糊不清的。"[①]这种模糊性为草根社群的发展和互动提供了独特的空间结构。

历经多年的社区制度建设和组织改造，居委会的制度环境已经发生了多方面的变化，但是费先生所洞察到的这些本质特征却仍然存在。居委会作为行动者进入了一个日益交织着行政压力和社会压力的行动场域，既可能表现"行政代理"的角色，也可能以"社群领导者"和"民意代表"的形象出场。现实中的居委会具有丰富的多样性和变异性，并不存在单一的行动形式。[②]中国基层群众自治制度所固有的这种策略上的模糊性，意味着国家力量可以通过各种灵活的、"非强制性"的方式与各种草根群体进行接触，从而以不同的方式产生社区性和公共性。单个的群体在纵横交错的交往中，不断地从其他行动者中看到了自己，一种交叉性的、有机的社区团结随之应运而生。

---

① 费孝通：《中国现代化城市对社区建设的再思考》，载上海市社会科学界联合会：《上海社区发展报告（1996—2000）》，上海大学出版社2001年版，第6页。

② 刘春荣：《社区治理与中国政治的边际革新》，上海：上海人民出版社2018年版，第138—167页。

第三节 草根群体的未来

如前所述，在小社群中，合作行为在很大程度上受到社群规范的约束，而在经历劳动分工和功能分化的社会中，个体往往要依赖社会关系网络来达成目标。能够帮助人们在异质性中进行沟通的社会关系网络和规范，在小群体中往往会相对变得不那么重要。[①]这似乎意味着小共同体有让位于大共同体的趋势，小群体的规范可能成为社会大变迁过程中的边缘因素或“剩余规范”。在当代的政治理论中，这种指向还具有道德上的正确性：小群体的规范常常导致排他性的行动，因此只能称之为有条件的“善”而非本质性的“善”。在资源有限的情况下，群体认同的动员也可能诱发社会冲突。

这样的理论想象常常会让人们对草根群体产生某种悲观的态度。论及“底层阶级”与历史发展的关系，安东尼奥·葛兰西就坚持认为，资产阶级不仅仅通过国家机器获得支配地位，而且把市民社会的文化和意识形态制度转化为对整个社会的领导权，这种领导权甚至是在底层阶级认可的过程中实现的。与此同时：“底层群体的历史势必是碎片和偶发的。毫无疑问，至少在地方层面，这些群体的历史发展呈现某种整合之趋势。但是，这种趋势一直被支配群体的行动所干涉，整合只能在历史周期完成并在成功之后才能呈现出来。”[②]

---

① 关于网络社会的兴起及其对传统社群规范的替代，可以参见曼纽尔·卡斯特尔（Manuel Castells）：《网络社会的崛起》，社会科学文献出版社 2000 年版。

② Antonio Gramsci, *Selections from the Prison Notebooks*. Quintin Hoare & Geoffrey Nowell Smith(eds.). New York: International Publishers, 1971, pp.54—55.

如果说草根群体以多样性的存在与街居体系一起构建着地方秩序，那么，地方秩序何以超越地方从而具有更大的公共性？草根群体的未来又在哪里？它们将以何种方式发展或者消解？它们是否注定徘徊在体制的边缘？它们将和怎样的治理结构共存共荣？在中国的城市社会中，社会发展带来了多样化的群体生活，催生出新的社会形式，与此同时，地方制度的实践也在不断地强化国家政权的神经末梢，对社会生活的"根须"进行整理，力图使之成为社会治理体系的有机组成部分。在日益精细化、专业化、项目化的基层治理创新过程中，怎样的群体规范将被抑制或边缘化？又有哪些群体规范将获得勃勃生机？当代的政治理论对这些现象和相关的制度设计已经有十分深入的讨论。艾丽斯·M.杨就主张，体现文化形式差异的群体，往往面临着各种面孔的宰制和压迫，而剔除这些压迫的最好方式就是提倡"差异政治"：正视并肯定群体的差异性，而非视其为异常、劣质的存在。差异政治有别于自由民主政治理论老生常谈的"利益集团的政治"。进而论之，以利益为基础的民主理论，亦即一种民主的加总模型（aggregative model of democracy），或者那种以讨论为基础的审议式民主（deliberative model of democracy）都是不彻底的，理想的状态应该是在保留审议民主的政治过程的基础上，诉诸一种能够涵盖差异政治的沟通民主或者包容性民主（inclusive democracy）。①

为了理解草根群体的未来走向，基于群体的规范诉求及其组织化、自主性程度，我们或许可以在理想类型意义上推测出四种可能的演化

① Iris Marion Young, *Justice and the Politics of Difference*. New Jersey: Princeton University, 1990; Iris Marion Young, *Inclusion and Democracy*. Oxford: Oxford University Press, 2000.

和互动形态:统合、冲突,个体化和疏离(如表所示)。首先,普遍性规范和高度的组织化的群体,会形成一种统合的社区政治秩序。“统合”意味着草根群体具有公民社会领域中社会组织的性能:秉持普遍性、公共性的行动规范进入地方的政策过程,成为协助政府递送公共服务乃至维持社会秩序的力量,这也是一种体制化(institutionalization)的过程。其次,特殊性规范和高度的组织化则引发出一种“冲突”(contestation)的互动秩序,这意味着草根群体的社会动员能力增强,群体以“群体差异权利”(group-differentiated right)为生存方式,排他性的行动规范和群体动员构成了基层冲突的来源和基础;第三,在低度组织化和普遍性规范的交织下,基层政治秩序则表现为“个体化”(individualization),这意味着群体对个体的认同塑造和动员能力降低,地方互动秩序趋于个体性的利益表达。最后,特殊性规范和低度组织化的群体生活则带来了一种“疏离”(alienation)的状态,它意味着群体在社会生活中的调控功能降低,成为一种边缘化的生活政治的形式。

表　草根群体与地方秩序

	普遍性规范	特殊性规范
高组织化	统　合	冲　突
低组织化	个体化	疏　离

这些不同的发展可能性,在很大程度上取决于地方政府的制度建设所提供的政策工具及其所形成的规范渗透。地方政府在其社区治理的战略中,可以采取积极的立场:为草根群体提供增能赋权,对不同的群体兼容并蓄,从而帮助形成一个体制化的互动秩序——正如英国前首相戴维·卡梅伦的“大社会”构想那样,改革的方向是“让国家成为创

造强大社会的工具”。当然，政府也可能选择抑制性的政策工具，对基层社会进行“去政治化”，从而产生个体化或边缘化的效应。从这个角度来反观上海居委会自治家园建设，该项目的“发现社群、培育社群和找回社群”的过程，实际上完成了一个对社区制度环境的再造。在晚近的发展过程中，一些更为精细化的新制度和新规范已经被注入了基层社会生活。2014 年，上海市委、市政府将“创新社会治理，加强基层建设”列为市委 1 号重点课题开展调研，并形成了“1＋6”文件成果。“1”是《关于进一步创新社会治理加强基层建设的意见》，“6”是“深化街道体制改革、创新居民区治理体系加强基层建设、组织引导社会力量参与社区治理、深化拓展网格化管理提升城市综合管理效能、完善村级治理体系加强基层建设、社区工作者管理办法”6 个配套文件。在“1 号课题”成果基础上，“上海创新社会治理将以‘重心下移、权责一致、做实基层’为原则，尽可能把为群众服务的资源和力量交给直接接触老百姓的街镇和居村，使其更好地提供精准有效的管理和服务”。[①]这些选择，意味着草根群体进入一个越来越体制化统合的发展轨道。

需要注意的是，尽管国家力量有“格式化”基层社会的意向和能力，这种过程却不是单向度的，也不是无限度的。20 世纪 90 年代，针对浦东开发过程中的社会现象，费孝通先生曾经一针见血地指出：浦东在开

① 参见新华网：《基础更实基层更活、上海探索社会治理新路径》（2015 年 12 月 7 日），http://news.xinhuanet.com/politics/2015-12/07/c_1117384474.htm（访问时间，2015 年 12 月 9 日）；方士雄：《上海：创新社会治理加强基层建设》，《光明日报》2015 年 7 月 11 日第 10 版。2017 年 3 月全国“两会”期间，中国国家主席习近平参加上海代表团审议时说：“坚持以人民为中心的发展思想，着力推进社会治理创新，使超大城市精细化管理水平得到提升。上海这种超大城市，管理应该像绣花一样精细。”参见人民网：《上海社会治理时间轴》（http://paper.people.com.cn/rmrb/html/2017-08/16/nw.D110000renmrb_20170816_3-12.htm，2017 年 8 月 16 日，访问时间：2017 年 8 月 20 日）。

发开放中碰到了新旧体制的衔接问题、当地农民对新体制的接受和消化的问题,以及乡镇企业力量怎么用的问题,等等。在处理这些问题的过程中,“新制度加在了浦东新区的上面,但还不等于已经进去了,因为当地人在接受给他们的办法时,即在消化这个新制度上还存在着不少问题。”新制度进入的关键在于使当地人及其思想同时发生相应的变化,新制度深入到这一层才能真正解决问题。①在某种程度上,费孝通先生所描述的问题不仅仅是一个制度形态变迁和功能替代的现象,也表达了社会生活中的规范互动和转型的问题:社会变迁不是一个自上而下的制度渗透的过程,而是包含着考虑底层的认可、接受及其相应的自下而上的政治过程。

无论如何,草根社会的故事不会终结。在任何治理场域中,不同的行动者以不同的方式出现并进行互动,因此治理绝非各种行动者的简单加总,而是对多样性和复杂性的调控,或者说是对不同行动规范和机制的协调。正如当代的组织理论所强调的,在社会对抗与合作的游戏规则中,“局部秩序”不断增强,这种秩序“从来没有完全为环绕与其周围的总体结构所同化”。②从规范上说,基层政治的活力来自社会交往中所形成的多样化的自主性,或者用政治哲学家汉娜·阿伦特的话来说,它有赖于某种“创生性”(natality)或某种“为世界代理新生物的能力”。③草根社群,无论以何方式、携带何种规范来到社区生活之中,都代表了一种自发性的力量。对于地方政府来说,以某种方式找回并赋

① 费孝通:《这篇文章只有中国人自己来写》,《浦东开发》1997年第7期,第6页,收入于,马伊里编著:《全生态和谐:以浦东开发20年为例》,上海人民出版社2010年版。

② 埃哈尔·费埃德伯格:《权力与规则——组织行动的动力》,张月等译,上海人民出版社2005年版,第9—10页。

③ 参见汉娜·阿伦特:《人的条件》,竺乾威等译,上海人民出版社1999年版。

权于草根社群，在一定的制度框架内使之产生具有公共性的社会互动，这种“规范渗透”具有必要性和正当性。值得注意的是，地方社会中的自发秩序具有逻辑上的优先性。基层治理是追求一种“美美与共”、富有活力的公共性而非“化零为整”的一致性，其前提是内在于社会生活中的自发性和多样性，因此，基层的制度设计和政策选择不应以弱化这种自发性和多样性为代价。

附一

“居委会自治家园”案例描述[①]

1. 葫芦缘议家社　成立于2004年，位于以老式洋房和旧公房为主的老城区——上海长宁区新华路街道新华居民区，该社区所在辖区有百年历史的洋房别墅45幢，堪称“万国别墅群”。现有常住居民1 387户、3 063人。其中，老年人口827人，占总人口数的27%。社区综合设施配套齐全、功能完备、环境优美、服务方便。该社区地缘位置好，周边商店和单位多，但由于是老城区，老旧住房多，房屋漏水，道路破损，由于物业费低，情况复杂，2004年以前连门卫都没有，邻里关系不和，垃圾乱扔，由于缺乏管理，社区成为周边单位的免费停车场，道路被堵死。在2003年年初时，曾一晚上就发生3起入室盗窃案件。2004年居委会帮助选聘物业公司时，因为物业费低和情况复杂，没有物业公司愿意入驻接手管理。“没人管，我们就自己管！”在这种情况下，居委会与居民协商在262弄成立第一个居民自治小组，他们把问题拉出清单，按轻重缓急解决。首先是建立门卫制度，缺资金怎么办？经上级许

① 注：综合调查资料整理。感谢各有关街道、居委会提供案例文本。

可，把小区的闲置空间建成收费停车场，请专职门卫管理，既解决社区管理资金，又解决了车辆乱停放问题。

随着试点的成功，各个弄堂相继建立自治小组，形成共商共约共享的氛围，问题也一个接一个得到解决。像后来的集资安装地灯、30户合用水表改造、合用厨卫改造等，都是在自治小组和“议家社”共商共治平台上解决的。现在，该社区已形成了以居委会为领导，以“葫芦缘议家社”为主体，以自治组长协调会、文体团队联谊会以及社会团体联席会为议事主体的“一社三会”居民自治实践模式。

目前，社区共有8支居民自治小组(75名成员)，16支文体团队(374名成员)，12支文化娱乐团队(150名成员)，4支关爱服务团队(224名成员)和5个社会团体(44名成员)。“叫‘葫芦缘’，既因为大家在葫芦架下结缘议事，还因为葫芦是吉祥的象征，一个个葫芦就像一户户人家，社区管理就像葫芦藤，把千家万户串在一起。”

自治小组成立后，取缔了无证摊贩、画好了停车位，自己收取停车费雇用保安、保洁人员。为解决211弄、329弄交通杂乱的问题，自治小组设定了车辆进出弄堂的路线，并请居委会制作了交通标志悬挂在显著位置。188名居民自愿组成“红袖章巡逻队”，两人一组，24小时不间断值班，指挥车辆进出、停放。弄堂从此秩序井然。155弄1号某投资公司要挖地7米，这不仅会破坏老洋房的建筑结构，也影响了旁边公房居民的地基。自治小组成员走访有关部门，终于使该公司放弃了这一项目。

“有一栋老洋房的业主，以维修地下室为名开挖地下工程，极可能导致周边公房墙体破裂，居民打算集体上访，‘议家社’获知信息后，一边安抚居民，一边及时上报居委会和街道，最后‘议家社’选出代表，到相关职能部门交涉，制止了这项带来安全隐患的工程，社区矛盾成功化解。”居委会主任方艳玲聊起这件事，指指自己脑袋笑着说，“这样的故事，我这里不要太多哦。”

合用水表所带来的矛盾一直困扰着老洋房住户，也引起了自治小组的重视，他们在居民区党组织的带领下，挨家挨户上门走访，征询意见，召开自治组长协调会，最终敲定通过民间集资对合用水表进行改造，并且一次付清了 3 万余元的合用水表欠费，化解了停水危机，解除了老洋房住户的隐忧。

从安装防盗门到粉刷楼道，从收取停车费到雇用清洁员，从扩宽马路到安装路灯……居民区的大小事务都由自治小组发动居民共同讨论解决。

同时，“议家社”里还有由 16 支活动团队组成的文体团队联谊会，每年参与活动总人次达 5 000 余人。其中，晚晴读书社、空中老年大学、英语启蒙小组、同城上网小组、老干部学习小组等文体团队，在丰富居民文化知识、提高居民综合素质方面发挥了重要作用。板报编写队，自成立以来共编写黑板报 240 余期，共 1 200 余板次，在居民文化教育方面起到了良好的作用。

此外，5 个社会团体负责人组成了社会团体联席会，通过定期召开社团工作及社情民意沟通会，收集民意，并统筹各类社区资源，为社区老人、妇女、青少年等不同群体提供贴近实际需求的服务。自成立以来，“葫芦缘议家社”上门走访慰问困难居民、大重病人及独居老人等 5 500 余人次；募集爱心捐款 15 000 余元，向特困家庭提供救助款近万元；为居民提供理疗、量血压等健康保健服务达上千人次。

现在，新华居民区居民真正实现了“自我管理、自我教育、自我服务”的模式。房前屋后干净了，小区治安变好了，马路宽了、路灯明了。居民又做打油诗形容家园：“车辆有序、草绿花香、幸福安康。”更重要的是，居民们真正有了“主人”意识，把小区的事当成自己的事了。看到弄堂堵车了，会立刻回家戴上“红袖章”出来指挥车辆；看到有人在绿地里乱丢垃圾了，会立刻上前阻拦；看到突发情况了，会立即联系居委会；碰到谁家有矛盾了，也上门劝说调停。小区的氛围一天比一天和谐，居民的日子一天比一天舒心。

“有了‘葫芦缘议家社’，具体的管理下放了，居委会将更多的精力放到当好组织者和协调者上。”方艳玲经常把这一经验介绍给前来参观的国内外社区建设考察团。“我们希望通过‘议家社’这种模式，最大限度地激发全体居民的活力，走出一条加强和创新社会管理的新路子。”

2. 长宁“1＋6”议事会　位于长宁区一棚户区拆迁后改建成的公房小区。小区总面积为 4.6 万平方米，绿化覆盖率达 30%，居民户数 1 395 户，人口 4 479 人，其中老年人 893 人，占总人口 20.08%。该小区从 2003 年开始，在连续三届的居委会选举中(2003 年、2006 年、2009 年)，都采用全体居民参与的直接选举方式选举产生居委会主任，居民参与意识较强。从 2000 年开始，为了能让广大居民享受“知情权、参与权、表达权和监督权”，发动更多的居民共同商议小区的发展，共同管理、协调、解决小区的问题，共同开展丰富多彩的文化娱乐活动，在不断的摸索和实践中，逐渐形成了协助居委会开展自治工作的文化教育、治安调解、服务保障、事务监督、人口健康、环境卫生六个工作小组。2003 年六个工作小组发展成为六个工作委员会，此后，这一“1 个居委会＋6 个小工作委员会”的居民区自治模式，就简称为“1＋6”议事会。金谷苑小区设立了“法官信箱”“雏鹰驿站”、腰鼓队等团队。社区有一些社会知名人士、专业人士以及社会经验较为丰富的老年活动积极分子。

“快乐心身苑”是华一居民区老年人们的新生乐园。每天上午10点钟十来个七八十岁的老爷爷老奶奶们准时出现在这里，参加由葛老师和陈老师组织的“日本心身机能活性运动疗法”中的群体性康复训练。

2008年，社区热心人士葛老师得知华阳敬老院引进了先进的“日本心身机能活性运动疗法”，经过了解之后，认为是适合高龄老人及身体状况较差老人的科学运动疗法。他及时通过人口健康工作委员会与居委会沟通，居委会与敬老院联系之后，派葛老师和陈老师到敬老院进行了系统的学习。同时，在“1＋6”议事会上，提出了这个项目，经过会议讨论，决定在金谷小区内的快乐健身园内建立“快乐心身苑”。随后，又联系了物业进行了必要的整修，添置了椅子等必要的设备供老人康复使用。

“心身机能活性运动疗法”综合运用了医学、心理学、运动学、社会科学等多项学科知识，经过老年人在脑、心、体等各方面的联动逐渐获得康复的效果。刚开始组织的时候，参加的老人不多，大家不明白这是怎么会事情。经过一段时间，老人们看着参加个体康复老人的身体状况日渐改善，都积极要求参加。人员也从三四名变成了十来名。俗话说，老小老小，上了年纪的老人有时的表现就像未成年的小孩一样幼稚，没有常性，有一部分老人做了没几次就觉得心身机能活性运动疗法无非就是做做操而已，一个个找借口偷懒。葛老师发现情况后，及时让那些坚持锻炼，且确有成效的老人在每周一次的信息交流上现身说法，介绍他们在参加心身机能活性运动疗法后的体会。还组织了一些小比赛，并发些小奖品，鼓励那些在康复运动中得高分的老人。现在老人们都骄傲地说:“每日到心身苑活动活动,身体健康了、笑声也响了,似乎年轻了十几岁。”

陈国良老伯伯,今年74岁,他是文化教育工作委员会委员,华一老年协会分会副会长、华一健身队队长、华一腰鼓队副队长。在自治家园的建设中,他成为了小区团队建设的骨干。

“大家开心就好”——这是蝉联小区几届“十佳民星”、“十佳好居民”的陈国良伯伯的口头禅。陈国良非常喜好各种健身运动,每日里到公园健身是他的必修项目。长年累月,他不仅学到了许多的健身技巧,更是结交了一批这方面的专业朋友,在居民区他有着良好的群众基础。由于他的热心和无私,许多人愿意成为他的朋友,他在居民中的威望很高。作为华一团队建设的“领头羊”,他利用闲暇时间,付出了很大的心血,组建成了多个文艺团队。比如腰鼓队,就是陈伯伯全程参与操办起来的。当时,腰鼓队刚成立在小区里,消息一经传出,居民热情很高,纷纷踊跃报名。然而,一支健康成长的腰鼓队,从器材的采购、教练的聘请、场地的设立……事无巨细,陈国良样样都要操心。七十多岁,年龄毕竟不饶人,腰鼓队正常运作后,陈国良还是病倒了。直到居委会书记前往探望才从其家人的口中了解到,他为了购买到质优价廉的器材,又为了给居委节省一些费用,骑着自行车往返于小区和城隍庙之间,加上当时正值高温季节,终于积劳成疾,晕倒在自家门口!

金苗苓(男),居住在金谷苑小区8号楼1801室。他是中国音乐家协会会员、上海音乐家协会会员、上海音乐家协会儿童音乐专业委员会副秘书长、上海音乐家协会合唱专业委员会委员,上海工人艺术家。他发挥自己的文艺特长,为小区谱写了《家庭美德歌》和《华一小区歌》,为宣传世博他谱写了《世博会真热闹》和《小海宝》的歌曲,宣传世博,营造氛围。他是一名热心居民区自治工作的志愿者，他是文化教育委员会的委员、服务保障工作委员会、是华一在职职工活动委员会指导站站长、是华一金谷苑小区业主委员会的委员，他为创建构建和谐华阳，做了大量富有实效的工作，人们称赞他为社区建设的参谋长。十多年来，他积极参与华一小区建设，收集民意，向社区提供建议，处处展示华阳风采。他结合华一实际，开展创特色品牌分站活动，展现闪光点。如“清扫行动”，在居民区雷打不动的每年初一、初五清扫烟花爆竹垃圾，“结对活动”，在居民区开展“结一个对子、任一项职务、争一则荣誉、办一件实事、献一份爱心”活动。他还协助周边居民区开展自治活动，如在华院分站设立“在职员工困难基金”、在华四分站“爱心聆听室”等。

刚刚完成的整个民心小区和金谷小区的大修工程，就是“1＋6”议事会这个自治模式有效运作的一个例子。小区大修是个大工程，物业公司又是新来的，要综合改造就要动用维修基金，而且必须是三分之二以上的居民要签同意协议书，虽然居民呼声挺高，但是反对之声也不弱，物业公司犯难了。环境卫生工作委员会在25号的会议上，将此事作为重要议题。环境工作委员会中有居民代表、有物业代表、有团队代表等7人组成，会上，大家一是将各自听到的居民反应进行了交流，并听取各方代表意见，二是明确要从各个渠道进行宣传和解释，三是有问题及时主动出面协调。随后在28号的六小委员会主任例会上，将讨论结果和意见提交会议再次讨论，会议在居委会主任的主持下，不仅确定了小区大修是保障多数居民意见的，并明确在大修工作开展过程中，六小委员会要互相配合和支持，分别做好宣传、动员、劝解和协调等多项工作。会议结束之后，各委员会成员从楼组到团队进行宣传，同时配合居委会挨家挨户上门请居民签署同意书。最后，综合改造顺利开展，改造过程中的各种大小矛盾，也在六小工作委员会的协助下逐个顺利解决。

在华一居委会的对面，有一个长达50米的华一民主自治长廊。这个自治长廊是居委会民主自治工作的公告台、点评台、展示台和监督台。

华一民主自治长廊始建于2000年，当时只是简单的几块版面，2006年进行了改建和更新，在街道的支撑下，发展成为了具有13块版面、50米长的长廊。长廊的始端是居委会干部版面、居务公开版面，里面向居民展示了居委会干部的情况及居委会主要工作任务，接着是居民区最有名气的"金谷点评台"。十年来"金谷点评台"，在数量上，从每个小区一个推广到了每楼一个；在内容上，从小区共性问题延伸到了各楼的个性问题；在主题上，从"曝光批评"发展到了"好事众评"；参与的对象从积极分子扩展到了普通百姓，营造了良好的道德环境，激发了良好的社会公德意识，增强了居民的归属感、认同感、亲情感，小小一个点评台，成为了精神文明建设的大阵地，成为了基层民主建设的大舞台。它也是事务监督工作委员会的有力阵地。接下来是华一"1+6"议事会的工作展示，每个工作委员会有一个版面，展示的就是委员会的工作情况，里面还有我们每个委员会委员的合影，内容会定期更新。华一居民区每年都会在小区内评选"十佳民星"，并且在长廊内进行宣传，增强居民间的了解，褒奖优秀，树立榜样。"民星"的评选也是由居民参与投票产生。最后的两块版面是社区民警和物业公司的告示牌，方便居民随时能和他们进行沟通交流。

2000年，孟祥芝庭长志愿在居委会门口设立了一个信箱，取名为"法官信箱"，通过接收居民信件开展法律帮助。九年来，"法官信箱"不断地发展和完善。2005 年,居民区治安调解委员会提出建议要做响“法官信箱”品牌。通过居委会和街道的沟通,在街道的支持下,“法官信箱”注册成为了民办非企业组织,并在华一居民区活动室设立了专门的法律咨询室。一花引来百花香,法律志愿者的队伍在不断扩大,在孟庭长的号召下,华一建立起了一支专业法律咨询志愿者队伍,成员包括审判厅厅长、退休法官、律师等法律界专业人士。“法官信箱”在每月雷打不动地在 28 日上午进行法律咨询服务,并形成了挂牌接待制度、来信回访制度、调解处理结果反馈制度等。

“法官信箱”除了进行专业的法律咨询,还对楼组长、居民代表、人民调解员、群众团队及协会中的维权志愿者们进行培训,提高他们在居民区的调解处置问题的能力。通过“法官信箱”,共接待居民 500 多人次,调解处理了各种纠纷矛盾,成功率达 98%,为社区居民的合法权益保驾护航。其中数例经典案例,处理得十分漂亮,得到小区居民的赞扬,从而确保了小区安定和谐。在华一小区每一季度都会开展一次大型的法律咨询或业务培训,内容有青少年法律知识培训、外来妇女如何保护自己、老年人如何维护自身合法利益等。

“雏鹰驿站”是 2000 年建立的,设立在社区青少年服务中心内,能容纳 40 个学生同时活动。“驿站”在暑期开设暑托班、寒假开设寒托班、平时 16:00—20:00 开设有晚托班。

2000 年,随着教育制度的不断改革,在校学生回家的时间越来越早,居民区要求“青少年托管服务”的呼声也越来越高。符金秀听到居民呼声后,在文化教育委员会开会的时候提出,是否能够向街道社区青少年中心的资源借力,整合资源开办托管教育服务。后经居委会与街道的协商、筹划之后,建立了“雏鹰驿站”,终于让华一小区的青少年们解决了暑假、寒假、放学后无处可去的尴尬，给学生的家长吃了一颗“定心丸”。“雏鹰驿站”的建立解决了学生离开学校无处可去的问题，让社区内双职工家庭没有了后顾之忧。那些学习上有困难或是家里无人照料的青少年来到“雏鹰驿站”，在大学生志愿者“一对一”个别辅导和帮助下完成作业，使他们在学习上克服困难，取得进步。暑托班、寒托班除了安排学习辅导课外，还请来专业教师开设了水晶画、舞蹈课、电脑课、吹塑画、十字绣、制作中国结等内容，使青少年在假期增长了知识，提高了综合素质。同时，还和《小主人报》报社共同举办“军营一日游”“常州恐龙园”“警犬训练基地”等一日营活动，丰富了青少年的暑期生活。

3. 同心家园共建理事会　位于静安区的西南角，市中心黄金地段。所在的华山小区是由花园洋房、公寓、高层、多层、高档商品房等组成的混合型小区，小区内优秀历史建筑众多，时尚中透着深厚的传统文化底蕴，小区有居民 1 065 户，总人数 3 013 人。理事会基于共同治理好小区事务组建而成，最初成立于 2004 年，理事会成员单位包括华山居委会、老年协会、小区业委会、物业公司、华东医院、华山医院、上海市质量技术监管稽查总队、中国福利会托儿所、上海戏剧学院、上海住房置业担保公司、上海体育彩票等单位与居民各方代表，理事会以共同目标、共同利益、共同需求为纽带，以多种方式开展社会性、群众性、公益性活动，主要包括以物业管理一体化联席会议解决居民切身利益问题；发展文化团队，丰富群众文化生活；整合社区资源促进公共服务；运作好联席会议，解决社区发展面临的共同问题等四个方面的内容。

华山小区同心家园共建理事会还在运作过程中，通过开展物业管理一体化联席会议，为小区各个利益主体在物业管理和服务范围内搭建了一个协调平台。广电大楼的水箱原来是水泥砌起来的，实事工程改造以后换了不锈钢内胆，居民提出是否可以更换进水管，经过协商，物业公司同意居民的建议。由于各户居民家中装修情况不同，不能统一进水管的走向，发生了矛盾，居委干部、业委会主任以及物业公司的经理，反反复复做了大量的居民工作，还是不能解决问题，最后通过理事会商量决定，由业委会组织业主采取书面表决形式决定进水管的走向，圆满解决了居民的实际问题。此外，理事会还响应居民要求，让工作人员对保安进行定期巡查，为楼组的老年人增添便利设施，推进了厨房间、卫生间、水箱的改造工程，有效化解小区矛盾。

华山小区同心家园共建理事会还为社区单位发展提供了平台。如中福会托儿所要改建亲子苑，因为亲子苑在居民小区中，可能给居民带来不便，影响居民生活，通过联席会的协调，避免矛盾的产生，使工程顺利完成。此外，通过联席会，社区单位资源互通有无，资源相互实现、相互倾斜，在需要的时候，按照单位特点，有的提供会场、有的提供文艺演出、有的提供医疗资源等，满足了不同单位的需要，实现共同发展。

华山小区“童心”笛友社是由小区居民许国屏发起成立。十几年前，小区的文化娱乐设施少，人们的精神生活贫乏，还有居民们聚在一起打麻将。看到这一情况，许国屏老师萌生了“让笛子声盖过麻将声”的想法，组织了笛友社。笛友社经常为小区绿化、安全、宣传等方面出谋划策，参事议事。每周四，笛友社在居委会活动时，就会自发地对小区建设事宜进行探讨。在自我成长、自我学习、自我发展的基础上，笛友社的骨干们还自发组成了志愿者队伍，分别到阳光之家、华山医院、市西小学、“两新”楼宇辅导教授笛子技巧。以笛会友，笛友社通过笛子把各个单位与居民串联在一起，用笛子构建和谐。

为传承中国传统手工艺技术，2005 年，华山小区教师联谊会自发组织了“中国红”编织组。学员中年长者已 70 多岁，最年轻的也已近 60 岁。与笛子社类似，组员不仅学会了中国结编织的基本技艺，也参与小区事务中，共同协商，共谋良策。

许国屏（男，1940 年），是一名毕生致力于民族音乐传播的文艺工作者，多年来为弘扬民族音乐奋斗不止，也热心社区公益事业，为提升小区居民的文化素养，做出了积极的贡献。为了迎接 2010 年上海世博会，许国屏积极筹备举办“万支多功能笛迎 2010 年世博会”，普及中华笛韵，把演奏、舞蹈、合唱相结合，形成浓厚的群众性迎世博氛围。在他的努力下，社区居民、机关干部、小区白领、部队官兵、医生教师，甚至来沪打工人员纷纷加入这项活动中，整个社区大街小巷、公园绿地、商务楼宇处处闻笛声，人人迎世博。

许国屏视民族文化为生命，凭着执着的精神，为弘扬民族音乐，丰富社区文化生活起到积极作用。观摩者可以与许国屏进行交流，学习演奏由他发明的“多功能笛”，该笛被称为世界上功能最多的笛子，创下了大世界“吉尼斯”纪录。

4. 社区“三会”制度　位于黄浦区五里桥街道道紫荆居委会。该社区位于卢浦大桥旁，紧邻 2010 年上海世博会场馆地，有居民 1 600 多户，计 4 794 人，居住地以公寓大楼为主，由紫荆新苑、鲁班公寓、卢湾城市花园三个新建商品住宅小区组成。辖区居住环境优美，生活条件好，小区居民对精神文化方面的需求较高。居委会共有 9 名成员，有在职的、有退休人员、有社区工作者、有企业职工，他们都是社区的热心人，以饱满的热情和积极的行动为社区贡献力量。有文娱、体育、科普、文化等十八支 500 余人参加的群众团队，如合唱队、舞蹈队、健身舞队、腰鼓队等。

李大宽是小区团队带头人，他自1999年以来连续三次当选为居委会主任，从事社区工作已经十余年，是一名“老社区”，他曾任上海市公安局技术侦查出副处长，现在担任卢湾区人大代表、五里桥社区委员会副主任、五里桥社区艺术团团长、紫荆居委会主任。

李大宽的工作方法是“诚信至上”，他首先亲自了解居民的需求，带领居民委员会向小区居民发放征询表、召开座谈会，广泛听取居民对小区建设和管理的意见，并结合小区实际制定为居民办实事的具体项目，设立了便民服务指南牌，方便新搬居民的日常生活需要。李大宽还提议设立了主任热线电话，对居民的困难认真解答、处理。他还利用双休日对小区的治安防范、环境卫生、综合治理等方面进行实地巡查，在掌握了第一手资料的基础上对旧围墙加高、安装滴水管、袋装垃圾管理等多项事务提出意见，要求物业公司整改。

李大宽也是一名文艺工作爱好者，他作为五里桥社区艺术团团长，带领艺术团进行节目的编排、演出，还兼任主持等。他带头参加小区的文化团队，担任合唱队的领唱，利用自己的专长，帮助创建文明活动摄像。

紫荆小区自2002年开始设立“文明公约点评台”，越来越受到居民关注与欢迎。小区中不文明行为容易引发居民纠纷和反感，为响应群众要求规范居民行为的强烈呼声，由居委会征集、总结、归纳居民的意见形成了小区的文明公约，由居民自愿签约生效，不仅有小区整体的《文明公约》，每个楼组还有自身特色的《楼组文明公约》，针对不同的事务类型，还有《绿化公约》《文明养宠公约》《德治公约》等。为充分发挥《文明公约》的典型引领作用，小区设立“文明公约点评台”，由居民自己主持，对先进人物进行褒扬，对不文明现象进行批评，评比“紫荆之星”，挖掘普通市民身上的闪光点。

紫荆小区 7 号楼五楼的污水管爆裂，造成四楼、三楼房屋水漫金山，恶臭不已。三楼是一对小夫妻的婚房，刚准备入住就遭此意外，十分气愤，要求五楼业主和物业公司赔偿，居委会连夜召开“协调会”，及时化解矛盾。但是对于赔偿金和赔偿主体有分歧，三楼业主准备到法院起诉。这时李大宽主任把同住 7 号楼的黄浦区法官请来义务咨询调解，告知了起诉的程序烦琐，费用高达 8 000 元，最好还是采取居委会协商方式解决。最后，通过三次协调会，经过李大宽等居委会成员的多方努力，终于由五楼、四楼、物业共同赔偿 4 500 元，重新修缮三楼房屋，顺利化解了一场邻里矛盾。

5. 嘉定区桃园睦邻点　该社区是老式公改房小区，社区总户数 4 468户，总人口达到了一万两千余人。同时作为老小区，社区的老年人比例也接近 30%。目前桃园社区居委会拥有全日制工作人员 4 名，非全日制人员 3 名。“睦邻点”建设始于 2007 年，至今已建有各类“睦邻点”10 个，包括“舒心苑”“才艺苑”“健康苑”“戏曲沙龙”“老爸爸聊天室”等。这些多是群众自创，结合楼组群众自发结团交往需要而形成的。为了加强对“睦邻点”建设的引领和指导，在桃园居委会的牵头下，每周四社区内所有“睦邻点”的负责人和居委会下属各专业委员会负责人，欢聚居委会“睦邻沙龙”活动室，交流活动心得，商议、互动、沟通；了解身边要事，共谋良方对策。

“睦邻点”成员由社区志趣相投的居民自发参加，活动自由设计，因势利导，培植发展。每个“睦邻点”设 1—2 名负责人，由社区推荐成员中的党员骨干作为候选人，由全体成员推举担任。“睦邻点”是为满足群众多重精神文化需求而自发成立的以共同兴趣爱好为特征的活动小组，活动内容不受内容限制，只要是积极向上、有益身心的活动都可以在“睦邻点”开展，桃园社区 31 个“睦邻点”各具特色。

社区范围内有桃园幼儿园、城中路小学等 4 所学校，上下班高峰期遭遇接送孩子的车辆借道小区“捷径”穿行，小区交通异常拥堵，碰擦事故频发。街道办事处和居委会多次召开居民征求意见座谈会，但一直没有得出可行性方案。

“老爸爸聊天室”的成员们得知后，你一言我一语，提出了错峰出行、开放出口、加强指挥等多套解决方案。老爸爸们聊出了干劲，第二天一早，热心的老爸爸们来到桃园社区南大门、西大门，实地查看了解当地情况，进行全面分析，商议了社区高峰时期通行采用“单向行驶、西进南出”的方案，并将方案递交社区党总支。社区党总支书记马上联系了嘉定交警支队一中队协商方案，经过多次座谈会听取老爸爸及居民们的意见，决定进行方案试行。试行至今，居民们非常满意。

6. 戴老师议事厅 · 玩美家园——贵龙苑世博居委会自治家园

贵龙苑社区位于浦东新区塘桥社区的东方路上，是 2001 年入住的新建商品房，居民 1 145 户，常住人口 3 125，其中户籍人口 1 185 人，非户籍人口 1 940 人。居委会工作人员由主任一名和六名委员组成，有志愿者人数 380 人，群众团队八支。从 2002 年贵龙园居民区建成伊始，针对来自四面八方的新居民、面临各类管理与服务需求的新问题，党支部、居委会一班人马没有局限于几个人的力量，而是积极发掘社区人力资源，放手起用一批社区领导者，逐步编制成一张居民活动的社群网络，进而带动了广大居民共同参与，“高空抛物”“物业管理”“邻里关系”等一系列商品房社区的治理难点也迎刃而解，走出了一条以居民参与为基础、以社群领导者为中坚、以群团活动为载体的居民自治新模式。

小区有一个由居民自发组成的义务巡逻队，已经坚持了许多年(2009 年)每当夜幕降临，小区里的义务巡逻员会戴上红袖章，打着手电筒，行走在居民的房前屋后。60 岁的老人周秀珍是小区的卫生监督员，大到小区马路上的垃圾，小到楼道栏杆上的灰尘、花坛丛中的狗屎，没有一样逃得过周阿姨的眼睛。

议事厅是戴珠凤女士在维护小区居民物业权益的过程中发起的。2008 年，小区连续发生 13 起失窃案件，加上小区监控设备老化、硬件管理不到位等情况，居民们与物业之间的矛盾日益激化。在此情况下，为了有个安全良好的居住环境，原本在家洗衣做饭、照顾孙子的戴老师，又拿出当年在单位做管理、搞业务的劲头，一次又一次充当居民的“谈判专家”，与物业公司“谈判”，九个月后，在小区居民的支持下，招标了新的物业公司。新的物业进来了，戴老师又召开了居民座谈会，倡议居民以新的面貌和姿态配合新物业的工作。以后，逐渐形成了一套议事规则：议事厅以楼组为单元，有了问题，居民可先找楼组长反映情况，然后在议事厅厅长召集下，居委会委员和社区党员志愿者在内一起参加座谈会、听证会，听取意见，进行协调沟通。议事厅的活动方式是每两周接待居民来访。遇到居民急事急办，居民们“想、盼、愁、忧、难”的生活琐事和服务需求，都可来此畅言，“厅长们”负责把采集到的信息反映到居委会和有关部门，并且帮助居民们排忧解难。

小区还有一个“李晏心理工作室”。李晏，41 岁，本是上海市青少年 1235 热线电话的心理咨询师，因为成功帮助小区一名网瘾少年戒除网瘾，使其顺利完成学业，并成功帮助其就业，后主动请缨担任社区青少年心理咨询师，又自愿担任小区心理咨询室老师，在小区建立了“李晏心理工作室”，每周一次走进小区心理咨询室，为小区居民提供心理咨询。

在贵龙小区，文化娱乐活动非常丰富，文化团队也很多，文化会客厅就是各种群体性的居民文化娱乐活动的场所。2003 年以后，小区先后成立了百灵鸟合唱班、青松读书班、晚霞书画班、巧手编织班、老来乐英语班、金凤凰舞蹈队。

在这些群团组织中，以岑老师为代表的百灵鸟合唱班就是非常活跃的一例。岑老师，1931 年生，原是小学老师，2001 年入住贵龙小区后成立了百灵鸟合唱班。岑老师站在讲坛上教歌，能站上一个小时，“我不仅要用年龄感动别人，还要用行动感动别人”。居民们在她的精神感召下，合唱班由先期的十多人一年一年发展壮大，至今已有四十多人。百灵鸟歌唱班逢周一必上课、逢节日必演出、逢比赛必拿奖，红遍小区，人人都知道。90 多岁小娇阿妈来自四川，每逢女儿参加歌唱班，她就在旁边听，从来也不唱，但脸上却一直在笑。有一邻居，四十岁出头，因婚姻离异郁郁寡欢，岑老式知道后特地拉上她参加早锻炼、唱歌等活动，慢慢地这位邻居脸上出现了笑容，成为了小区的文艺骨干，岑老师的好帮手。小区里一个智障青年，只能跟这大家发出呀呀的声音，但岑老师的课一堂不落，时间久了，人也开朗了，家长因此非常开心。

7. 跨文化沙龙 位于浦东新区陆家嘴金融贸易区，是一个国际型社区，居民总户数 1 944 户，人口约 4 850 人，小区已入住的居民中有 40%来自德国、美国、英国、新加坡等 50 多个国家，30%来自全国各地(包括港、澳、台地区)。为了让滨江园居民，尤其是西方的居民朋友们体会到中华民族传统节日的魅力，了解中国文化，同时增进中外居民邻里间的情感交流，丰富社区文化，为此仁恒滨江园居委会主办了“洋太太学中文”沙龙，通过教授洋太太生活中常用的中文词汇、举办各种中国传统文化活动来充实洋太太的业余生活，帮助她们更好地融入上海。“洋太太学中文”沙龙在居委会的组织下成了居住在仁恒的洋太太们彼此交流、学习中文、参加各项活动的平台，也是居委会服务好外籍居民、了解外籍居民需求的最佳信息来源。“洋太太学中文”沙龙的成员们不仅积极参加各项活动，平时更是热衷于慈善活动，比如定期捐衣捐物，经常向红十字会及其他慈善组织捐款等。为了汇集洋太太们的爱心力量帮助更多需要帮助的人，居委会张书记于 2008 年 1 月召集了“洋太太学中文”沙龙的成员及其他充满爱心的洋太太们，组成了仁恒国际妈妈俱乐部。

仁恒国际妈妈俱乐部是由居住在仁恒滨江园，来自美国、加拿大、英国、法国、瑞士、新加坡、中国台湾、中国香港等国家和地区的国际妈妈们组合而成的爱心公益组织。他们交流育儿经验、举办派对，也深入敬老院、孤儿院，了解社会、奉献爱心。这个外籍居民自己建立并运营的组织，于 2008 年 1 月成立，成立后不到一年的时间里，国际妈妈们各兼其职，她们有钱的出钱，有力的出力，有物的出物，有知识的出知识，先后参加了爱心联合捐活动、爱心义卖活动、“5.12”抗震救灾慈善系列活动等。

除此外，小区活动室里还活跃着很多文化团队，比如小区的国际社区合唱队、小区海派秧歌队、国际流行排舞队等，其中最值得一提的是国际社区合唱队。该合唱队成立于 2002 年，由社区内一群文艺爱好者组成，队员近 50 人，外籍居民队员由原先的 3 名发展到目前的 10 名，其运作完全由志愿者独立完成，主要演唱一些中外经典音乐歌曲，为中外居民带来了丰富多彩的文化活动，这些文化团队逐步成为引领社区风尚的活跃团体，为社区赢得了很多荣誉。

8. 潍坊自治多功能厅　位于浦东新区陆家嘴金融贸易区内，现有居民户 998 户，共 2 615 人。其中，五好家庭 612 户，学习型家庭 238 户，绿色家庭 4 户，区级五好文明家庭 3 户，科普家庭 2 户，创建文明楼组 36 个，特色楼组 9 个。本届居委会成员 5 名，平均年龄 46.8 岁，全日制比例 40%，居民代表 92 名，居民小组长 45 名，小区党员总人数为 201 人，其中退休党员 107 人，在职党员 94 人。小区通过二室二点的改造，现有群众文体团队 9 个，包括“读报组”“手工编织班”“合唱班”“沪剧表演班”“刻纸艺术兴趣活动”“老人开心坊”“耆英义工服务队”等，另有志愿者服务队 11 个，社区志愿者 331 位，经常参加小区志愿者服务的人数超过半数以上。

潍坊十村是 20 世纪 80 年代的成套旧公房，60 岁以上老人占小区居民总数的 22.3%。随着生活水平的提高，居民们开始感到老年活动场地十分缺乏，一部分居民提出用自行车棚改建成老年活动室，因为自行车棚一大半空着，居委会经过调研认为这个建议不错。当这个决定一出现，马上在小区引起轰动，有几种不同意见纷纷出现：第一种观点，物业部门认为自行车棚是公益性设施，由物业管理的；第二观点，住在自行车棚附近的居民认为改建成活动室后会吵扰居民生活；第三种，是经费问题。在居委召开的听证会上，物业提出，公益配套设施本来是业主共有的，只要业主同意物业就没有意见；附近居民提出自行车棚变活动室后，声音响，灯光亮，影响生活，以后要是自行车增加了怎么办？要求方说：“活动室可以定时间开放，由专人负责，订出规章制度，以最大限度做到不影响居民生活，做到不扰民，也请对方考虑到小区实际情况和老年人的需求出发，做一下让步。”居委会则承诺，尽最大努力打报告，请政府出资。这样原本难以统一的问题，经过居委会的努力，最后大家达成共识。活动室 2005 年兴建，2007 年扩建，室内面积 212 平方米，分别由棋牌室、电视娱乐室、乒乓室、阅览室、市民教室等多功能性活动室组成。这一活动室由小区中 40 多名热心志愿者自主管理，具体由热心居民阮旭东（1948 年生）负责。

小区 645 弄紧靠唐家浜花园，那里杂草丛生，树木的高大与密度，让周边居民终年见不到阳光，到了大热天，苍蝇蚊子满天飞，臭气难闻，居民怨声不断，到处上访，多次要求居委、政府和职能部门对唐家浜进行改造和整治。但是，树木涉及护绿、毁绿，问题一直得不到解决，最困难的是住在附近的居民要求搬树，不住在附近的居民则说树是有生命的，不可搬，树大好乘凉。在居委会召开的听证会上，大家被请到实地，经过察看过后，本来持不同意见的居民发觉，阳光照不到的日子的确非常难过，表示同情，当场表态同意搬树。搬树可以，但要合法，要保证大树有一个好的落脚处，要活下来，否则太可惜。听证会上，居委会主任表态，一定会走合法途径，要向职能部门打申请报告，得到政府的支持。后来，通过政府出资，居委协调各方，一座美丽优雅的居民健身园出现在原来的唐家浜旧址上。

“老人开心坊”由居民储燕华（1943 年生）负责。她原就职于川沙沪剧团，退休后是小区中沪剧表演班和手工编织班的爱好者和负责人。她在小区中带出了很多有特色的团队，她不断想方设法逗老人乐，琢磨如何开发老人智力，活动老人的筋骨，提高老人的动手动脑能力，以延缓老人的老年性痴呆症发生频率。

9. 沪东街道楼组公共空间　位于浦东新区东端的小高层（11 层）商品房住宅区“江南山水”，于 2000 年 12 月建成，2001 年 1 月开始入住，现有居民 1 138 户，约 3 522 人。整个小区建筑面积达 13 万平方米，绿化覆盖率达到 51%，整个小区采取中式园林设计，幽静典雅。小区的特点是引进人才较多，居民的文化层次较高，年龄结构偏低，生活水平相对较好，拥有不少高级知识分子、领导干部和技术管理人员，同时也拥有近 80 户子女在海外的家庭。有党员医疗服务站、老年“读书会”、唱歌小组、手工编织班、书法班、舞蹈队、拳操队等各类群团组织，以及党员之家、民主自治管理小组等居民自治组织。这些团队大多与小区同龄，在居民入住小区后陆续组建而成。其中，党员医疗服务站 2002 年由郭文娥医生发起组建，2004 年翁医生退休进入该站，2010 年时发展扩大成为由 4 位医师和 6 位医务志愿者的团队。

2002 年，小区成立了老年“读书会”，“读书会”采取自愿报名参加的形式，吸收具有一定的文化水平小区居民，通过制订章程、分工负责，每月一次，持之以恒，开展学习时事政治、理论形势、社会热点、科普知识，要求成员平时学习轮流主讲，然后大家交流，共同提高认识。到 2009 年，读书小组成员从原来的 20 多人发展到 40 多人，无论刮风下雨，会员们每月的第一个星期五都会相聚在一起，谈热点、论形势，会员们都笑着称作“相约星期五”。“读书会”在小区的影响渐渐增大，小区内的党员群众、楼组长、居民代表、文艺健身团队、各种志愿者团队，碰到重要的专题演讲，都邀请他们参加。

民主自治管理小组于 2007 年成立，由社区民主监督员、业委会、业主代表组成，小组成员大多数有大专以上文化，具有一定技术专业特长和法律知识水平。社区民主监督员艾阿姨从东北退休后把房子买到了江南山水小区。最初，她只是想在小区里有“放松”的感觉，“养好身体安度晚年”，后来她在小区散步时常看到居委干部忙忙碌碌的工作，便产生了为社区工作做点事情的想法。于是，她报名参加了小区的治安巡逻队，当起了一名治安巡逻员。每天清早，她佩戴者“治安巡逻员”袖标在社区小巷中穿行，七年来（2002—2009年），不管刮风小雨，天天如此。艾阿姨所在的41号楼组，外来的“新上海人”就占了三分之一，为了让大家融入楼组，作为楼组长的她，不论谁家有个头痛脑热的，她都有求必应，热心帮忙。该楼一居民被摩托车撞了，住医院打了6颗钉子，要卧床休息4个月，艾阿姨发动楼组居民看望病人，带去慰问和关爱，使他感受到了大家庭的温暖。在她的带动下，楼道的氛围好了。提到艾阿姨，大家常常会不约而同地跷起大拇指：“看着艾阿姨真诚的脸，听着艾阿姨亲切的话语，外地人敬佩，上海人服帖。”

为了加强小区安全防区，小区决定建总监控室并安装电子摄像头。居委会、业委会、民主管理小组通过现场勘察与共同商讨，决定把小区活动室的下棋室改为总监控室。这一方案引起小区棋迷的强烈不满，他们纷纷找到艾阿姨，表明态度：“不准建监控室，棋室没有了，你让我们到哪里去活动？”艾阿姨把棋迷们的意见反馈到居委会。大家陷入一筹莫展中，总监控室要不要建？如果要建，棋迷们的活动场所又如何安置？到第四天，在家中看电视的艾阿姨突然灵光一闪，小区的地下室长期闲置，如果把它改建成棋室不知成吗？于是，艾阿姨把想法和居委会书记和主任说了，第二天，大家去现场踩点，发觉这一想法可行。接下来，居委会通过召开会议，邀请楼组长、居民代表、棋迷爱好者就地下室安排排气扇，增加通风渠道，采光增强，地下室两边安装扶手等问题进行了商讨。

江南山水，小区面积大、私家车也多，但车道狭窄、拐弯多，且人车不分流，这严重威胁和影响了行人的安全，这是问题一。与私家车有关的第二个问题是,原有的300个车位远远不能满足700辆私家车的停放,"有车一族"就瞄准了小区的中心广场,随意停放的现象屡见不鲜。中心广场原是老人早晨锻炼的固定场所,现状被私家车占领了空间,老人立刻把矛头指向"有车一族",他们拿着"请愿书"找到了居委会,要讨说法。小区民主自治管理小组为此召集班组成员一起开会讨论,集思广益共同商量对策。在征求班组成员的意见后,民主自治管理小组及时召开了缓解停车难听证会。听证会上,民主自治管理小组汇总居民的发言,找出了问题的关键:增加车位,减少中心广场停车量。同时,解决小区车行"双行道"问题,改"双行道"为"单行道"。怎样才能增加车位又减少广场停车量的问题?老主任想到了和江南山水只有一墙之隔的文峰大卖场。经过协商,文峰大卖场同意免费提供20个停车位。回到居委会,民主自治管理小组再立即召开居民会议和楼组长会议,就中心广场如何设置路障展开了讨论,会上居民们提出了三种方案:打桩、安置大理石墩子以及安放花盆。经反复讨论并征求群众意见,决定采取放花盆的方法。鉴于上述问题的成功解决,民主自治管理小组决定趁热打铁解决车行道的问题。民主自治管理小组将老人们提出的"请愿书"改成"呼吁书",连同"告居民书"一并由楼组长送到车主的手中。老人的呼声深深打动了车主,大家都开始自觉自愿改正过去的"双向行为"。

文明养狗是小区面临又一个问题。近年来,养宠物狗似乎成为一种时尚。对于宠物狗,喜欢的人爱得要命,讨厌的人恨得不行。和许多新建小区一样,面对新问题,江南山水小区的管理手段还不足。"随地大小便、惊扰妇孺"等事时有发生,邻里之间也常因养狗问题闹得不愉快。后来,经过楼组长会议,以及征得居民代表的意见后,居委会决定在小区召开“养狗辩论会”，让双方就养狗利弊各抒己见。同意养狗的和不同意养狗的居民分别根据自身立场分别陈述养狗的利弊，双方都据理力争，经过两个多小时的辩论，最终，居民们达成共识：养狗可以，但应该文明养狗，要制定《养狗文明公约》，制止不文明行为。《文明养狗公约》是居民自发制定的，内容包括犬主必须办理犬证，遛狗时用绳索链条牵住、狗在公共区域便溺要立即清除干净。后来，小区相继形成了若干养狗新制度。如办狗“身份证”，小狗“身份证”全部张贴在小区宣传橱窗内，这既提高居民热爱动物的意识，也便于楼组长对文明养狗实施监督；其次，小区内遍设养狗便便箱；成立养狗沙龙等。

10. 四海同心俱乐部　张江镇的碧波路居委会地处张江高科技园区，是一个涉外商品房社区，规划总户数 934 户，实际居住约 750 户，约 2 400 人左右，社区居民来自超过 17 个国家和地区，目前外籍人士住户超过 20%。居民家基本聘有保姆，有的居民家庭中有 2 个保姆，甚至有 3 个。外籍人士多，外来人口多，人户分离是小区的人口特点。

社区居民由于“生活水准高、文化素质高、需求层次高”，在社区里，大多数居民在社区表现为“一多二少”：对物业管理关注过，居民对居住环境和物业管理水平以及个人需求欲望有较高的要求，希望环境幽雅、居住安全、生活便利，大多数居民关注提高服务水平和追求个人利益，谋求业主委员会领导小区管理；对行政管理依赖少，许多居民法制意识强，比较看重隐私，认为只要自己的利益不受侵犯，自己不触犯法律，行政管理跟自己没有多少关系；对社区事务参与少，居民会把社区仅作为居住的功能地，社区意识相对薄弱，对社区的关心程度较弱。

2009 年居委会直选，这对碧波路居委会是很大挑战。社区规划 934 户，实际入住 734 户约 2 400 人左右，但实际常住人口 300 多户，其余大多数是外籍人士、租赁户以及空关户，人员流动大，外出度假的多，参与社区建设的意识相对较弱，选民登记工作难度大，投票率也难以保证。针对国际化社区门难进、脸难看的尴尬局面，居委会采取“三个结合”的策略，使居民代表与业主代表相结合，居民组长推荐与业委会推荐相结合，选民登记与“两个实有”登记相结合，简化工作程序。具体操作上，实施网格化分工地毯式推进，力争做到户籍居民一户不漏，常住人口积极争取、港澳同胞倡导加入。最后，共登记选民 631 人，投票率为 84%。

碧波路居委会有社区党员 93 名，由于各种原因，组织关系在居委会的只有 21 名，但是党支部依然把 93 名党员都作为支部的一员，通过定期座谈会等活动，把这些党员吸收到小区志愿者队伍中来，成为志愿者骨干。在相继建立“温馨港湾俱乐部”“张江镇社区学校碧波路分校”“张江社区卫生服务中心碧波路卫生点”后，组建了“阳光家园服务站”。目前服务站建了八支志愿者服务队，分别是安全巡访志愿者服务队、物业巡查志愿者服务队、健康列车志愿服务队、语言交流志愿者服务队、法律宣传志愿者服务队、爱心助老志愿服务队、文体健康志愿服务队、雏鹰假日志愿服务队。八支志愿者服务队有志愿者 95 人，队长或是党员，或是业务专家，或是业委会负责人。通过服务站志愿服务方式，居民可以发表见解、加强交流、展示才华，这让居民广泛参与小区事务，增强认同感。

居委会刚成立时，居民们有很多质疑，有的居民当面质问居委干部：你们能为我们做什么？事实上，小区里的居民生活水准高，他们渴望生活质量的不断提高，但是，同一屋檐下，同进同出，却相见不相识。看到家家有小孩，居委会党支部和居委会觉得，这应是最好的切入口。

2005 年 8 月，社区举办了第一届“小手牵大手，走到一起来”亲子活动。这一活动果然引起了居民的兴趣，有 51 户中外家庭走到了一起。次年第二届时，社区引入合作方“美国金宝贝公司”共同举办了“精灵国快乐主题日”活动。到 2009 年，这一活动连续举办了 5 届。

现在，这个国际化社区中，建立有“温馨港湾俱乐部”，内有图书室、乒乓室、棋牌室、谈心室等，是居民可以随意出入的“多功能会所”。6 000 多平方米的汤臣豪园会所是小区的配套服务项目，会所设有室内温水游泳池、健身房、跳操房、乒乓室、羽毛球场、瑜伽等体育活动场所；暑期还举办青少年培训班。汤臣豪园会所是小区举办亲子互动活动、元宵节、圣诞节等中外传统节日文体活动室内场所。处在龙东大道一号岗的健身广场已成为居民健身活动的有益场所。2006 年由镇政府和物业联合出资创建了室外健身点，文体健身志愿服务队队长黄玉珍是一位热心人，在她的倡导下，相继开设了瑜伽班、木兰扇队、排舞队、交谊舞队、红帽子骑游队。现在，每天在广场上锻炼的文体团队操练着太极拳、太极剑、太极扇等络绎不绝，每年中秋、重阳节，社区一家亲广场文艺晚会都在健身广场举行。

11. 林云全科居委会　林云小区建成于 20 世纪 80 年代末，属于老式新村公房，面积 10.06 万平方米，有居民住宅楼 77 幢，居民 2 000 户住户，4 600 余人，其中有超过三分之一的住户是纯老年户，80 岁以上的老年人达到了 106 名。目前林云居委会由 5 人组成，其中有大学生、有退休聘用人员、有失业人员，他们均为本小区居民。

林云作为曲阳社区第一批探索实施“三全”工作法的 3 个居委会之一，在实践中进一步完善居委会“全天候接待、全方位受理、全过程负责”的“三全”工作法和“以人为本、服务居民”的工作机制，得到了市府和主要媒体的肯定。在实际运作的基础上，林云居委又不断总结经验，逐步建立了与“全天候接待”相应的“公开制、值班制、接待制、错时制”，与“全方位受理”相应的“培训制、走访制、评议制、代理制”，与“全过程负责”相应的“承诺制、联络制、督察制、联席制”等一系列配套保障制度。使之更具针对性、可操作性和长效性。同时通过“三全”工作法，在“服务居民群众、服务社会组织、服务社区单位”的“三服务”过程中，实现“贴近社区的民主管理，贴近居民的社区服务，贴近现实的慈善帮扶”的“三贴近”，着力把居委会打造为“平安保障之家”“健康活动之家”“民主管理之家”“社区服务之家”。

小区设立有“居民文化活动之家”“晚霞丝网花制作小组”“老年书画班”等丰富多彩的社区自治组织。

孙丽英，女，64 岁。孙丽英原为林云居委会主任，2003 年退休后的她继续在社区奉献自己的力量。她负责召集的丝网花制作小组是林云社区 15 支居民活动队伍之一，2003 年 9 月正式成立，由退休的 22 名老年居民自发组成，利用闲暇时间制作丝网花作品，以增进感情，陶冶情操。全部制作材料费用都由孙丽英自费支出。

由孙丽英带领的林云丝网花制作组不断发展，逐步壮大，成为曲阳老年文化品牌团队之一。她们先后接待过英国、希腊、德国等外国代表团，给外国友人留下深刻的印象。丝网花小组在林云居委会的支持下，将制作的成品义卖，所得善款全部捐献给小区困难人群，帮助他们渡过难关。2008 年的“5.12”汶川大地震，她们又全力以赴，用爱心和精湛的技艺编织着一枝枝花朵，用自己的情感，编织着向灾区人民的祈愿。5 月 24 日上午，经过七天七夜、通宵达旦赶制做出来的数百朵丝网花工艺品进行了赈灾义卖活动，将满载爱心的 5 000 余元的义卖款捐给了灾区。

12. 秀苑居民自治小组　位于凉城地区，1993 年开始建造，2003 年全面建成，属于混合型房社区，目前社区有 139 个楼组，有居民 2 500 余户，6 591 人，小区老年人口比例为 13%，现有志愿者 897 人，各类群团队伍 15 支。小区 1998 年首次成立居委会，2004 年成立了 3 个居民自治管理小组。秀苑中心绿地占地面积 4 000 多平方米。绿地内绿树成荫，花香鸟语，景色优美，是小区居民娱乐休闲、晨练的主要场所。冬天，老人们在这里边晒太阳边聊天，夏夜，居民在这里纳凉消暑。中心绿地内 200 多平方米的健身点是居民锻炼身体的好去处。在这里有一支常年为居民服务的志愿者团队——“健身器材维修自治管理服务队”和“科学健身指导服务队”。这支队伍也是自治小组牵头建立的。小区还有秀苑民乐队及其戏曲沙龙等团体。

陆毫珍退休前在区政府督导室工作，曾是中学校长。2000 年退休后，她积极参加小区的志愿者活动，特别是在担任楼组长后，在发动楼组居民开展楼组自治上做出了积极的贡献。她倡导建立了楼组基金，每当楼组里的居民生日，她就会带领居民骨干前去祝贺，她还在楼道里开辟了阅报栏。

秀苑民乐队及其戏曲沙龙成立于 2004 年 5 月。五年来，他们坚持每周活动，坚持为戏曲爱好者伴奏，坚持在节假日为老年福利院演出。为了帮助福利院的老人解闷，他们还担当起了老师，手把手教老人拉二胡，不厌其烦地纠正他们的动作，丰富了敬老院老人的生活内容。民乐队员何富城是残疾人，他不但技艺高，是民乐队的骨干力量，而且是一个热心人。每次排练新节目之前，他都会帮队友们准备好乐谱，他还把小区里的好人好事编成越剧、沪剧、快板等，自编自演。

社区2003年创办了秀苑居民生活用品调剂会，以后每年一次。每当调剂会举办的时候，秀苑小区总是热闹非凡。居民们把自家闲置的玩具、厨房用具、小家电、图书、VCD碟片、童车等拿出来参加调剂。调剂会使闲置物品重新发挥了使用价值，深受居民欢迎。同时，居民也在调剂物品中增加了接触和了解。

13. 社区代表议事堂　位于临汾社区的场中路1011号居委会，是一个1997年入住的商品房小区，小区共有居民2 150户，常住人口约6 500人，60岁以上的老人1 138人，约占常住人口的近18%。小区内，“健康小屋”是一个扎根于居民区的社区公共卫生服务平台。它是在政府主导及社区卫生服务中心指导下，由社会组织——临汾社区常青医工协会运作的一种自助、互动的社区卫生服务模式。小区老年活动室针对老年人的不同爱好制定了一周的活动课程表，每周一到周五都有不同的团队开展活动，设有书画班、编织班、声乐、茶艺、戏曲，健康保健、法律咨询、心理抚慰等各类课程，团队均有各自文艺团队负责。1011弄手工编织班由小区的编织爱好者组成，该班有10人左右，他们积极参与社区的慈善活动，将自己的作品义卖，为共建和谐社区作出自己的贡献。

在温馨楼组，组长胡若男，77岁，退休前曾是一名党校教师，她热爱文体活动，也热心公益，还积极参与到楼组创建中。她是场中路1011弄第一批申请创建三星级楼组的带头人。她发动楼组的党员和小朋友积极参加社区组织的各类活动，组织楼组进行体育活动比赛，并且动员楼组的居民自发地组成一个“护楼队”。她还定期出一份专刊，对楼道和社区情况做表述，对近期发生的国内外大事进行公布。每月在一楼的门厅召集楼组成员开会，并常常把居民的想法第一时间向居委会反映，成为大家的“守护人”。她对楼组里 7 名中小学生也时时牵肠挂肚，倾注了质朴的情感。她始终认为加强对青少年的品德教育事关重大。因此，她积极探索对少年儿童的教育方法，通过抓孩子的闪光点，不断勉励，坚持正面引导，耐心教导，她还请楼组里学术有成的两位家长参加，根据不同孩子的性格特点、爱好、特长开展各种小活动。

天天拳操队可谓是老年活动室的“领头羊”，他们每天早晨在 1011 弄内的二少体校进行锻炼，还每周定时去老年活动室参加团队活动。在社区开展的文艺活动和纳凉晚会中，天天拳操队将老年人的活力绽放在社区的舞台上。天天拳操队有 20 余名队员，都是社区群团干部组成的。群团主任刘红是团队的发起人。她带动了一批社区团队的建立，号召老年人要多参加体育活动。发动楼组的老年人参加社区的老年团队。

14. 广杭居委会居民区自治协会　该小区由原第 29 棉纺厂厂房拆迁后改建而成，区域内由 2 个商品房小区、4 个建于 80 年代的售后公房小区及 4 个 50 年代建造的二级旧式里弄组成的混合型居民区。小区现共有居民 3 321 户，共 8 302 人，老人约 1 300 人。居委会现有条线干部 12 人，另有就业援助员、助残员、综治协管员和平安协管员等 4 人，工作人员共 16 名，是大桥社区（街道）辖区内开展居民区自治管理工作的试点排头兵。

2008 年，大桥街道开展“心理服务进社区”，广杭居委会率先在居民区建立心理服务工作室，邀请心理专家、心理咨询师、社工等作为工作室的服务志愿者，辅之以居民区活动积极分子，形成了区域心理服务工作网络，每年一次个案总结，每季度一次专家督导，每月一次心理讲座和沙龙，每周一次心理咨询。

上海首家由专业社工师组成的为老服务非营利性社会组织——大桥社区为老服务社工师事务所坐落在本社区，社区居委会利用这一优势，定期邀请为老服务社工师事务所的专业社工到活动室为社区老人开展心理咨询以及健康讲座，为有心理困扰的老人提供社区服务，为情绪低落的老人提供倾诉心事的平台，为社区独居老人开展小组活动。大桥健众服务社也是在广杭社区内成立的一家社会组织，为社区老人等重点服务人群提供家庭生活照料、疾病陪护、健康管理的综合服务。

2009年10月，为解决小区部分住宅"二次供水"设施改造中出现的突出矛盾，广杭小区成立自治协会，约20多人参与。经过自治协会志愿者与小区居民的反复沟通、讨论、积极参与，最后使"二次供水"设施改造顺利。当时，小区志愿者与小区居民的沟通下，形成了两个方案，一是中间走廊方案，水表外移；二是原拆原建。但这两个方案都有一些问题：方案一水管的移动可能会造成居民楼道变得狭窄，水管经过居民客厅，给居民造成生活上的不便；方案二"原拆原建"相对破坏面较大，施工的难度也大，这就需要我们去做工作。后来，自治协会以保护居民利益为前提，在"二次供水"施工过程中，在监督施工队的质量和技术同时，加强宣传，水管走向根据居民的要求，及时与施工队沟通，使施工保质保量地进行。在施工过程中，如有碰到难以解决的实际问题和破坏小区设施的问题，施工队、物业、业委会及上水厂指导工程技术员和居委会三方应都到场，根据具体情况及时解决。

居民区活跃着11支群众自发组织的文体团队，其中，以腰鼓队、舞蹈队、合唱队以及书画班最具特色。这4支团队均成立于2002年，其中，腰鼓队20人左右、舞蹈队15人左右（皆为45岁以上）、合唱队30多人。其中，书画班团队还将自己的书法绘画技能传授给居民区的小朋友们。

15. 工农三村的《星之光》社区报　杨浦区殷行街道的工农三村第二居民区筹建于 20 世纪 80 年代中期，是老式公房住宅区，地处杨浦区开鲁路包头路。社区居民主要来自市政动迁基地（如大桥动迁、吴淞路闸桥动迁），属于典型的人口导入区，社区共有 51 个楼组，住户数 1 160 户，人口数 2 708 人，志愿者 275 人，花卉、拳操、合唱、治安巡逻、读书读报、法律咨询服务等群众团队 10 支，60 岁以上老年人约占常住人口的 26%。六年前（2004 年），居委会在 7 位热心公益的读书读报组成员的大力支持下，创办了《星之光》小报，开辟了“社情快递”“居民身边事”“健康小经验”“居民论坛”“周律师热线”等栏目，现在它已成为居委会开展工作的得力助手，居民了解社区事务的一个窗口，在居委与居民之间架起了一座沟通的桥梁。近年来，这支集创作、组稿、编发为一体的小报编辑团队已从原先的 7 个编委增加到 10 个，人员构成也从原先较为单一的退休人员扩展到居委干部、居民代表、业委会委员、社团负责人、在职律师、退休老教师、医务工作者等不同群体的代表。为了使小报更真实地反映居民所关心的热点难点问题，更有效地成为居民对社区工作提出意见建议的平台，在编委会与居委进行沟通后，成立了一个《星之光》小报的信息通讯组，这个组由小区内 51 个居民小组长、10 个社区团队的负责人、6 个担任块长的居委干部组成，分别从不同渠道与小区居民进行双向沟通，形成了较为完善的信息收集与反馈的四级运作网络。

唐志方同志是《星之光》小报的编委，他经常深入居民中采集各种好人好事，写了 100 多篇通讯发表在《星之光》小报上。唐家隔壁 501 室住着一位 83 岁的独居老人，老人儿子因长期在崇明工作，无法照顾母亲，唐志方因此照顾照料王老太，帮忙照顾王老太的生活起居，时不时帮忙打扫洗晒、添置生活用品，王老太儿子每次回家都要到唐志方家表示感谢，并认唐志方为叔叔。有一次，唐志方像往常一样去看望王老太，没想到半天没有反应，唐志方急了，立即报告居委会，后来一起找了开锁匠赶到，把她家门打开，没有找到人，他们又出去到处找，后来发现老太太摔了一跤，把脚扭了。唐志方立即带她到街道医院看病拍片子，幸好没有骨折。另有一次，唐志方吃过晚饭已经躺在床上看书了，突然接到老太太的电话，电话声音断断续续，说不舒服头晕。唐志方赶紧起床到老太太家，发现王老太躺在床上气喘吁吁的，唐志方立即推她到市东医院看急诊，然后再送她回家。

周逸翔是一位居住在工农三村的在职律师，2003 年起自愿为居民提供法律咨询。2006 年，工农新村片成立了“工农新村片法律咨询站”；2007 年建立了“周逸翔法律服务工作室”。现在，“周逸翔法律服务工作室”有专职律师、法律调解员、居委调解干部和社区志愿者等 12 人组成，每周六上午，定时、定点、定人为居民免费提供法律咨询服务。“周逸翔法律服务工作室”已成为居委会的法律顾问、法制教育的宣传队、居民矛盾的人民调解员、社区民主管理的参与者。为使居民获得及时有效的法律服务，工农三村还与上海棣陆律师事务所签订了《共建平安小区双结对协议书》，形成了“以社区为主体、法律服务工作室为阵地、社会法律机构支持、社区居民广泛参与”的法律服务进社区的运行机制。

工农三村第二居民区是上海市唯一一个在居民区设立的“上海市体育生活化，生活体育化”实验基地。小区中心花园设立的健身场地有 4 195 平方米，健身锻炼器材 24 件，专业健身跑道 350 米。实验基地有一支体育辅导员队伍，对1 000多名居民进行体育锻炼于健身问卷调查，对600多名居民进行体质测试，开出健身处方，举办各种健身知识培训班。

小区每天早上，在中心花园的健身场地、工农新村小学的操场上，总有近百人参加腰鼓队、太极功夫扇、太极拳、太极剑、健身气功操、保健操等拳操活动。

16. 古龙三村爱心互助会　古龙三村是古美路街道的商品房小区，总户数962户，居民2 300余人，小区特点是白领多、知识分子多、新上海人多。2006年，由新时代景庭居民自发形成了名为“爱心互助会”的民间组织，当时汇聚了小区中的退休医生、律师、教师、工程师等专业人士，为居民提供各类人性化的服务，后来经多方关心指导，居委会积极探索，原先单一互助性质的“爱心互助会”转变为集“关怀、咨议、服务、管理”于一体的复合功能平台——“爱心互助居民自治理事会”。小区现有志愿者团队24支，参与志愿服务居民273余人。小区有健身舞团，有太极拳队，有合唱团，还有心理咨询团，“清心之源心理讲座”“快乐小陶子讲故事”“楼组长睦邻沙龙”“文明养宠QC俱乐部”等，都是小区里的热心居民自发组织起来的，不收一分钱。这些组织活动频率不一，频繁的每天都有，有些则按季度来。

“快乐小陶子”少儿服务团队是2013年以后成立的，是人气很高的组织。发起人葛剑奕当时是一位4岁宝宝的年轻妈妈，在带孩子过程中，她意识到阅读对于培育亲子关系的重要性，于是逐渐产生了创办免费早教公益项目的想法，这一想法得到了居委书记周志童的支持。给社团取名字，葛剑奕动了番脑筋：“陶子一词取意于我国著名教育家陶行知，加上快乐两个字，寓意每一位热心参与志愿活动的人都将会是陶子。”每次的活动中,家长们和宝宝一起根据故事剧本,或者演绎成剧,或者绘画成图。随着时间推移,名气越来越大,许多家长自发参与到活动策划中,为“快乐小陶子”提供剧本、道具、画笔。活动之初,只有六七个家长带着宝宝,现在一场活动有 40 多人参与已是家常便饭。两年间过去了,宝宝们长大了,葛剑奕也在思考更新活动内容,逐渐向动手能力转变。

17. 承兴里市民读书会　承兴里是典型的老上海弄堂,小区住房建筑属二级旧里,其中还有百年历史的老式石库门建筑,小区地处“寸土寸金”的黄金地段,方圆 0.028 平方公里,有 337 幢房子、1 879 户人家、居民人数 6 014 人。时代的变迁,并没有带走弄堂间的温情。在承兴居委会的推动下,居民们自发形成了各种不同的组织及团队,以“市民读书会”“爱心小组”“弄堂游戏”等方式增加社区居民间的互动与联系。承兴居委会主任——洪克敏,已在居委会工作了近四十个年头,曾被评为全国先进社区工作者。承兴里的“道德评议台”(以黑板报的形式展示)是由市民读书会中 7 名道德观察员共同负责编写、出版的。每月,道德观察员会对小区的好人好事进行表扬,对陈规陋习给予揭露批评,并由一名志愿者负责书写板报,向社区居民公示。“道德评议台”因为贴近民心,顺应民意,每期出版都能引起强烈的反响。

承兴居委会的市民读书会,前身是 1975 年由 24 名退休老教师自发组建的“居民读报小组”。十年前,正式成立“市民读书会”,主要成员为社区退休老年人。每月组织两次常规性活动,包括读书读报,讨论的内容大至国家大事,小至居民事务,也会组织成员参观、旅游、聚餐等活动。

市民读书会是一个典型的社区居民自治组织,由组织中的成员自己选举负责人，自己安排活动时间和内容，而居委会给予场地、部分经费等支持。每次活动，读书会成员聚会在承兴居委会活动室，先是共同分享对一本书的读书心得；再是对这个星期中的国内外大事进行交流讨论，发表各自见解；最后是对这个星期中承兴里发生的社区事件进行评议，商讨社区问题解决方案，并将意见和建议反馈给居委会相关负责人。同时，读书会中有 7 名成员是社区道德观察员，每月他们都会在听取征集群众意见和调研分析基础上提出评议结果，在小区内的“道德评议台”以文字的形式向居民公示。

承兴里拥有上海市第一条社区健身弄(60 米长、5.2 米宽)和 18 种弄堂游戏。从 1988 年开始，承兴居委会创办第一届弄堂运动会，至今已办了 22 届，现已发展了 18 种不同的弄堂游戏，包括打弹子、滚圈子、掼结子、顶核子、扯铃子、跳筋子、造房子、抽陀子、刮片子等。承兴居委会每年都会组织社区居民举行“九子”大赛。通过居民广泛参与的社区体育活动，培育发展了志趣相投、守望相助的亲密的邻里人际关系。

18. 黄浦新苑社区事务联席会议　该小区在一片棚户区危棚房上建成，于 1997 年开始动迁改造，2001 年建成 11 月入住，属于新建商品房小区。小区有居民 1 641 户 4 100 人，其中户籍人口 1 851 人，非户籍人口 2 249 人，老年人口比例为 17%。小区建成伊始，居民们在新的居住空间里面临着诸多公共事务和公共问题，比如小区绿化、物业公司与业主矛盾、垃圾房改建、养狗扰民等，在一次次的矛盾冲突中，社区内不同的组织主体发挥自己的主人翁精神，共同参与到社区公共事务的讨论当中，逐步形成了社区内居委会召集，业委会、物业公司、社区民警、居民代表等共同参与的社区事务联席会议，形成了社区各方面力量共同参与社区事务，协商解决社区问题的自治共治机制。目前小区有老年合唱队、腰鼓队、文化沙龙、高血压俱乐部、戏剧小区、老年拳操队、书画摄影小组、中年晨练队、巡逻队、市容卫生服务队、节能减排小区、绿化管理小组、文明饲养宠物俱乐部等群团组织。

每月中旬，在居民议事厅由居委会主持召开，居委会、业委会、物业公司、社区民警等各类社区组织共 70 多人参加的代表会议，相互交流工作情况，分析存在的问题。近年来顺利完成了小区硬件改造、路面整治、污水直排式改造、监控系统改造、小区绿化改造等一系列项目。社区活动中心不仅是一个集居民休闲活动、居民代表会议、节假日主题活动等为一体的综合性活动中心，同时也是社区居民讨论社区公共事务的重要载体。每天都有戏剧团队、老年合唱队、文化沙龙、乒乓队、腰鼓队、晨练健身队、扇子舞队等群众团队在这里活动和演出。同时，这里还承担着社区公共事务讨论的重要功能，绿化管理小组、节能减排小组、调解纠纷小组的活动都在活动中心进行。"环保示范点"是社区居民们在活动中心共同拓展的重要项目。社区居民们为尽快培育环保意识，形成社区认同，精心在社区活动中心策划设立了"环保示范点"，定期开展牛奶饮料纸包装回收大行动，展示上海市民绿色环保、健康可持续的生活方式，凸显城市化进程中上海社区发展的现代理念。社区休闲广场是社区居民休闲娱乐的重要场所，也是社区居民从陌生走向熟悉的重要空间。休闲广场上活跃着很多文化团队，比如小区的合唱队、腰鼓队、老年晨练队、中老年扇子舞队等，其中最值得一提的是社区合唱队。

19. 三林世博家园管家工作室　三林世博二居地处三林世博家园中心区域，有 4 个独立的住宅区，辖区内可入住居民总户数为 5 236 户，现已入住居民约 4 904 户，人口约 1.2 万多人，小区居民均来自三街一镇（上钢街道、周家渡街道、南码头街道、三林镇）的世博主场馆动迁基地居民，是一个老龄化的社区，周边有 3 所学校，1 个公建配套区和 1 条商业街。现有居委会成员 7 名，3 名居委会工作人员，平均年龄 45 岁，全日制比例 100%，居民代表 186 名，居民小组长 92 名，社区志愿者 389 名。

在居委会的推动下，居民们于 2009 年初成立以管家工作室为主体的社区自治组织，现有成员 7 人。管家工作室定期召开事务协调会、工作听证会、居民代表会、楼组长会、志愿者交流讲评会和成效评议会。“六会”制度统一由居民区党组织牵头、由居委会主持，定期或不定期地邀请有关部门、辖区单位和居民代表齐参与，共同协调解决居民区“急、难、愁”的事情，并及时通报反馈落实情况。小区的缤纷才艺小组现有主要成员 7 名，他们会在新家园展示厅内展示社区成员亲手制作的工艺品以及社区漫画、摄影爱好者的作品，吸引社区居民共同参与社区的精神文明建设。该小组捐献出自己制作的作品参与了居委组织开展的慈善义卖活动，所得钱款全部捐献给三林镇慈善基金会，帮助有困难的人。快乐谷是社区沪剧队、乒乓队、拳操队、健身队、扁鼓队、合唱队、舞蹈队平时活动的地方，于 2009 年初正式开展活动，每个团队每周都有固定的时间活动，社区居民们根据自己的爱好及特长参加自己喜欢的团队，并在团队内互相交流，互相学习，丰富多彩的团队活动现已吸引了上百名居民的参加，他们大多都是一些退休在家的人，大家为了自己的兴趣爱好走到了一起，在日常活动中他们相互了解，增进友谊，从原本不认识的人变成了知己、成了生活中的好朋友，有效地促进了新社区大融合。近年来他们自创作的诗歌《老年朋友想穿点》《迎世博争做文明上海人》《走进世博新家园》等在居民中广为流传，他们还经常参加各类公益演出活动，凝聚了不少爱好文艺的积极分子，为社区文化工作献计献力。

20. 东明路红枫苑阿婆茶室　红枫苑居民区属于动拆迁小区，由红枫苑和红柿苑 2 个小区组成，总规划户数 726 户，实际户数 701 户，总人口 1 901 人。阿婆茶室建成于 2002 年，其主要成员为 70 岁以上老人，其中年龄最大的 97 岁，最小的 70 多岁，是一个名副其实的高龄茶室，因前来参加活动的阿婆较多，所以取名叫阿婆茶室。阿婆茶室每周一到周六上午向社区内老年人开放，主要活动安排为：周一小区议事厅，周二健康讲座，周三免费测血压，周四老年书法，周五读书讨论会，周六戏曲专场。目前约有 20 名左右老年人参加活动。阿婆茶室是由居民自发组织成立的，完全由社区居民自筹经费运作，实现了居民自主管理、自我教育和自我服务。红枫苑社区是一个动拆迁小区，居民主要来自浦西繁华地段，他们从一个熟人社区进入陌生人社区，渴望回归出入相扶、守望相助的邻里温情，重建社区关系。在此形势下，居委会顺应居民需求，将一个 2 室 1 厅的活动室改造为“阿婆茶室”，老年人可以在这里喝茶聊天，畅谈家事国事。后来，老人们不仅仅不满足喝茶、交友、学习，自发组织了小区巡逻队，每天排 2 个老人在小区巡逻，为小区安全尽心尽职，还使好几位老人免于受骗上当。老人们还积极参与纳凉晚会、盆景展、小区运动会等社区活动。现在阿婆茶室已经成为小区民居生活中不可分割的一部分，是老年人交流信息、联络感情的重要平台，居委会发布信息的重要渠道，在高龄高人日常照料，协调家庭纠纷，倡导敬老爱老优良传统等方面发挥着重要作用。

花迷俱乐部由一群热爱绿化的志愿者自发组成，固定成员 10 多人，现在由居委宣教干部总负责，每月组织一次活动，主要包括座谈、交流、外出参观等。花迷们经常自发地购花、购泥、购肥、购盆，动手装点自己的阳台、楼道，自愿把自己家里的盆景花卉搬到小区绿化区域，共同装扮自己的家园。除了共享盆景花卉之外，他们还相互交流花卉养植等知识，共同商讨小区的绿化工作，经常和居委会一起举办“绿化与健康”“绿化与环境”“如何养植花卉”等知识讲座，不断提高提升了养花热情和养花能力。夏季高温，居民们就用橡皮管接上自来水为小区绿化浇水，自发组成了一支“酷暑护绿队”；除夕之夜，在燃放爆竹烟花前居民们纷纷主动提水把周围的花草树木浇湿，以免它们受损；小区每年举办家庭盆景展，以花为媒为居民们搭建沟通交流的平台。

21. 上钢三村民主评议团　上钢三村居民区始建于1957年，首批入住居民来自周边企业的产业工人，是一个典型的公改房居住区。小区现有居民5 983人，其中户籍人口4 822人，人在户不在471人，来沪人员690人，小区现有60岁以上老年人口1 359人，占居民总数的22.7%。小区绝大部分住户处于中等收入水平，是典型的工薪阶层居住区。目前居委会成员5人，其中主任1名，委员4名，平均年龄54岁，全日制比例40%。新一届居民代表156人，居民小组长78人。社区各类志愿者300余人。

民主评议团成立于2001年，是产业工人小区居民基于长期共生和相互认同而形成的群众自治组织，现有骨干成员14名。在小区旧房成套化改建过程中，评议团采用民主协商的方法，在保证小区整体规划的前提下，保障了每一户居民真正从惠民工程中受益；在评议团的努力下，小区活动室建设工程得到周边居民认同，得以顺利竣工，小区内的闲置用地更是从原本的杂物堆放场变为居民的休闲好去处。评议团还组建起“守望互助”志愿者夜巡队，确保小区平安；评议团积极推进居务公开工作，督促居委会及时通过评议会接受居民监督。

上钢三村百姓戏台创办于2006年元月，目前有成员34名、专业琴师8名，演出内容涵盖了沪、越、京、昆等剧种。团队每周一、三、四排演，定期面向社区居民，举办“健康长寿、快乐家园”系列会演，深受百姓欢迎。团队曾参与了上海电视台“百姓戏台”活动、浦东新区市民中心百姓戏曲展演，三林世博家园文艺演出，被上海文广传媒授予“非常有戏”品牌。

22. 金上海花园　在我们生活的环境中，常常流传着这么一句话：远亲不如近邻。但是，繁忙的日常工作，强烈的防备心理，许许多多的因素都使这句经典名言在邻里之间慢慢褪色。坐落在江浦路近周家嘴路的金上海花园似乎也不能“免俗”：自2006年建成以来，哪怕是同住在一个楼组，居民之间也多半是点头之交，“纵使相逢应不识”成了邻里关系最好的诠释。在各自的房门关上时，隔断的不仅仅是视野，更是居民之间相连的纽带。

在这邻里关系岌岌可危的时候，需要有人站出来，改善这样的邻里关系。而率先做出改变的，是小区中的5号楼。该楼组共26户居民，正是其中一些有才情、有热情的居民一马当先，将整个楼组打造成了志愿者的家园。自此，十几个志愿者团队先后从5号楼组中诞生：离退休教师联谊会、拳操队、合唱队、时政小组、摄影小组、健康小组、舞蹈队等，不一而足。形式多样的活动小组，不仅丰富了楼组居民的业余生活，更是极大地增进了邻里之间的感情，将整个5号楼从上到下都牢牢地凝聚在了一起。

他们是5号楼的居民，更是志愿者的骨干。让我们走近一些，领略一下这几位的风貌吧。

用相机记录美好

第一位是从上海电视台退休的周为民老师。他可是一个闲不住的人,退休之后也不忘记发光发热。这次,他充分发挥了自己的特长,在楼组内成立了摄影小组,并亲自担任组长。在他的带领下,摄影小组的成员用手中的照相机记录着金上海美好的点点滴滴,也让精神文明的火种在这里肆意飘洒。在这些珍贵的照片当中,最有特色当属我们的笑脸墙了。周老师来回奔波之间,拍摄收集了5号楼居民的不同笑脸,挂在门厅墙上,形成了一堵笑脸墙,也成为了金上海家园中的一道亮丽的风景线。

用专业保障健康

当你在小区散步,一不小心摔了一跤还崴了脚;当你晚上没睡好,还落枕了;你会选择怎么办呢?忍着?上医院?没事,在金上海,我们完全有更好的选择。从杨浦区退休的部平方老师,他是楼组内的健康小组组长。热心公益的他经常通过电视及网络搜集健康养生的相关信息,然后不辞辛劳地为居民们提供专业的知识讲座和咨询。更多时候,他还扮演着社区医师的角色。不管是落枕还是崴脚,找他就对了。

用经验带动学习

小hi是个爱读书的好孩子,他经常会去金上海花园逛逛。为什么呢?因为那里有位小hi的忘年交——俞仲蔚老师。从杨浦职校教导处退休的他,依旧没有忘记教书育人的使命。他大胆地将教学经验与社区自治相结合,带领居民看书读报,关心时事政治,使金上海逐渐成为以读书为乐的学习型社区。除此之外,兼任小区业委会副主任和街道管委会委员的俞老师还动员联谊会的内部成员,积极地投入到社区的整体建设中来,激励着社区内自治精神。

用爱好点燃热情

当然啦，小 hi 也可以预见，很多小伙伴更喜欢在外面蹦蹦跳跳的业余生活。放心，金上海小区依然可以满足你的愿望。党员志愿者施丽明，把楼组内的老人聚集起来，不断传授着自己在合唱、舞蹈和拳操方面的卓越技艺。在大家的长期共同练习下，街道合唱比赛的冠军手到擒来。久而久之，居民们业余爱好广泛的特点便被无限放大，其参与热情被彻底点燃，社区内人与人之间的联系也就在这一过程中变得更为紧密了。

众所周知，楼组自治的核心就在于激活每一位居民的主体意识，以使其能够自愿地维护共同体的秩序、积极地参与到社区的自我管理中来。5 号楼在推广志愿活动的过程中，由部分带头人发起，逐步形成了一个人人奉为准则、加以遵守的楼组公约。从“要我自治”到“我要自治”，楼组公约充分挖掘了居民们的自治动力，调动了他们的积极性，使其组织力度和志愿目标的明确性都迈上了一个新的台阶。

5 号楼的模范作用具有极强的传播性，现在整个金上海小区内都洋溢着“我为人人、人人为我”的气氛，人们在和谐的环境中齐头并进、携手发展。

23. 虹桥镇井亭苑居委　经上海市民政局验收，虹桥镇井亭苑居委达到上海市居委会自治家园示范点的标准，被授予“上海市居委会自治家园示范点”称号。

井亭苑居委是我镇井亭村(原建制村)动迁安置小区，作为虹桥镇推进“城中村”改造的受益者，在镇党委、政府的正确领导下，通过不断地摸索实践，结合农村熟人社区的基本特征，井亭苑居委于 2008 年与原井亭村开展了“村居共建”治理模式。在此基础上，以居委会为自治核心，通过居民的参与和井亭实业公司的资源支持，逐步形成了“一点二线”的自治机制，即以居委会领导和指导下的村居共建理事会为中心点，以居委会、井亭实业公司和居民参与形成的“井亭家园共治苑”和以文体团队、志愿者等组成的“井亭家园俱乐部”为两条线。

井亭家园共治苑，即通过决策与执行，着重在小区设施共建、事务共管、安全共护方面实现居民自我管理的目标。如添置休闲椅、安装红外探头、新建自行车棚、南会所活动室重新布局装修、草坪灯改造等问题，通过收集居民的意见、运用居民的力量，圆满加以解决落实。

井亭苑家园俱乐部，即通过发挥居民骨干和志愿者的力量，着重在文体娱乐、关爱互助方面实现居民自我服务、自我教育的目标。如开办的沪剧沙龙、合唱班、书画社、舞蹈队、趣味暑期班、少儿拉丁班、剪纸班等，总能满足居民求知、求乐、求新的需求。同时，俱乐部还坚持长期走访，察民情解民忧，每逢重大节日不定期对 40 余户困难、特殊家庭进行走访慰问，在精神上给予慰藉，在生活上给予照顾。

在村居共建理事会“一盘棋”全局意识的引导下，井亭苑居委先后健全了走访慰问制、联合活动制、联席会议制、资源共享制四项制度，不仅拓展了自治渠道，也丰富了自治内涵，真正形成了事务共管、关爱共助、文娱共享的自治理念。

创建上海市居委会自治家园示范点的重要经验，是虹桥镇今后深化居民自治工作的一笔宝贵财富。虹桥镇将以自治家园示范点为契机，积极探索，勇于创新，不断提高居委会自治能力，不断激发居民的自治热情，不断夯实社区群众基础，在虹桥的土地上诠释温馨、团结、和谐、永恒的自治内涵。

附二

世博会“自治家园”主题凝练①

新华居委会

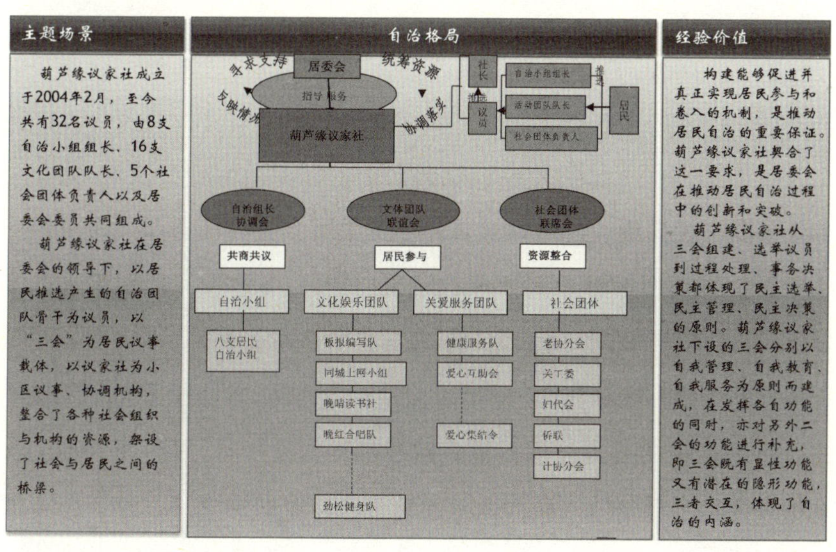

---

① 本附录是上海市“迎世博居委会自治家园”研究课题组对21个观摩点进行第一轮调查之后所概括出来的示意图，其目的在于勾勒各示范点自治主题的组织形态与实际功能。感谢课题组提供资料。

华一居委会

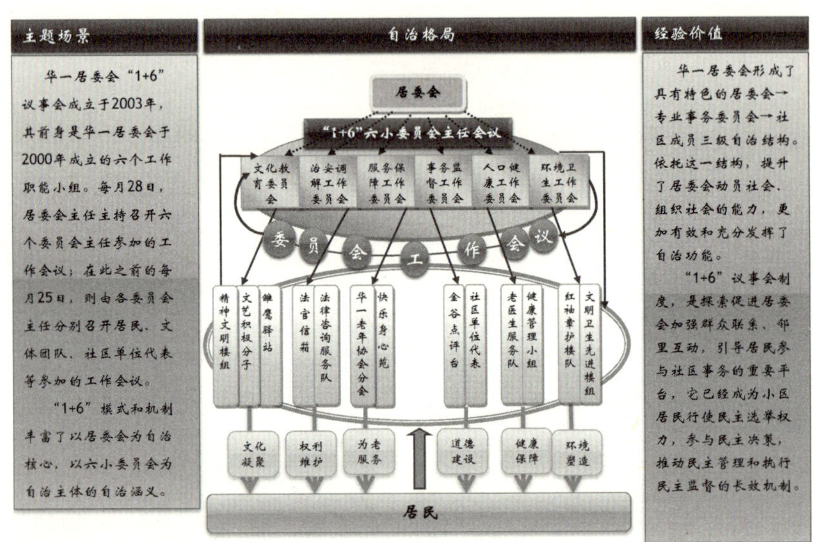
主题场景
华一居委会“1+6”议事会成立于2003年，其前身是华一居委会于2000年成立的六个工作职能小组。每月28日，居委会主任主持召开六个委员会主任参加的工作会议；在此之前的每月25日，则由各委员会主任分别召开居民、文体团队、社区单位代表等参加的工作会议。
“1+6”模式和机制丰富了以居委会为自治核心，以六小委员会为自治主体的自治涵义。
自治格局
居委会
“1+6”六小委员会主任会议
文化教育委员会
治安调解工作委员会
服务保障工作委员会
事务监督工作委员会
人口健康工作委员会
环境卫生工作委员会
委员会工作会议
精神文明楼组
文艺积极分子
雏鹰驿站
法官信箱
法律咨询服务队
华一老年协会分会
快乐身心苑
金谷点评台
社区单位代表
老医生服务队
健康管理小组
红袖章护楼队
文明卫生先进楼组
文化凝聚
权利维护
为老服务
道德建设
健康保障
环境塑造
居民
经验价值
华一居委会形成了具有特色的居委会→专业事务委员会→社区成员三级自治结构。依托这一结构，提升了居委会动员社会、组织社会的能力，更加有效和充分发挥了自治功能。
“1+6”议事会制度，是探索促进居委会加强群众联系、邻里互动，引导居民参与社区事务的重要平台，它已经成为小区居民行使民主选举权力，参与民主决策，推动民主管理和执行民主监督的长效机制。

华山居委会

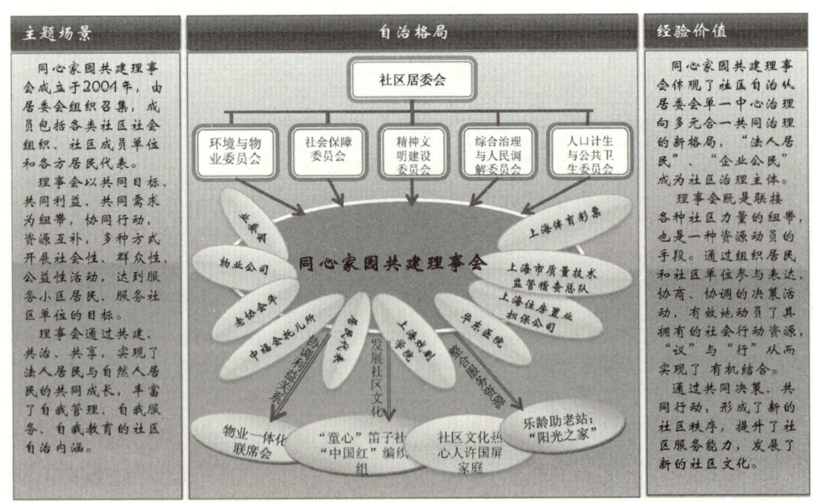
主题场景
同心家园共建理事会成立于2004年，由居委会组织召集，成员包括各类社区社会组织、社区成员单位和各方居民代表。
理事会以共同目标、共同利益、共同需求为纽带，协同行动，资源互补，多种方式开展社会性、群众性、公益性活动，达到服务小区居民、服务社区单位的目标。
理事会通过共建、共治、共享，实现了法人居民与自然人居民的共同成长，丰富了自我管理、自我服务、自我教育的社区自治内涵。
自治格局
社区居委会
环境与物业委员会
社会保障委员会
精神文明建设委员会
综合治理与人民调解委员会
人口计生与公共卫生委员会
同心家园共建理事会
业委会
物业公司
老协会牛
中福会托儿所
居民代表
上海戏剧学院
华东医院
上海住房置业担保公司
上海市质量技术监管稽查总队
上海体育彩票
协调利益关系
发展社区文化
整合服务资源
物业一体化联席会
“童心”笛子社“中国红”编织组
社区文化热心人许国屏家庭
乐龄助老站；“阳光之家”
经验价值
同心家园共建理事会体现了社区自治从居委会单一中心治理向多元合一共同治理的新格局，“法人居民”、“企业公民”成为社区治理主体。
理事会既是联接各种社区力量的纽带，也是一种资源动员的手段。通过组织居民和社区单位参与表达、协商、协调的决策活动，有效地动员了其拥有的社会行动资源，“议”与“行”从而实现了 有机结合。
通过共同决策、共同行动，形成了新的社区秩序，提升了社区服务能力，发展了新的社区文化。

紫荆居委会

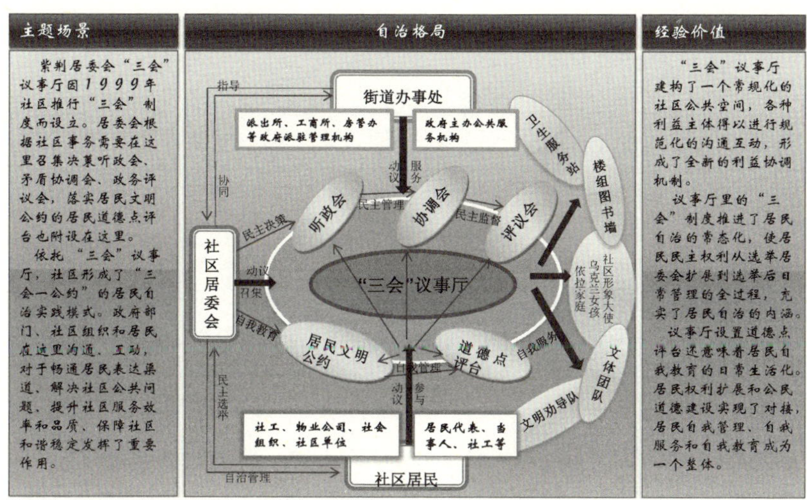
主题场景
紫荆居委会“三会”议事厅因1999年社区推行“三会”制度而设立。居委会根据社区事务需要在这里召集决策听政会、矛盾协调会、政务评议会，落实居民文明公约的居民道德点评台也附设在这里。
依托“三会”议事厅，社区形成了“三会一公约”的居民自治实践模式。政府部门、社区组织和居民在这里沟通、互动，对于畅通居民表达渠道、解决社区公共问题、提升社区服务效率和品质、保障社区和谐稳定发挥了重要作用。
自治格局
街道办事处
指导
派出所、工商所、房管办等政府派驻管理机构
政府主办公共服务机构
动议
服务
协同
听政会
民主管理
协调会
民主监督
评议会
卫生服务站
楼组图书墙
社区形象大使乌克兰女孩依拉家庭
文体团队
文明劝导队
社区居委会
民主决策
动议
召集
自我教育
“三会”议事厅
居民文明公约
道德点评台
自我管理
自我服务
动议
参与
民主选举
社工、物业公司、社会组织、社区单位
居民代表、当事人、社工等
自治管理
社区居民
经验价值
“三会”议事厅建构了一个常规化的社区公共空间，各种利益主体得以进行规范化的沟通互动，形成了全新的利益协调机制。
议事厅里的“三会”制度推进了居民自治的常态化，使居民民主权利从选举居委会扩展到选举后日常管理的全过程，充实了居民自治的内涵。
议事厅设置道德点评台还意味着居民自我教育的日常生活化。居民权利扩展和公民道德建设实现了对接，居民自我管理、自我服务和自我教育成为一个整体。

桃园居委会

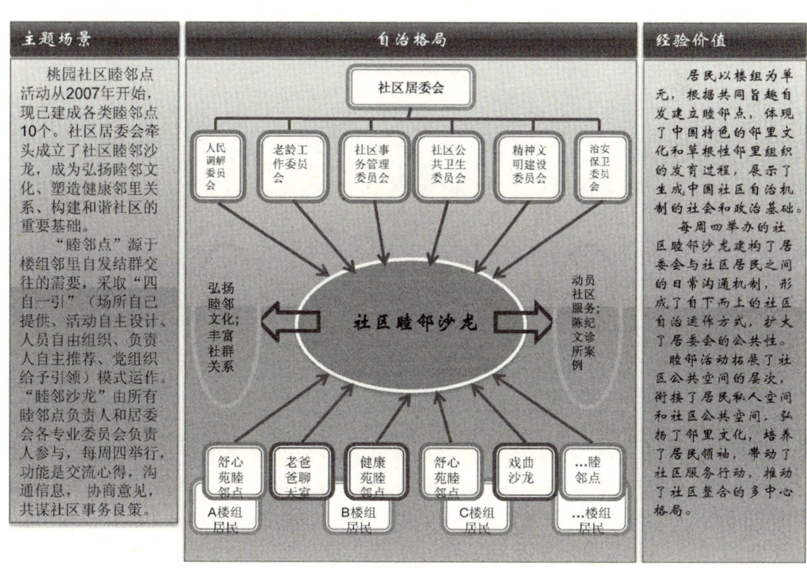
主题场景
桃园社区睦邻点活动从2007年开始，现已建成各类睦邻点10个。社区居委会牵头成立了社区睦邻沙龙，成为弘扬睦邻文化、塑造健康邻里关系、构建和谐社区的重要基础。
“睦邻点”源于楼组邻里自发结群交往的需要，采取“四自一引”（场所自己提供、活动自主设计、人员自由组织、负责人自主推荐、党组织给予引领）模式运作。“睦邻沙龙”由所有睦邻点负责人和居委会各专业委员会负责人参与，每周四举行，功能是交流心得，沟通信息，协商意见，共谋社区事务良策。
自治格局
社区居委会
人民调解委员会
老龄工作委员会
社区事务管理委员会
社区公共卫生委员会
精神文明建设委员会
治安保卫委员会
社区睦邻沙龙
弘扬睦邻文化；丰富社群关系
动员社区服务；陈纪文诊所案例
舒心苑睦邻点
老爸爸聊天室
健康苑睦邻点
舒心苑睦邻点
戏曲沙龙
…睦邻点
A楼组居民
B楼组居民
C楼组居民
…楼组居民
经验价值
居民以楼组为单元，根据共同旨趣自发建立睦邻点，体现了中国特色的邻里文化和草根性邻里组织的发育过程，展示了生成中国社区自治机制的社会和政治基础。
每周四举办的社区睦邻沙龙建构了居委会与社区居民之间的日常沟通机制，形成了自下而上的社区自治运作方式，扩大了居委会的公共性。
睦邻活动拓展了社区公共空间的层次，衔接了居民私人空间和社区公共空间，弘扬了邻里文化，培养了居民领袖，带动了社区服务行动，推动了社区整合的多中心格局。

贵龙苑居委会

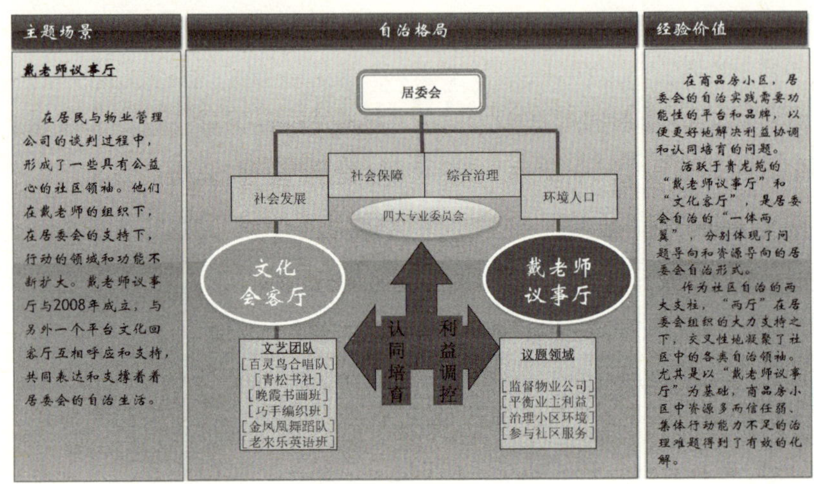

仁恒滨江居委会

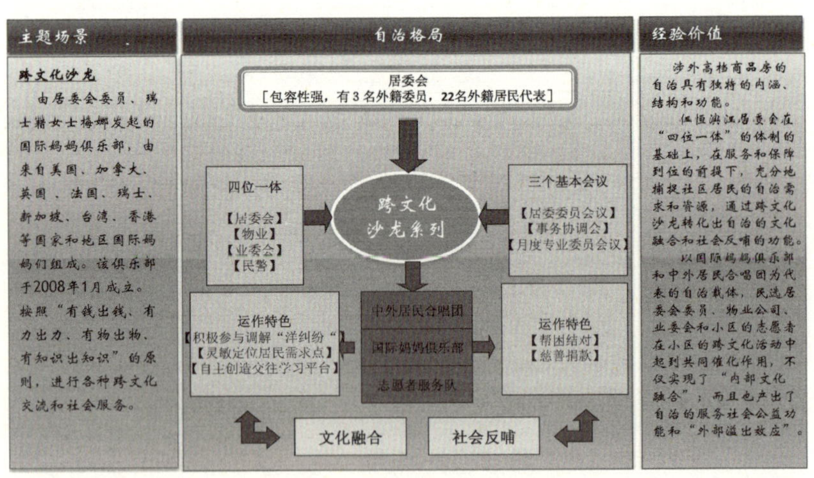

潍坊十村第二居委会

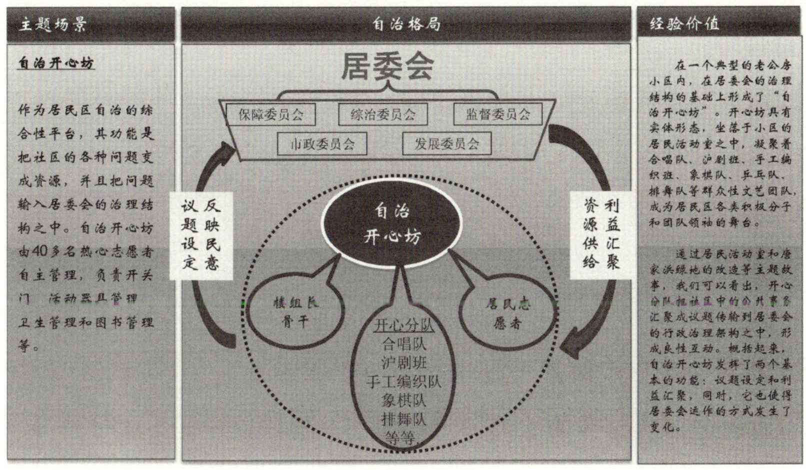

江南山水居委会

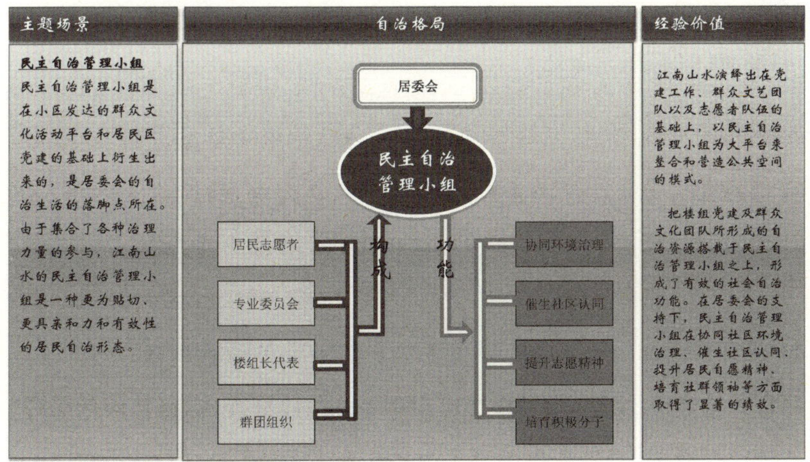

碧波路居委会

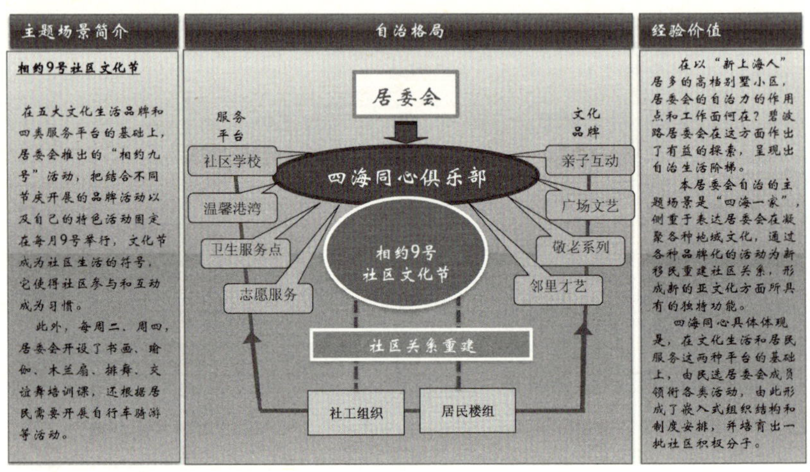

林云居委会

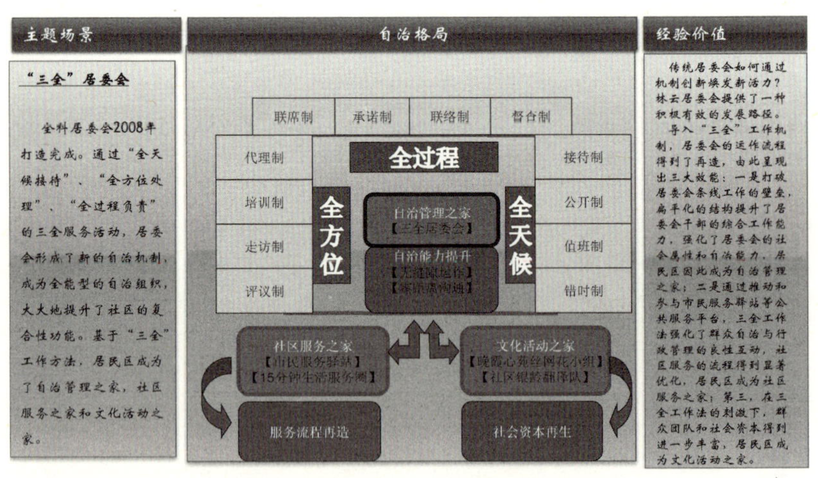

秀苑居委会

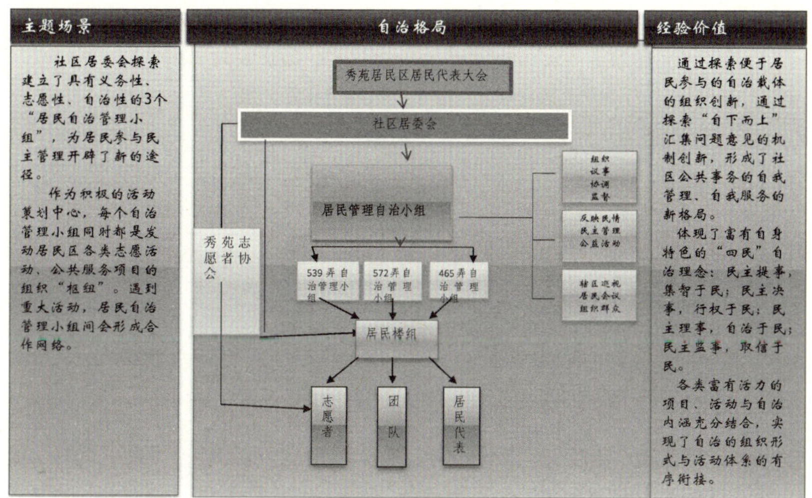

场中路1011弄居委会

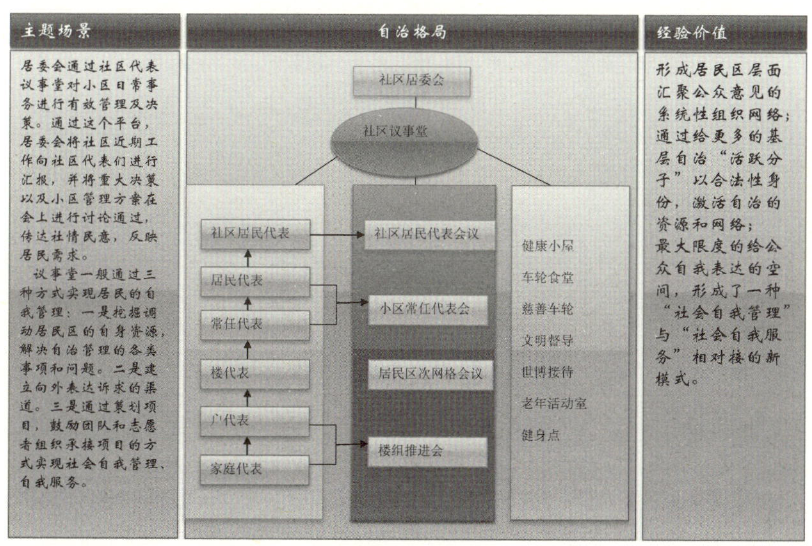

广杭居委会

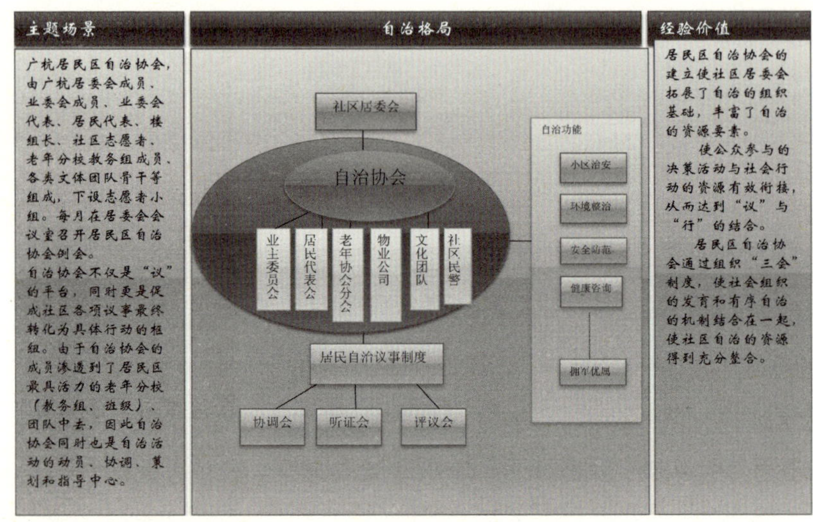

工农三村第二居委会

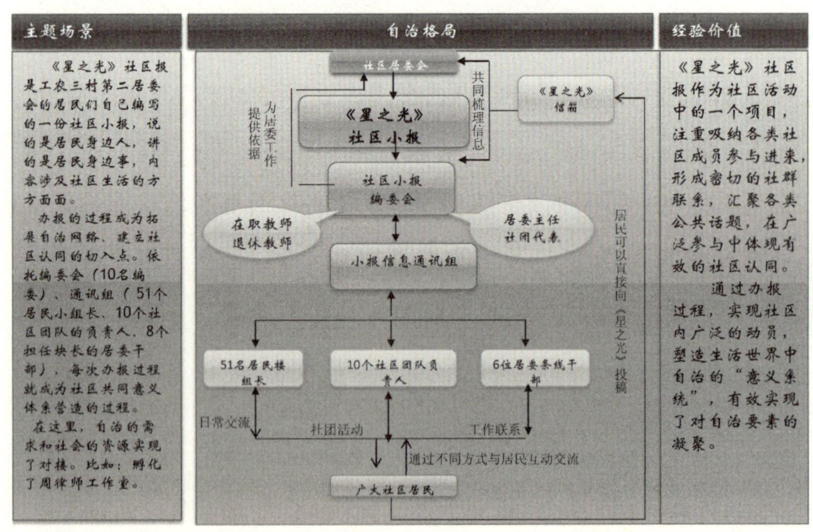

承兴里居委会

主题场景

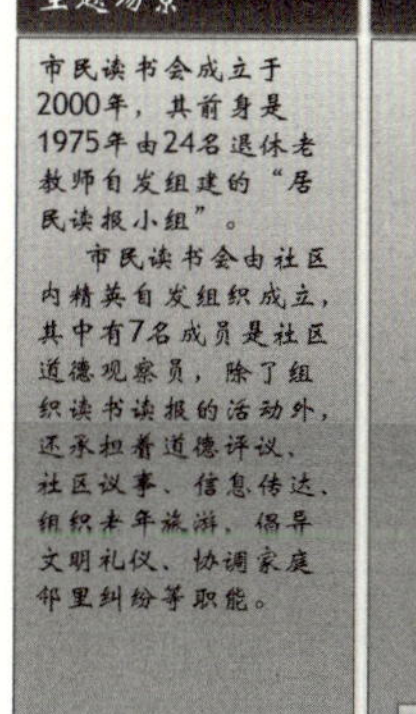

市民读书会成立于2000年，其前身是1975年由24名退休老教师自发组建的“居民读报小组”。

市民读书会由社区内精英自发组织成立，其中有7名成员是社区道德观察员，除了组织读书读报的活动外，还承担着道德评议、社区议事、信息传达、组织老年旅游、倡导文明礼仪、协调家庭邻里纠纷等职能。

自治格局

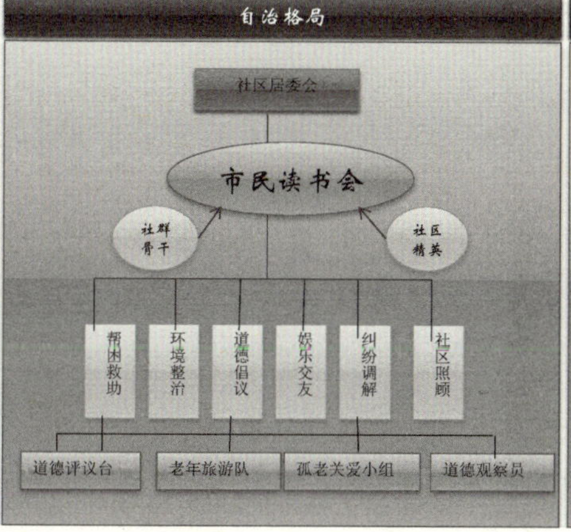

经验价值

承兴里居委会积极引导社区居民发展邻里互助友爱的亲密关系，通过市民读书会，不断丰富居民之间的联系内容和方式，不断拓展延伸居民互动的领域和环节，这样的关系网络是社区共同体的真实基础。。

市民读书会是社区居民自治的平台，居委会自治的重要载体，社区居民加强联动和沟通的纽带，连接社区资源与居民需求的桥梁，承担着评议社区事务、引导道德舆论、交流沟通信息等功能。

黄浦新苑居委会

主题场景

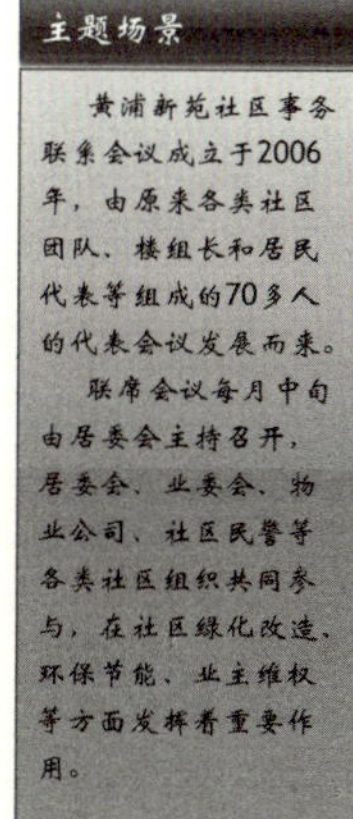

黄浦新苑社区事务联系会议成立于2006年，由原来各类社区团队、楼组长和居民代表等组成的70多人的代表会议发展而来。

联席会议每月中旬由居委会主持召开，居委会、业委会、物业公司、社区民警等各类社区组织共同参与，在社区绿化改造、环保节能、业主维权等方面发挥着重要作用。

自治格局

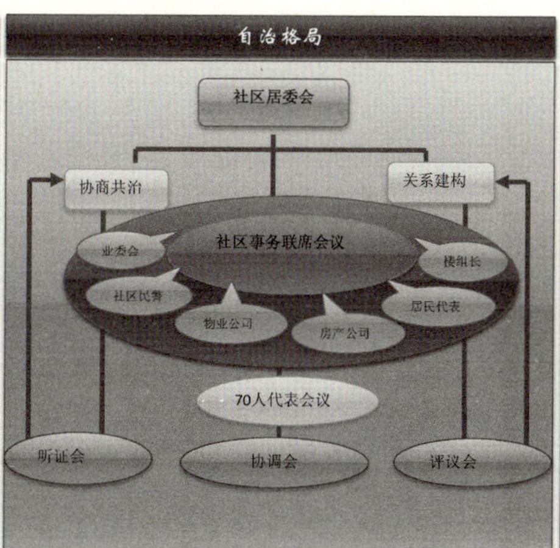

经验价值

黄浦新苑居委会通过多种形式，充分发挥了居民自我管理、自我教育、自我服务的能力，积极培育社区居民参与社区事务的意识和环境，引导不同的责任主体共同参与社区的协商决策。

社区事务联席会议是居委会引导居民参与社区事务，增进邻里关系的重要载体，是沟通社区各方组织的重要渠道，在探索实现多方参与、民主协商的社区治理格局方面发挥着重要作用。

古龙三村居委会

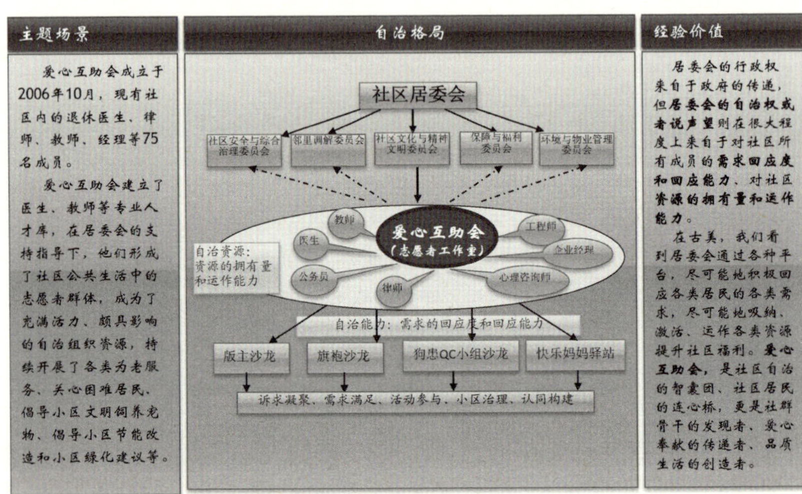

世博家园第二居委会

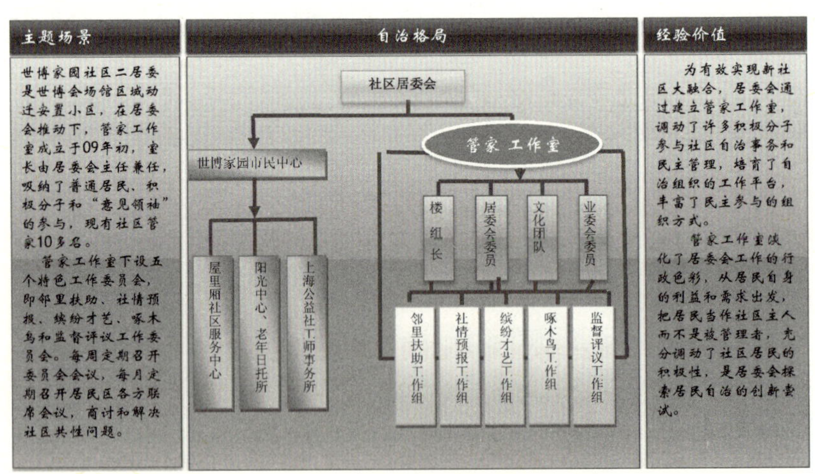

红枫苑居委会

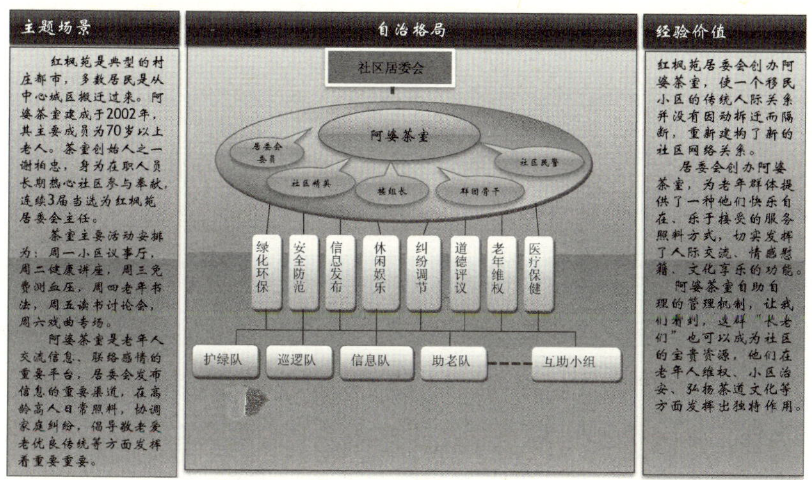

上钢三村居委会

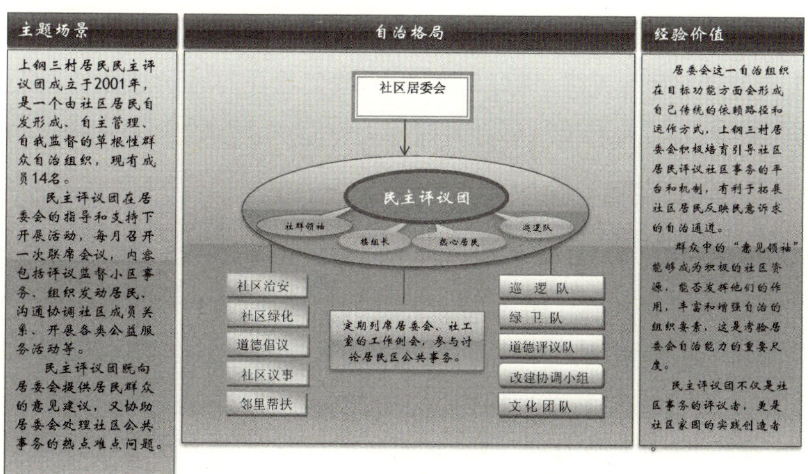

后记

本书是汤艳文主持的上海哲学社会科学规划课题“社区自治的草根社群基础”的主要成果。该课题立项于2010年,从早先的田野调查到研究立项再到集字成稿,这项工作断断续续,颇费周章。这期间,中国的城市社区的内在基质和运作机制发生了许多变化,为研究增添不少“变量”。至少从上海的经验来看,社会生活中草根群体不断生成,活力澎湃亦不乏韧性,尽管某些群体是体制内转化或脱胎而来的,但更多的是在建构秩序之外自发形成的。而与此同时,国家力量也采取了更为精细化的、甚至是先发性的介入策略。这种多样的互动过程提醒我们,要打磨好研究问题、讲好基层故事,我们比任何时候都更需要扎实的田野调查,以及对当下的政策环境和“社会—历史—文化”情境充满敏感性的理论探险。

为阐释“城市让生活更美好”这一中国2010年上海世界博览会的主题而推出的“居委会自治家园”工程,为我们微观基层社会的结构和过程打开了一扇独特的窗口。拨开制度化的组织丛林,我们是否可能看到另外一种社会行动领域或生活形式?在基层社会中,形形色色的小群体如何出现?他们如何分化和聚合,如何开展协作或发生冲突?在什么样的条件下,怎样的草根力量可能成为社区自治的组织基础?

它们何以可能进入或退出基层政治过程？我们还在更一般的意义上对此感到好奇：社会治理中的“美美与共”以及“无需命令的协作”是否以及如何可能？

毋庸置疑，基层社会生活的深刻变迁为社会科学提出了许多时代性的、不容辜负的研究议程，草根群体的发展及其与基层政治过程的衔接和互动是其中的重要内容。然而，中国城市基层的社会秩序有其复杂的时空条件和表现形态，对其性质及其动态进行开放而扎根的思考，绝无唾手可得的学理方案，而以一项政府推动的、实验性的社会工程为案例去推导某种抽象的思考框架，这就更加富有挑战性。

所幸的是，这个研究过程不仅获得有关地方政府、社会组织、社区居民的宝贵支持，也得到了许多学界前辈、同行和朋友的指导和陪伴。感谢中国社会学学会会长、上海大学原副校长李友梅教授对本研究的大力支持，她对组织现象以及人类社会的合作机制的深刻思考，一如既往地给予我们以理论启发。我们也感谢上海社区发展研究会以及该会的常务副会长徐中振研究员，正是由于他对社区自治的理论热爱以及对该项目的倡导和领衔，本书作者之一的刘春荣有幸作为主要研究成员，深度参与“自治家园项目”的设计和调查，并从项目顾问专家们那里受益良多。在上海市民政局和有关街道社区以及居委会的大力支持与配合下，项目团队在第一期打下了“29 口井”。在这些缤纷多彩的观察点，我们深切地体验到了社会内生秩序的活力和魅力。汤艳文在丹麦哥本哈根大学访学期间，在“社会成形”(social formation)的问题上多得丹麦著名民族学家托马斯·霍伊贺普(Thomas Højrup)教授的指教。霍伊贺普教授对现代福利国家的建构及其所伴生的社会生活模式的系统思考，不仅拓宽了我们的理论想象，也进一步激励我们反观本土，并重读费孝通先生的社区研究的思想。对当代中国社会生活的思索，总能从费先生的深厚的思想关怀和文化自觉中获得情感能量和理论资源，这本书也不例外。

由于学力和学识所限，本书的缺憾在所难免。不管怎样，我们所秉持的态度是抛砖引玉，真诚地希望引发更多、更好的实证研究和理论构建。关于书中的不足和错漏之处，还期各方专家予以指正。成书过程也得到了上海人民出版社大力支持。我们感谢编辑陈博成先生，他的专业付出使得这本书增色不少。

本书付梓之际，正值中国改革开放的四十周年。我们也谨以此书向这一伟大的事业致敬——在一定意义上，轰轰烈烈的改革开放可以看成是由自发性的草根力量和规划性的公共权力所共同生产的历史实践。

作者谨记

2018年12月

图书在版编目(CIP)数据

找回草根:上海居委会自治家园研究/汤艳文,刘春荣著.—上海:上海人民出版社,2019
ISBN 978-7-208-15674-6

Ⅰ.①找… Ⅱ.①汤… ②刘… Ⅲ.①居民委员会-工作-研究-上海 Ⅳ.①D638

中国版本图书馆 CIP 数据核字(2019)第 007333 号

责任编辑 陈博成
封面设计 陈 酌

找回草根
——上海居委会自治家园研究
汤艳文 刘春荣 著

出　　版 上海人民出版社
(200001 上海福建中路 193 号)
发　　行 上海人民出版社发行中心
印　　刷 常熟市新骅印刷有限公司
开　　本 635×965 1/16
印　　张 15.5
插　　页 4
字　　数 176,000
版　　次 2019 年 4 月第 1 版
印　　次 2019 年 4 月第 1 次印刷
ISBN 978-7-208-15674-6/C·583
定　　价 58.00 元